TE LLAMARE VIERNES

colección andanzas

ALMUDENA GRANDES
TE LLAMARE VIERNES

1.ª edición: febrero 1991
2.ª edición: mayo 1991
3.ª edición: diciembre 1991

Diseño de la colección: Guillemot-Navares
Reservados todos los derechos de esta edición para
Tusquets Editores, S.A. - Iradier, 24, bajos - 08017 Barcelona
ISBN: 84-7223-188-7
Depósito legal: B. 42.990-1991
Fotocomposición: Foinsa - Gran Vía, 569 - 08011 Barcelona
Impreso sobre papel Offset-F Crudo de Leizarán, S.A. - Guipúzcoa
Libergraf, S.A. - Constitución, 19 - 08014 Barcelona
Impreso en España

Indice

Para Alberto,
un niño de ciudad que aprecia los finales felices

La inocencia es un leproso ciego y mudo que ha perdido la campanilla y va por el mundo sin mala intención.

Graham Greene
El americano tranquilo

Quien no es sabio, es necio, y entre los necios no hay diferencias.

Máxima de la escuela pitagórica citada por Miguel Espinosa en *Escuela de Mandarines*

Yo comprendía la mayor parte de aquellas señales, y procuraba demostrarle que estaba muy contento con él. Luego traté de hablarle y de enseñarle a contestarme. Traté también de hacerle comprender el nombre que le había puesto, que era el de Viernes, por ser éste el día de la semana en que le salvé la vida. Le enseñé también a llamarme amo y a decir *sí* y *no*, haciéndole comprender lo que significaban dichas palabras. Enseguida le presenté leche en una especie de vaso de barro y le hice verme beber antes y mojar pan en ella, le di un pedazo de pan para que pudiese hacer lo mismo, lo que hizo enseguida, y me dio a entender que le gustaba mucho.

Daniel Defoe
Aventuras de Robinson Crusoe

Apenas despertó aquella mañana, la lengua seca, y firme contra el paladar, se asustó del sabor nauseabundo de su propio aliento. Acercó lentamente a su cara la palma de una mano y abrió la boca para dejar escapar una bocanada de aire caliente. El olor a podrido rebotó en su piel y ascendió obediente a través de su nariz, perfeccionando la calidad del asco repentino. Entonces recordó que la noche anterior se había acostado sin lavarse los dientes y se maldijo por su pereza. Meditó apenas una fracción de segundo. Huyó de la cama y atravesó el pasillo corriendo, desnudo aún, hasta el cuarto de baño. Allí abrió el tubo de pasta con ansiedad, impregnó el cepillo con una cantidad excesiva de aquella blanda pomada rosácea y se entregó a la limpieza de sus dientes con una decisión insólita. No levantó los ojos hacia el espejo hasta que adquirió la certeza de que su boca manaría espuma como las fauces de un perro rabioso.

Se enjuagó largo tiempo con agua tibia y sólo luego, de nuevo los ojos fijos en el espejo, sonrió. Aquella sonrisa ritual, una mueca incausada y gratuita, ridícula, no era más que un torpe recurso personal para propiciar otros improbables presagios favorables, una burda trampa tendida hacia sí mismo cada mañana, una estupidez más. Después, mientras seguía sonriendo, contemplando dos hileras de dientes blancos, sanos, bellos, alargó una de sus manos hacia el pecho y acarició el espolón que proyectaba sobre su piel la huella de un esternón deforme como un arma agresiva e hiriente, una de las carcajadas de su cuerpo, aquel hueso burlón y desmadrado que había crecido hacia fuera y no hacia dentro. Tocó el familiar bulto con cuidado, recorriendo sus aristas con las yemas de los dedos, contemplando la imagen que le devolvía el espejo y pensando que todo aquello ya no tenía remedio, que nada podía hacer ya por su cara, ni por su pecho, por esas piernas que no veía, pero sabía tan huesudas y separadas como las patas de un pollo mojado, y por esa carne blanquecina, fofa, que comenzaba a acumularse en torno a su cintura, a descolgarse hacia abajo arrastrando en su vértigo un ombligo progresivamente hondo, para añadir una nueva vejación, la de los años, a un cuerpo condenado de antemano, desde antes de existir, a ser feo.

Pero los dientes no, se repetía, la boca no. El no podía permitirse el lujo de la halitosis matutina.

Alargaba el brazo izquierdo para coger una taza del estante superior del armario cuando le sacudió un violento acceso de tos, el tributo del que había creído poder escapar impune aquella mañana. Nunca dejaré de fumar, murmuró varias veces, imprimiendo a sus labios la monótona cadencia de una letanía, nunca dejaré de fumar, hasta que sintió que las paredes de sus pulmones se soldaban, cerrándose al aire, y ya no pudo escupir palabra alguna, sólo toser, expulsar los sólidos demonios de su pecho, un recinto insólitamente breve, tosiendo con la cabeza hundida entre los hombros, los ojos fijos en la grasa vieja que nivelaba como una pasta lisa y brillante el irregular perfil del suelo embaldosado, y los dos brazos tendidos hacia delante, sus manos empujando las frágiles puertas del armario de cocina como si pretendieran en realidad proyectarlo a través de la sucia pared alicatada.

Nunca dejaré de fumar, repitió nuevamente, jadeando todavía, apenas pudo mover los labios. Entonces elevó la vista, y advirtió por primera vez que sus brazos ya no eran paralelos. Desconcertado, contempló largo tiempo aquel desagradable fenómeno, su cuerpo aún abandonado hacia de-

16

lante, confiado su peso a las manos que parecían a punto de horadar la formica con sus inofensivas yemas. Los diez dedos, extendidos, dibujaban un diagrama familiar, de reconfortante simetría, pero más allá de la muñeca las líneas de sus brazos divergían.

Los apartó bruscamente del mueble y los extendió ante sí, concentrando todas sus fuerzas en la absurda tarea de estirar su brazo izquierdo, hasta que sus músculos comenzaron a temblar sin haber llegado a rectificar en nada el incomprensible vicio que curvaba el codo hacia dentro. Caminó unos pasos con los brazos extendidos y cerró los ojos, como un ciego sagaz en su vigilia de falso sonámbulo. Cuando levantó los párpados nuevamente, tuvo la certeza de que sus brazos ya no eran paralelos. Entonces, desplomándose contra la pared, los dejó caer a lo largo de su cuerpo y sintió su peso.

Permaneció así mucho tiempo, dejándose aniquilar plácidamente por el inesperado preludio de su propia decrepitud, negándose ya a encontrar cualquier explicación amable a lo que no era otra cosa que reúma, o artrosis, el simple cansancio de unos huesos que enfilaban la recta de la vejez, el único destino cierto.

Acababa de cumplir cuarenta y un años.

Se le quemaron las tostadas y pensó en Auri, que estaría todavía en la cama, feliz ante la perspectiva de echar raíces entre las sábanas mientras le imaginaba en Salamanca, batallando con alguna oscura contrata. Era muy mona, su mujer. Desde luego, vale mucho más que tú, le había susurrado al oído su padre cuando la conoció, dándole un par de palmadas en la espalda. Y había desarrollado una intuición de naturaleza casi sobrenatural con respecto al punto exacto del pan tostado, siempre perfecto. No la echaba de menos.

A ratos estaba seguro de que lo sabía todo, porque su impasibilidad, tan pura, no podía ser natural. Los funcionarios municipales, sobre todo los que, como él, pertenecían a una gran ciudad donde las empresas de servicios son más de las necesarias, no tienen por qué viajar. Ella debería saberlo, porque había trabajado en el Ayuntamiento, y sin embargo nunca había mostrado extrañeza ante sus ausencias, Barcelona, Valencia, Vigo, incluso Frankfurt una vez, al principio, una semana entera, cuando la nostalgia se hizo insoportable. Ahora lo llevaba mejor, y le bastaban uno, dos días en aquella casa sucia que comenzaba a oler a humedad, el rancio aroma del abandono. Luego, ella lo recibía con los brazos abiertos y él recordaba que le habían ascendido dos veces desde que estaban juntos, no tenía por qué saber, por qué sospechar nada. Tal vez eso fuera lo peor.

Se le quemaron las tostadas, ya no tenía los brazos paralelos, sus huesos estaban cansados, todo su cuerpo caminaba inexorablemente hacia la vejez en pos de su memoria, de su conciencia prematuramente envejecida y satisfecha de su rendición. En el curso de una breve vida, la sonrisa apenas consciente que afloró entonces a sus labios, tomó la taza de café con leche en una mano cansada y la sostuvo con cuidado mientras recorría el pasillo. El cuarto de estar no era más que un hueco oscuro, tibio y familiar como el regazo de una madre. Sorteando a ciegas los escasos muebles con la angustiosa agilidad de los hijos pródigos, se dirigió directamente al balcón para desnudar el cristal con decisión y beber despacio, su cuerpo encharcado de luz, preso de la débil huella de un sol lejano que ya no parecía capaz de calentarle por dentro. Su mirada atravesó la calle, la calzada empedrada, las viejas aceras de perfil curvo, piedra blanda, lamida por el tiempo, y se detuvo en la frágil muralla de paneles metálicos que reforzaba la improbable existencia de un recinto prodigioso, el milagro que tal vez ya no lo sería, el triunfo de la razón y del progreso. Allí, un huerto auténtico había envejecido a su paso, un día tras otro, y ahora moría antes que él.

Cuando descubrió los primeros síntomas de esta irreversible agonía llegó a considerarse vagamente culpable de lo sucedido, atribuyendo a su deserción, a la prolongada ausencia de sus ojos, la ruina de esas tomateras que un año tras otro habían sobrevivido para él, machacando la lógica, el humo, y el periódico estallido de las litronas de cristal, con la tímida potencia de sus hojas verdes. No habrían pasado más de seis meses desde su boda. Era domingo, llovía. Hasta entonces había logrado resistir. El descubrimiento de la decoración, en cuyos torpes misterios decidiera iniciarse con la enfermiza disponibilidad de un fanático, le había resultado muy saludable, pero había aprovechado ya todas las esquinas, había llenado todos los armarios de cajoneras, había cubierto la terraza, había diseñado hasta en los más mínimos detalles la distribución del jardín, y hasta había instalado un sistema de calefacción alimentado con acumuladores solares, y era domingo, llovía, habían pasado seis meses desde el día de su boda, y el azar, que una vez fuera con él generoso hasta los límites de lo grotesco, le había abandonado para siempre, dejándole a solas con su nueva mujer y su casa nueva, espléndidamente decorada. Le dijo a Auri que se iba al fútbol, ella le miró con los ojos fuera de las órbitas, nunca había ido al fútbol antes, nunca iría después, sus escapadas futuras se convertirían en un hermoso trabajo de precisión, un riesgo inexistente pero siempre milimétricamente calculado, Barcelona, Vigo, Valencia, incluso Frankfurt, pero aquella tarde no tenía tiempo para pensar, no sabía exactamente lo que iba a hacer, así que cogió el coche, nuevo también, y deshizo el camino, regocijándose por su previa astucia, el repentino impulso que le había inducido a conservar su vieja casa de alquiler ocultándoselo a su socia en gananciales. Le costó mucho trabajo aparcar y llegó a arrepentirse de haber emprendido aquella absurda excursión, cuando vivía allí no tenía coche, no lo necesitaba. Antes de entrar en el portal, quiso mirar a su alrededor y no advirtió cambio alguno, aunque subir las escaleras le exigió un esfuerzo superior al que recordaba haber derrochado nunca. Encontró el piso en un estado bastante aceptable, lo había hecho limpiar a conciencia cuando se mar-

19

chó, y al margen del polvo acumulado sobre todas las superficies, las habitaciones casi vacías le fueron acogiendo una tras otra como una sucesión de gestos amables. En el cuarto de estar, una grácil patinadora rubia anunciaba una marca de chocolates de Valladolid desde una vieja chapa publicitaria de hojalata, sus esquinas de color cobre ya oxidadas, las letras de la zona inferior rotas y arañadas, ilegibles. La descolgó inmediatamente de la pared y la guardó en el fondo de un cajón, de donde extrajo a su vez un viejo rollo de papel, dos pendientes de bisutería barata y cuatro chinchetas. Mientras intentaba alisar con cuidado el vulgar cartel de propaganda de naranjas, sus ojos distinguieron una mancha clara tras los balcones, al otro lado de la calle. El huerto estaba allí, arrogante e imposible como siempre, pero encima del muro de ladrillo que lo escondía a los ojos de los peatones, alguien había fijado un cartel de metal amarillo presidido por el nombre de una empresa constructora. Debajo se podía leer un turbio mensaje, faltan 923 días para terminar esta obra.

En aquel momento se había sentido culpable de la previsible destrucción del prodigio, pero ahora, cuando la amargura de aquel descubrimiento se había diluido poco a poco en el transcurso del tiempo, casi tres años de vida igual, se había acostumbrado ya a que las cosas siguieran ese orden del que se suele decir que es el curso lógico de los acontecimientos. Mientras terminaba de beber su café, mantuvo los ojos fijos en el cartel que parecía proclamar el inminente final de las obras sólo para él, sólo cuatro días, menos de un centenar de horas, un plazo siempre demasiado corto, y hasta el recuerdo del huerto de las monjas empezaría a morir lentamente para extinguirse poco a poco y sin remedio.

Fue entonces cuando le asaltó por primera vez una idea descabellada.

I
Iris

Las chinelas, su piel tan fina surcada por una multitud de arrugas débiles y tenaces como nervios a la altura del empeine, eran siempre de color azul celeste, y culminaban en una suave barrera de pequeñas plumas teñidas a juego que se agitaban y retorcían sobre sí mismas a la menor corriente de aire, asemejándose en su blando temblor a los gelatinosos tentáculos sobre los que apenas llegan a moverse los monstruos ciegos, transparentes, de los abismos. Pero cuando era niño le gustaban. Muchas veces se tiraba al suelo para rodear con los brazos los tobillos de su madre y acercar la mejilla a sus pies. Entonces movía la cabeza lentamente y disfrutaba de la tenue caricia que dibujaba aquella pluma casi invisible cuando se decidía a resbalar sobre su piel. Sonreía, y recibía una sonrisa a cambio. Ella, cómplice en aquel juego inocente que su marido desaprobaba con energía, iba recogiendo luego las plumas que se desprendían a su paso y las guardaba para él, para compensarle quizá de la previsible extinción del pequeño placer que compartían, consciente ya de que en poco tiempo sólo quedaría el recuerdo de las plumas sobre una sucia franja desmochada, la degradada frontera entre su piel y esa piel tan fina y arrugada, teñida de azul celeste, hasta que el cambio de estación se encarnara en pretexto suficiente para estrenar otro par, siempre el mismo modelo. Entonces se sentaba en un sillón y embutía sus pies levemente hinchados en el que había resultado ser el único lujo a su alcance de entre todos aquellos con los que soñara de soltera, y, antes de haber llegado a dar siquiera un solo paso, le llamaba para ofrecerle una nueva fiesta de plumas y caricias.

Las chinelas de su madre, sus tobillos siempre al aire sobre los tacones que, según afirmaba con convicción, eran indispensables para parecer arreglada, atractiva incluso, hasta en los peores momentos de la jornada doméstica, le precedían por la estrecha escalera de la azotea, iluminando para él los aterradores tramos que jamás habría sido capaz de coronar solo. Luego, la llave giraba con dificultad en la cerradura, una herrumbrosa silueta sobre la chapa de metal pintada de verde, y él rezaba apresuradamente, rogando que ninguna otra vecina hubiera elegido ese mismo momento para tender la colada. Obtenía esa sencilla gracia con mucha frecuencia. El corazón le saltaba en el pecho mientras ella, un enorme barreño de plástico rebosante de ropa húmeda encajado en la cadera izquierda, luchaba contra la puerta atrancada hasta que el hueco de la escalera se llenaba de luz. Más allá, estaba el mundo.

Fiel a la remota mirada de aquel niño pequeño, él siempre querría recordar la azotea como un espacio enorme, una gran plaza rectangular, el patio del castillo, su reino. En torno a los postes metálicos que sostenían las cuerdas del tendedero comunal, un amplio corredor hacía las veces de camino de ronda. El lo recorría erguido, procurando trazar con sus pasos una línea rigurosamente recta, a la sombra del murete enjabelgado que partía la tierra —su casa— y el cielo. Su madre tendía la ropa y cantaba, contaba historias tristes con su delgada voz que se quebraba siempre en los agudos, repitiendo las mismas palabras en melodías parecidas, alcoba, corazón, penas, remordimientos, tu boca, me muero, niña morena. Cuando comenzaba a trajinar con las sábanas, concentrando toda su atención en evitar que uno solo de los blancos picos de tela llegara a rozar siquiera los polvorientos baldosines, él se acercaba sigilosamente a la frontera prohibida, y aferrando el muro con los dedos hasta que le dolían, se elevaba sobre las puntas de los pies para inspeccionar sus posesiones. A su altura estaban las nubes. A sus pies, Madrid, un océano de tejados rojos y marrones que llegaba hasta el mar, por allí, en alguna parte. El ocupaba el centro, hasta que los brazos de su madre, precedidos por un débil chillido de alarma, le rodeaban por la cintura, arrebatándole bruscamente de su atalaya. Los azotes no le dolían. Habría pagado precios más altos por una diversión tan gratuita, y era agradable de todas formas pisotear los charcos, caminar entre las inmaculadas paredes de tela mojada que se ondulaban con el viento para salpicar su rostro de pequeñas gotas de agua limpia, el cestillo de las pinzas sobre el brazo, en pos de unas chinelas de color azul celeste.

Hasta que una tarde la eterna sucesión de los acontecimientos se quebró de manera inexplicable. El ocupaba el centro, todavía. Parapetado tras el muro, seguro en su azotea, miraba el mundo con ojos confiados y escuchaba el canto de su madre cuando éste cesó sin previo aviso a la mitad de una estrofa. Contrajo los glúteos y esperó, pero no ocurrió nada, no hubo chillido, ni azote, no sintió sus brazos, y entonces tuvo miedo y la llamó. Ella contestó desde muy lejos con voz tranquila, como si nada hubiera pasado, pero él se volvió y no pudo verla. Las cuerdas rebosaban de sábanas blancas, era lunes. Recordó la instrucción mil veces impartida, si alguna vez te pierdes, no te muevas, quédate en el mismo sitio y yo te encontraré, y gritó de nuevo, y de nuevo recibió una respuesta cargada de indiferencia. Entonces retornó a su posición inicial, repitiendo para sí mismo que ella le encontraría cuando comprendiera que estaba perdido, perdido en su pequeño reino, y volvió los ojos al viejo país propio, pero las tejas ya no bailaron para él, y la luz del sol iluminó nítidamente los ángulos rojos y marrones, tajantes como cuchillos, que nunca recuperarían ya la blanda silueta amorfa de las olas, y los mapas se tornaron repentinamente transparentes para su mente, un minúsculo desierto fecundado por el miedo, y supo que Madrid no llegaba al mar, que nunca llegaría, porque Madrid era solamente ese diminuto punto negro que apenas destacaba en la uniforme masa pintada con los colores de agosto, ocre abrumadoramente lejos del azul, y sintió que estaban solos, solos la ciudad y él, desdeñados por el mar en el centro de la tierra.

No pudo soportar por más tiempo la visión de la piedra traidora, las casas que se pararían en seco para dar paso a los campos sembrados, las calles estrechas y retorcidas que no llevarían nunca a ningún puerto, y se volvió bruscamente, dispuesto a desobedecer cualquier norma, y gritó otra vez, llamó a su madre con angustia, y en la respuesta distinguió su propio miedo, creyó adivinar que ella esperaba al otro lado del tendedero y se abalanzó contra las sábanas húmedas con esa única certeza como guía. La primera vez fue fácil, bastaron unas pocas zancadas descomunales para salvar una distancia todavía posible, razonable, el estrecho corredor que cruzó a la carrera sin rozar siquiera con la ropa, un jersey de lana verde, las paredes limpias y quietas, y miró a su derecha, luego a su izquierda, volvió a mirar en ambas direcciones, y entonces la escuchó, su madre le llamaba desde el otro extremo de la azotea, apoyada tal vez en el muro cuya protección jamás debería él haber rechazado, si alguna vez te pierdes no te muevas, yo te encontraré, propósito ridículo, meta imposible, porque apenas podía ya arrancar de sí mismo la angustia, las ganas de correr, la necesidad de ir hacia ella. Intentó chillar y no pudo. Levantó los brazos y los agitó en el aire aun conociendo de antemano el fracaso de aquel gesto preñado de inútil dramatismo, pobre mensaje destinado a estrellarse contra el blanco mudo y ciego, pero el ejercicio físico de la desesperación liberó su garganta, y cuando abrió los labios se sintió emitir un chillido impreciso, quiso gritar, estoy aquí, y apenas escuchó la breve desnudez de un gemido, el terror en la voz de un animal herido que se revuelve, casi silencio, y se precipitó de nuevo contra la ropa tendida, pero ya no encontró el camino y, perdido como estaba, se perdió nuevamente en un luminoso laberinto de fantasmas planos.

Bailó con ellos, luchó con ellos, los golpeó en vano, una y otra vez, sin hacer mella en su pesada coraza de agua, atisbando apenas un instante, de vez en cuando, la silueta familiar, allá lejos, el cuerpo de su madre vagamente insinuado tras las murallas de tela, y apartaba las sábanas con las manos para ir hacia ella mientras escuchaba la monótona cantinela de su propio nombre, constantemente repetido desde distintos lugares, y peleó en solitario contra el blanco para ser vencido, víctima al fin de su propio cansancio y de la astucia de unos brazos invisibles que le impulsaron a girar sobre sí mismo hasta envolver su cuerpo en una húmeda mortaja que olía a detergente, como las camisas que les ponen a los locos. Entonces cayó al suelo y se quedó quieto. Sólo entonces empezó a llorar. Todo lo demás ocurrió muy deprisa, aquel ruido pequeño que se sucedía rítmicamente sin que él llegara a identificarlo, y la luz, que crecía misteriosamente a su alrededor. Cuando vio por fin a su madre, carne y hueso ante las cuerdas vacías, chinelas azules sobre un suelo alfombrado de sábanas mojadas y pinzas de madera, pensó que nada hubiera sido más fácil que tirar él mismo del extremo de la ropa para desprenderla, y, aún mejor, no haberse movido nunca del sitio, haberse quedado quieto y anunciar que estaba perdido. Y mientras unas manos nerviosas deshacían el testimonio último de la primera victoria del blanco, despojándole después del empapado jersey de lana verde, intuyó que nunca llegaría a comprender las razones de su actitud, tan absurda.

—Ya pasó, rey, ya pasó...

Su madre, acurrucada en el suelo, se esforzaba por estirar los brazos hasta el mismo borde de su límite físico, como si pretendiera cobijarlo entero entre ellos, contra su cuerpo, mientras le besaba suavemente en la cabeza. El apreció el calor y la seguridad de aquel abrazo, pero adivinó también que nunca más se atrevería a subir a la azotea.

—No ha sido nada, ¿verdad?, sólo un susto...

Ella se balanceaba suavemente adelante y atrás, meciéndole contra sí. El la acompañaba en cada vaivén, colaborando en la farsa del bebé que ya no existía, hasta que ambos recobraron el sosiego.

—¿Me vas a ayudar a arreglar todo esto?

Asintió con firmeza, pero mientras recogía las pinzas desperdigadas por el suelo, se dio cuenta de que le costaba trabajo sonreír.

La ciudad y el blanco ya habían hecho presa en él.

Se resistió durante muchos años a conocer el mar traidor, como si se complaciera en atribuirse a sí mismo el impreciso poder de castigarlo, de pagar su desprecio con desprecio, pero no pudo resistir la tentación de bajar, él también de un salto, del atestado autobús donde una legión de adolescentes de secano había festejado durante horas el previsible final de su bachillerato de letras, un viaje interminable hacia la costa. Se lo reprochó a sí mismo, mientras sus pies se iban hundiendo en una tierra a cada paso menos tierra y más arena, mientras un olor nuevo conquistaba su nariz y un aire distinto, dulzón y pegajoso, se empeñaba en fundir sus ropas con la piel, hasta que desde la chata cima de una duna cualquiera, ninguna señal previa, ningún aviso de lo que le esperaba al coronarla, el azul entró en sus ojos. Tuvo el privilegio de conocer el mar en invierno. No es para tanto, se mintió en voz baja, sin saber todavía qué pensar, si felicitarse o compadecerse de sí mismo ante la ausencia de toldos de colores, heladeros vociferantes, niños con pelota, radios a todo volumen, cuerpos ajados, descuidados, blandos, más desagradables aún bajo la untuosa película de grasa cosmética, animales viejos que se asan lentamente al sol. No es para tanto, repitió, rendido ya a su buena suerte, y se sentó allí mismo, sobre la arena apelmazada, hilvanada apenas con unas pocas matas desnudas de hojas y de flores, en la cima de la duna, tan lejos aún, y miró el mar, que nunca llegó a Madrid, nunca llegaría. Se propuso adoptar una actitud acorde con la emoción tibia y serena, como vivida en un sueño, que se había apoderado de sus ojos en un día tan frío, e intentó reflexionar, meditar, pensar en algo nuevo y grande, pero se aburrió enseguida porque solamente tenía dieciséis años. En la playa, los demás jugaban al fútbol. Se dejó caer sin llegar a levantarse, resbalando sobre la suave ladera de la duna, y luego corrió para reunirse con ellos.

Ya entonces recelaba del ejercicio físico, que le cansaba mucho antes y más intensamente que a la mayoría de los chicos de su edad, pero sus reflejos eran rápidos, casi infalibles, y resultaba un buen portero. Bastó su llegada, pues, para que un compañero le cediera su puesto entre una roca y el agua, la elástica distancia de su portería de aquella mañana. Las plantas de sus pies se hundían ligeramente en la superficie de la arena húmeda, resquebrajando la capa superior, tostada por el sol como la cobertura de un bizcocho recién salido del horno que al romperse produjera un ruido delicioso, mate y crujiente. Hacía sol, y las gaviotas se perfilaban contra un cielo claro, limpio, descendían un instante para posarse en el suelo y se elevaban de nuevo, huyendo despavoridas del balón de cuero que se atrevía a surcar de tanto en tanto su territorio. El se sentía muy bien, sujeto de un raro bienestar que parecía capaz de convertir en un valor universal la repentina conformidad que sentía hacia sí mismo, hacia su cuerpo y su entorno, y que se proyectaba en el juego. Pero, cuando los delanteros del equipo contrario empezaban a enfurecerse ante su imbatibilidad, cometió el error de mirar a la izquierda y ver que la superficie de la roca que le servía de poste estaba alfombrada de picos agudos, como una imposible cordillera de rocas aserradas sin descanso, armas negras, lisas y brillantes, y la pelota le rozó un pie sin que él llegara a advertirlo siquiera, mientras sus pupilas se vaciaban en la sorprendente hostilidad de las familiares conchas.

Recuperó entonces, en un asalto imprevisto y brutal, una sensación antigua que nunca hasta entonces había asociado con el agua, sino con la tierra, con el mundo ocre en el que vivía preso, la cárcel rojiza que se extendía en todas las direcciones desde la azotea, y la roja fortaleza de casas de adobe rojo a la que le trasladaban todos los veranos, el pueblo de su padre, edificios apiñados encima de un cerro y campo, una sucesión infinita, trigales verdes, luego dorados, castaños, secos, algunas amapolas en primavera, y la chopera abajo, junto al río, la grandiosa inmensidad que le encogería el corazón de adulto, pero que disfrazaba de árida monotonía un paisaje demasiado aburrido para los ojos de un niño. Entonces le gustaban los sembrados de girasoles, aquellas parcelas como jardines de grandes flores amarillas que se divisaban a lo lejos desde las ventanas del granero, los alféizares forrados con una delgada hoja de aluminio que inundaba de cáscaras siempre que tenía pipas, porque era más divertido comer desde allí las semillas secas y saladas que, según decían, habían nacido en aquellas flores que él nunca había visto de cerca. Entonces le gustaban los girasoles, pero una mañana, cuando regresaba con su padre de la panadería, una vecina muy simpática le llamó desde la ventana y salió a la calle con una flor ya seca que le tendió con una sonrisa, toma, Benito, para ti la torta entera, y cómete las pipas a mi salud. El agradeció sinceramente el regalo, e incluso se puso de puntillas para depositar un beso en la cara de su inesperada beneficiaria, pero cuando se separó de ella y echó a andar detrás de su padre, que se había adelantado unos pasos, miró el girasol y no vio otra cosa en su interior que una repugnante formación circular de amenazadores cuchillos afilados. Soltó inmediatamente la flor y se inclinó sobre sí mismo, el cuerpo desmadejado y blando doblándose sin control bajo la potencia de la naúsea, el asco que parecía anular completamente la solidez de sus huesos para reemplazarlos con un montón de lana sucia, como el que rellena las tripas de las marionetas, y convertirle así en un muñeco que sólo cobró vida al vomitar el desayuno en plena calle y recibir después, cuando era ya de nuevo a medias humano, dos bofetadas paternas que le devolverían feliz y bruscamente a la realidad, y al sol de una mañana de verano.

Un día llegaría a controlar esa sensación, a dominar todos sus músculos mientras sentía el asco creciendo en su garganta como un vómito mal triturado, un puré espeso y

30

templado que tras haber rellenado metódicamente cada uno de sus conductos internos, tras haberse instalado sin resistencia entre las paredes de cada una de sus vísceras, rebosantes ya de su viscosa presencia desde el agotado intestino hasta el esófago, amenazara con quebrar de un momento a otro el frágil sello de sus dientes, de sus labios, para manar eternamente de su boca, señor ya de todo su cuerpo, él mismo solamente un puro asco, pero aprendió a controlarse, a mantenerse firme, a aguantar la naúsea, los ojos clavados en las puntiagudas semillas de la flor odiosa, sus cantos afilados como cuchillos, siempre cuchillos, hasta en el corazón de aquella amable planta que daba de comer a tanta gente, girasoles amarillos y verdes, flores monstruosas, descomunales, alegres corolas de pétalos blandos que engañaban a los otros, agujas que se clavaban en sus encías a veces, dolor vegetal, como un preludio cifrado, un velo transparente que desvelara en parte, sólo para algunos, para él, la clave del asco secreto, aprendió a mantenerse firme, aguantando la naúsea, sin llegar a preguntarse, nunca lo haría, por qué los campos de girasoles eran el principio del verano y su final, por qué corría hacia ellos apenas podía para dejarse estrujar en su interior por esa papilla a medias de grandes trozos de comida mal digerida, llegó a acostumbrarse a los girasoles, pero no a sospechar que una amenaza semejante pudiera existir fuera de su propio mundo.

Por eso, aquella mañana de invierno, en una playa desconocida, no pudo soportar la visión de los mejillones vivos aún, tiesos y apiñados como un disciplinado ejército, y abandonó su puesto sin avisar para ir a vomitar el desayuno lejos de la orilla, al pie de una duna, comportándose otra vez igual que un niño asustado.

—Si es que no deberíais fumar, si os lo tengo dicho... Ya sabía yo que acabaría pasando algo así, tantas horas en la carretera, con la peste del humazo ése que echáis, tenía que pasar algo así... ¡Hala, todos al autocar! Se ha acabado la playa por hoy...

La imprevista elocuencia de aquel profesor, un individuo por lo general sombrío, taciturno, adquirió en sus oídos un eco diferente, el cálido repiqueteo de la campana que pone fin a un combate, pero de nuevo en su asiento, los ojos cerrados junto a la ventana abierta, sintiendo la presión del aire sobre los pómulos, sobre los párpados, contra todas las cavidades de su rostro, volvió a pensar en cuchillos, y supo que solamente había perdido otro asalto. Aceptó entonces el ingreso de los mejillones de roca en la nómina de la naúsea, y pensó que no dejaba de resultar divertido haber desenmascarado al último enemigo justamente aquel día, en aquel lugar, al borde del mar cuya ausencia había desencadenado el primer espejismo, el primer terror, la ciudad y el blanco que fueron antes que los filos ocultos, enemigos acechantes tras la imperceptible cortina transparente de lo cotidiano, inofensivos, amables incluso de uno en uno, triturar con los dientes el cuerpo aceitoso de una pipa de girasol, engullir sobre una barra el bocado de carne naranja apenas visible bajo la vinagreta multicolor, y extrañarse de su mansedumbre, inconcebible en la multitud de cuchillos que le miraban entre los largos pétalos amarillos, desde una piedra húmeda de agudos contornos.

Durante su adolescencia pensaría con mucha frecuencia en aquel fenómeno, su estrambótica fobia individual, e indagaría sin resultados entre sus conocidos. Más tarde, resignado a bregar en solitario con ella, llegó a asimilarla junto con todas esas otras cosas, abrir los ojos al despertarse, cerrarlos para dormirse, que de puro sabidas se ignoran.

Aquella mañana había elegido una camisa color azulina, eso lo recordaría siempre porque no llegaría a olvidar la ilusión que le hizo descubrirla por azar a la salida del trabajo, llevando puesta aquella chaqueta de lino claro recién estrenada cuyo precio lamentaba todavía en lo más profundo de su corazón, la víscera cobarde que traicionaba así, no del todo a su pesar, el propósito que él mismo se había marcado con firmeza un par de años antes, cuando, al cumplir los treinta y cinco, se prometió íntimamente hacerse un regalo excelente en cada aniversario de su nacimiento sin reparar en los gastos. Entonces, cuando se sentía progresivamente indignado consigo mismo por haberse elegido un regalo tan caro en relación con su utilidad, la vio tras un escaparate, ligera, casi transparente, con dos bolsillos sobre el pecho y botones pequeños, oscuros, casi invisibles. Entró en la tienda con decisión, se la probó, se plantó la chaqueta encima y se contempló a sí mismo con uniforme de falangista de gala. Era perfecta.

Había elegido la camisa azul y no estaba contento. De eso también se acordaría siempre. Apenas estrenadas, aquéllas se estaban revelando como las vacaciones más insulsas de su vida. No tenía ninguna gracia quedarse en Madrid justo cuando la ciudad había vuelto a llenarse de gente, autobuses de colegios, señoras con la bolsa de la compra, pleno octubre. Otros años, en agosto, había disfrutado mucho apoderándose de nuevo de la ciudad fantasma, escrutando las casas vacías, las calles vacías, los sobrios cierres metálicos que preservaban a nadie del aire, del calor de los días desiertos, como si la más negra epidemia se hubiera cernido sobre el asfixiante océano de tejados rojos y marrones que todo coronaba, castigándole por su seca impostura, minando poco a poco sus fuerzas, sorbiéndole lentamente el tuétano, entonces sí, pero ahora no sabía qué hacer.

Aquella mañana saldría a la calle, de todas formas. Por eso estaba frente al espejo, observando cómo el liviano tejido de su camisa azul comenzaba a saturarse, y los pequeños lunares de forma irregular que lo salpicaban al azar en un principio se integraban en grandes manchas de humedad simétricamente dispuestas sobre el conjunto. Sólo entonces cesó de agitar ante su rostro una botella de cristal oscuro casi vacía, adornada con una barroca etiqueta donde, entre dos retorcidas columnas doradas, se leía una marca comercial transcrita con una caligrafía muy relamida. Le puso el tapón, la dejó sobre la repisa y aspiró. Mientras valoraba su perfumada pestilencia, el nauseabundo aroma familiar que depararía la primera desagradable información acerca de su persona a cualquier indeseable interlocutor, pensó con nostalgia que cualquier día retirarían aquella loción del mercado, cada vez le costaba más trabajo encontrarla, y no iba a ser fácil sustituirla, hallar una máscara distinta, tan eficaz, tan duradera como aquélla que, a juzgar por los comentarios de su viuda, el abuelo había usado incluso para perfumarse los sobacos, bastándole a tal efecto una aplicación mensual. Soltó una carcajada solitaria al recordarlo, y se sintió mejor. Estudió su limitado arsenal de productos cosméticos y eligió un tubo de gomina cuyo brillante envoltorio de papel de colores, mal pegado con algunos puntos de cola al mortecino metal plateado, blando y flexible, que tanto le había intrigado por su fragilidad cuando era un niño, desmentía la antigüedad de la serigrafía, evocando en cambio un canon de belleza masculina tan antiguo que ya nadie sería capaz de recordar cuándo había perdido su vigencia. Y aunque él se ajustaba tan mal a aquel estilo como al reinante en su propio tiempo y, aún más, sospechaba, a cualquier otro modelo de belleza occidental, quizás universal, le gustaba engominarse el pelo a la antigua por sus desconcertantes efectos. Nunca había sido capaz de repetir exactamente el mismo peinado. Llenó el lavabo de agua y metió la cabeza dentro para empaparse el pelo hasta las raíces. Luego, mientras distribuía la gomina hábilmente, con dedos rápidos, por toda la superficie, desprendió de un cartón dos horquillas de mujer y, tras marcar primero la onda ideal sobre su flequillo, consiguió mantenerla a duras penas presionando con el peine que sujetaba con la mano izquierda, el tiempo justo para abrir las horquillas con los dientes y engancharlas en sentido inverso sobre los dos extremos del pegajoso mechón que amenazaba con desplomarse sin previo aviso sobre sus cejas. Se contempló un instante, y recordó las encías negras, desdentadas, de la amable vieja demente que le había enseñado aquel truco y vendido las dos horquillas muchos años antes, en un banco de la calle. Andando despacio, como si temiera desbaratar un artificio tan simple, se acercó a una repisa y rebuscó dentro de una caja hasta encontrar una tirita pequeña y delgada. Untó sus mejillas con talco y luego, doblándose hacia delante para que los polvos sobrantes cayeran al suelo sin rozar siquiera la empapada camisa, se acarició la cara con las yemas de los dedos como si pretendiera alisar su atormentada superficie, hasta que una pálida película blancuzca transfiguró su carne en una careta de porcelana vieja. Sólo entonces depositó con cuidado el diminuto vendaje sobre un pómulo en el que no se apreciaba herida alguna, apretando bien por los extremos. Desperdició unos minutos más en cerrar a presión el tubo de gomina y devolverlo, junto con la botella y el talco, a la repisa donde descansaban otros pocos objetos, cuidadosamente dispuestos para disimular su pobre número. Retocó su distribución sobre el cristal un par de veces, hasta obtener un zig-zag perfectamente simétrico. Luego regresó al espejo, estudió su flequillo una vez más, y se decidió a liberarlo de las horquillas accionando sigilosamente con las puntas de sus dedos. La onda se tuvo sola, coronando su rostro con una diadema paté-

35

tica, el artificial tormento de un mechón de cabellos rígidos. Sonrió. Se gustaba. Se embutió con cuidado la chaqueta de lino blanco y extrajo de su bolsillo superior unas gafas de sol de grueso plástico negro, tan oscuro que parecía opaco, con las patillas estriadas y muy anchas. Se las puso y entreabrió los labios en una mueca que, tras algunos titubeos, se estabilizó en lo que pretendía ser una expresión cruel. El espejo le devolvió la imagen de un hombre peligroso, inquietante, siniestro más que feo. Sonrió de nuevo, para sus adentros. Sabía que aquella era su única posibilidad.

En el umbral de la puerta se detuvo para mirarla un instante, y ella le devolvió la mirada desde sus ojos entornados, las pestañas burdamente retocadas con un lápiz graso, su cansada expresión de lascivia sostenida.

—Estás vieja...

El tiempo la ha vuelto amarilla, pensó, esforzándose por recordar el tono preciso de la piel dorada que una vez le asaltara en plena calle desde esos brazos redondos que abrazaban el tronco de un naranjo con un desmañado gesto lánguido, irresistible en aquella carne dura y prieta, excesiva y sana. Los tules que la cubrían, furiosamente enrollados sobre su vientre, relajados hasta la transparencia sobre el resto de su cuerpo, eran entonces de un blanco azulado, resplandecientes como las vestiduras de una ninfa, un lisonjero insulto para quien había nacido mujer, y una mujer destruida. Estaba más guapa así, envuelta en pliegues grises de polvo, sucia y consumida por la luz, pero su piel se había vuelto amarilla y sus piernas, eternamente entreabiertas para nadie, habían perdido ya el lustre de antaño.

—Debería haberte enmarcado. Te habrías estropeado mucho menos.

Se acercó a ella y tocó sus pies rebeldes, clara carne de castaña cruda que no había envejecido, que no envejecería mientras el perchero de madera siguiera en el mismo sitio para cubrirla con su sombra cada tarde, cuando un sol agonizante marchitara tan deprisa el aire de aquella habitación, y se arrepintió una vez más de no haberla robado.

Lo intentó, presintió que debería robarla, arrancarla de la pared y salir corriendo, le gustaba tanto, una mujer así no es para que te la regale nadie, hay que robarla y él lo sabía, pero su actuación había sido tan torpe que cuando por fin se atrevió a acercarse a ella todos en la tienda estaban ya pendientes de sus movimientos, divirtiéndose discretamente a su costa, el muchacho hechizado, fulminado de amor en medio de la acera.

—Y tú... ¿qué quieres, hijo?

El frutero le miraba con ojos risueños, una sonrisa cómplice en los labios, el cuerpo seco, menudo, inclinado hacia delante, un mandilón verde en torno a la cintura. El, que de espaldas al mostrador, protegiendo la uña criminal con todo su cuerpo, había empezado a rascar disimuladamente los bordes de la tira de papel celo que la mantenía fija en la pared, se volvió con la angustia pintada en la cara, las mejillas ardiendo de vergüenza, y se quedó callado, sin saber qué decir.

—¿Qué te pongo?

Rebuscó en sus bolsillos y repasó mentalmente la cantidad que sumaban las pocas monedas que pudo palpar. Cuando intentó abrir la boca, sintió que sus labios estaban soldados, que nunca más podría volver a hablar. Después, disipado en un instante el pánico, dijo lo primero que se le pasó por la cabeza.

—¿Tiene cerezas?

—¿En marzo...? No, hijo, en marzo no hay cerezas...

—Ya... Y ¿de éstas? ¿Tiene alguna más...?

—¿Naranjas? Claro, si está la tienda llena... ¿no las ves? ¿Cuántas quieres?

—No, yo..., quiero decir..., ésta...

—No te entiendo.

Señaló vagamente las flores de azahar prendidas en el pelo de aquella turbia virgen profana. Al advertir la sonrisa que se dibujaba en los labios de su interlocutor, desplazó rápidamente el dedo índice hacia la maciza silueta del Miguelete que cerraba la composición por la derecha, pero ya era tarde.

—¡Ah, o sea, que lo que quieres es una tía como ésta, nos ha jodido, y yo también...! Pues no, hijo, y te juro que lo siento, no vendo mujeres, ya me gustaría, ya, pero la única que tengo es esa ballena vestida de negro que está ahí, en la caja. Si te gusta, te la puedes llevar gratis, y todavía te daré una propina... No te lo recomiendo, pero seguro que a ella no le importa, ¿verdad, Consuelo? ¿Quieres irte con el chaval...?

Una carcajada franca y sana, la respuesta de la frutera, destacó sobre un coro de risas más comedidas. El se había dado cuenta de que todo aquello no era más que una broma sin mala intención, pero hubiera preferido un chillido, una respuesta agria y desagradable, hasta un empujón que le hubiera echado de la tienda. Se sintió muy mal, muy pequeño, e incapaz de mantener la mirada erguida por más tiempo, se concentró en aplastar con la puntera del zapato una hoja de lechuga amarillenta y lacia, hasta que consiguió imprimir su silueta en las oscuras baldosas del suelo. Estaba a punto de salir corriendo cuando advirtió una leve presión en su hombro. Cuando levantó los ojos descubrió allí la mano del frutero.

—Venga hombre, no te enfades conmigo, si sólo te estaba tomando un poco el pelo... Lo que te gusta es el cartel, ¿no?

El asintió con la cabeza, sin atreverse a decir nada todavía. Entonces, la expresión del rostro de su interlocutor cambió ligeramente y, cuando volvió a hablarle, su voz había perdido el tinte risueño del principio en favor de una entonación deliberadamente neutra.

—Dime una cosa... ¿A que tu madre se llama Paloma?

—Mi madre murió cuando yo era pequeño, pero sí, se

llamaba Paloma —confirmó él, desconcertado por el carácter que había adquirido su conversación con alguien a quien no recordaba haber conocido nunca.

—Claro, claro... perdóname —le dijo entonces, repentinamente nervioso, rehuyendo su mirada—. Tengo esa manía, hablar de las personas muertas como si estuvieran vivas, lo siento.

—No importa, pero... ¿cómo sabe usted el nombre de mi madre?

—Porque era clienta mía, hace muchos años. A veces venía contigo, por eso sé quien eres. ¿Cuántos años tienes ahora?

—Catorce... Casi quince.

—Vaya, ya estás hecho un hombre... —murmuró, mientras despegaba a la mujer impresa de la pared azulejada con un par de gestos precisos—. Toma, llévatela.

El no se atrevió a alargar el brazo, respondiendo con una mirada incrédula a la sonrisa con la que el frutero le tendía ahora un delgado rollo de papel.

—¡Cógela, chaval, no seas imbécil!

Así que no la había robado, se la habían regalado, una mujer como ésa, y él ni siquiera había dado las gracias, porque apenas la rozó con la punta de los dedos, tiró de ella hacia sí y salió corriendo, deprisa, estrujándola entre las manos, para alejarse lo antes posible de aquel lugar donde habían conocido a su madre, donde recordaban su nombre y le habían visto a él, hecho casi un hombre, comportarse como un estúpido, un niño pequeño, caprichoso y malcriado. Mientras la tuvo así, enrollada por el desierto dorso de papel blanco, la maldijo para maldecirse a sí mismo por su ingenuidad, el signo de una edad con la que no se puede combatir, y decidió entrar en casa por la puerta de la cocina para tirarla a la basura sin más, pero en el portal fresco y oscuro estiró despacio de una esquina para liberar sus pies desnudos, y aunque no quiso ceder al deseo de volver a verla entera todavía, comprendió que cualquier bochorno habría merecido la pena, porque le gustaba tanto, tanto...

Entró finalmente por la puerta principal y cruzó el pasillo a la carrera, sin detenerse siquiera a la altura de la puerta de la cocina para advertir a su abuela entre chillidos que no tenía hambre y que aquella tarde no pensaba merendar. Ya en su cuarto, sin tomarse el trabajo de cerrar la puerta para evitar cualquier pérdida de tiempo, recorrió ávidamente las paredes con los ojos en busca del lugar de honor, un emplazamiento digno de su belleza, y sin dolor alguno decidió prescindir del póster de la selección nacional, pero cuando apenas había comenzado a embutir la segunda chincheta en el muro con la yema del dedo pulgar, escuchó el eco de una carcajada que le llevó a considerar las ventajas de los tesoros clandestinos. Se volvió para encontrar a Belén, su hermana pequeña, que se retorcía de risa en medio del pasillo mientras le señalaba con el dedo índice. Silvia, la mayor, llegó enseguida y se sumó con cierto estrépito a la diversión. El adivinó lo que ambas estaban pensando, los adjetivos que latían bajo sus templados insultos, las palabras que habrían pronunciado si se hubieran atrevido a ir más allá de los calificativos previsibles, hortera, macarra y paleto, aburridas jaculatorias de una larga letanía, y encajó con elegancia sus burlas porque no podía explicarles la verdad, que esta vez no se trataba de eso, que se había enamorado de un papel. Su padre, por supuesto, tampoco lo entendería, así que, cuando le vio reunirse con las niñas, desprendió sin más a la mujer impresa de la pared y devolvió a los futbolistas a su lugar original mientras escuchaba sus templados reproches, parece mentira, Benito, con lo mayor que eres ya, que no te des cuenta de que eso lo pueden ver tus hermanas.

Aquella noche no se quedó en el salón a ver la televisión con los demás. Apenas engulló el último pedazo del plátano que había elegido como postre para acabar antes, se levantó de la mesa sin pedir permiso y volvió a su cuarto, cuidándose esta vez de trabar el pestillo hasta el tope. Desplegó el cartel encima de la cama y la miró mucho tiempo, tratando de seguir la tácita sugerencia en la que toda su familia se había mostrado de acuerdo, pero no pudo animarla, dotarla de relieve, ni de movimiento, imaginar su tacto, su olor, fruncir sus labios, doblar sus piernas, incorporarla hacia sí desde la nada donde residía, no pudo, porque no era eso, nunca había sido eso, con ella era distinto. Al final la clavó en el fondo del armario, justo en el centro del panel de madera, y para preservar su belleza de cualquier otra agresión, amontonó las perchas llenas de ropa sobre aquel cuerpo casi desnudo que nadie volvería a ver jamás excepto él mismo. Luego cerró el armario, y se tiró en la cama, y miró el reloj, y descubrió que era muy temprano todavía para dormir, las once y cinco. Se durmió enseguida.

Ahora, acariciando por fin con toda la mano esa piel resquebrajada y mate que el tiempo había vuelto amarilla, calculó que llevaba veintitrés años con ella, la edad de un hombre adulto.

—Si hubiéramos tenido un hijo, ya se habría ido de casa... ¿Qué pena, eh?

Ella, sorda, muda y ciega, quizás perfecta, la mujer impresa, era lo único que había sido capaz de retener a su lado durante todos esos años. Y todavía le gustaba. Decidió que jamás la quitaría de la pared, que la dejaría pudrirse allí, un día tras otro, sometida a la luz y al polvo, hasta el momento de su propia muerte. Entonces advirtió que el aroma de la loción ya no era capaz de marearle y se asustó al tocar la camisa azul, completamente seca. Miró el reloj. A pesar de todo, nunca se había atrevido a llegar tarde.

—Lo siento, me tengo que ir.

Confiando en que su ligera debilidad sentimental no hubiera echado a perder su cita, ni la dilatada sesión de maquillaje a la que se había obligado aquella mañana, cerró la puerta de golpe, bajó corriendo las escaleras, y atravesó el portal.

Se apoyó en la fachada y notó la piedra caliente contra su espalda. El sol es tan confortable, pensó, mientras cerraba los ojos y se abandonaba a los invisibles brazos del calor armonioso y matizado, casi artificial, humano, de la mañana de octubre. Presintió que una vez más había sido puntual para nada. Tenía ya muy pocas esperanzas de volver a verla, pero decidió esperarla todavía, sólo unos minutos más, para conceder cierto margen de confianza a su despreciable suerte.

No apareció. Tal vez su madre se había negado a pagarle el bachillerato, y ahora estudiaba informática, taquimecanografía, o idiomas, en alguna de esas destartaladas y malolientes academias de la Puerta del Sol. Tal vez, infiel a su palabra, la había matriculado en un instituto. O estaba simplemente en su casa, a unos pocos metros de él, sentada en el chiscón de la portería, viendo en la tele un patético, dramático, trágico, lascivo, incestuoso, tonto serial americano. Sintió la tentación de ir a comprobarlo, estaba tan cerca, pero se arrepintió antes de haber movido un solo músculo, porque no sabría qué hacer, qué decir, dónde esconderse si efectivamente la encontraba allí. Nada más lamentable que la deliberada resurrección de un error, y aquel que había cometido la primera vez era ya irreparable.

—Es mejor no conocerlos —solía repetir Teresa tantos años antes, en el bar de la facultad, mientras removía con una cuchara parsimoniosa su taza de manzanilla con anís—, es mejor no conocerlos, o quedarse solamente con los muertos, en serio, hacedme caso, porque, si no, te llevas cada palo...

Tenía razón, pobre Teresa, que no podía evitar enamorarse sin pausa, su pintoresca colección de mitos vivos, escritores y directores de cine sobre todo, genios soberbios, alcohólicos públicos, hombres privados, solos, les amaba y su amor era sincero, se habría entregado a cualquiera de ellos para siempre, sin condiciones, si tan sólo hubieran inclinado levemente la cabeza en su presencia, pero a pesar de la tenacidad de sus febriles persecuciones, de las decenas de cartas escritas y enviadas una y otra vez a las hipotéticas direcciones desde las que jamás recibía respuesta alguna, de los centenares de horas transcurridas al acecho en los tresillos de los vestíbulos de casi todos los hoteles de Madrid, de los litros de café ingeridos poco a poco, taza a taza, en las mesas mejor situadas de los cafés de moda, de las presentaciones forzadas y el pretendido ingenio de los saludos que tan exhaustivamente elaboraba y ensayaba cada noche ante el espejo, no consiguió que ninguno asintiera, nunca.

—Cuando estés acatarrado y no tengas un pañuelo a mano, llámame.

Nunca olvidaría esas palabras, la envidia que le corrió por la espalda como un tajo cruel que hiciera manar la sangre, la llama que se inflamó entre sus comunes vísceras de muchacho feo y mal enamorado al escucharlas, cuando estés acatarrado y no tengas un pañuelo a mano, llámame, una fórmula de potencia infinita, demasiado cursi en realidad pero esencialmente milagrosa, Teresa, de pie, con las mejillas encendidas, le tendía un papel blanco doblado en cuatro, su dirección y su teléfono, a aquel pálido imbécil que se había ido a París a hacer carrera, como si uno no pudiera escribir en Ferrol, o en Venta de Baños, o en Almuñécar, donde coño hubiera nacido aquel imbécil que la miraba con ojos de vaca delante del portal de su casa, sin darse cuenta de que estaba pisando las losas sobre las que ella había dormido aquella noche de helada, y la noche anterior, y la otra, debería haber gritado, habérselo escupido a la cara, ella ha dormido tres noches aquí, en la calle, sólo porque estaba esperándote, esperando para ver tu cara de imbécil, y si no hubiese estado completamente seguro de que ella jamás se lo habría perdonado, se hubiera plantado delante de él para partirle en cachitos su estúpida boca hueca de intelectual de peso en el exilio.

—No sé de qué me está usted hablando.

Pronunció estas palabras con un extraño deje, un acento impreciso, a medio camino entre el francés y el porteño, y luego se dio media vuelta y se fue, sin más.

—Total, que al final sólo te queda Proust, y encima de estar muerto, era marica...

Teresa se confesaba, cada vez un poco más borracha, siempre a su costa, y él, que nunca se había imaginado lo caro que es emborracharse en París, le pagaba las copas y la miraba, satisfecho de servirle de paño de lágrimas, y eso que ella ni siquiera le había llamado, estaba seguro de que jamás se le hubiera ocurrido llamarle, pero él tenía bastante con eso, haberla seguido, echando a perder su propio viaje, el dichoso Paso del Ecuador, jornadas agotadoras apostado en la misma esquina, noches a la intemperie, le dolían ya los ojos de mirarla cuando la escarcha comenzaba a calar sobre su piel, detrás de las orejas, y muerto de frío convocaba al Diablo susurrando deprisa, como si rezara, llévate mi alma, en alguna parte la debo tener, será tuya para toda la eternidad pero dámela, dámela ahora mismo porque ya no puedo más, aunque al final nunca podía evitar regocijarse de que no hubiera aparecido, le daba tanto miedo el Infierno, desde pequeño, y luego, a las cuatro, a las cinco de la mañana, regresaba al hotel tras ella, con la cabeza alta, erguida, porque no había hecho nada de lo que avergonzarse, sólo quererla, y llegaba a compadecerla incluso, a sentir como propias sus decepciones, sus derrotas, porque él no aspiraba a nada más, ni siquiera a tenerla en realidad, no todavía, mientras le bastara con seguirla y mirarla, aprenderla para recrearla después, a su medida, cuando se quedara solo. Por eso, porque la quería, salió de su escondite, se hizo el encontradizo, hola, ¿qué haces aquí?, ¿no has ido al Museo del Hombre con los demás?, no, no me apetecía, prefiero callejear, ¿y tú?, yo también, y se esforzó por parecer entera aunque tenía los ojos llenos de lágrimas, yo sostengo la tesis de que en las calles es donde verdaderamente reside el espíritu de las ciudades, ¿no te parece?, y él asintió, profundamente conmovido por el extemporáneo alarde de elocuencia con el que su ingenua amada parecía intentar restablecer su dignidad para sí misma, es muy duro lanzarse al suelo como felpudo y que no quiera pisarte nadie, pensó, y no preguntó nada más, ella le cogió del brazo y lloró un poco, no mucho, bebieron juntos, ella le contó que la habían seducido los libros de aquel imbécil, él no le contó que estaba enamorado de ella, había fotos de Hemingway en las paredes del último bar, se dejó llevar hasta allí y allí se gastó hasta su último franco, ya sólo le quedaban pesetas, y a pesar de todo se empeñó en cambiarlas en la recepción del hotel, pese a sus protestas, no iba a consentir que ella le invitara, no iba a renunciar al placer de pagar aunque le robaran tan manifiestamente en el cambio, y se tomaron la última en un bar desierto, mientras un joven camarero magrebí apilaba las sillas sobre las mesas para barrer el suelo y le sonreía desde lejos, sus dientes resplandecientes bajo el espeso mostacho oscuro, él le sostuvo la mirada un par de veces mientras pensaba, huy, si yo te contara, macho, con ésta no tengo nada que hacer, pero sucumbió a la tentación de curvar también levemente sus labios, y experimentó un placer objetivo en la idea de que un hombre mucho más hermoso que él le estaba envidiando la posesión de una mujer que nunca tendría.

Cuando por fin se deslizó entre las sábanas, solo y completamente arruinado, no llegó a lamentar seriamente su falta de audacia, porque es mejor no intentarlo, como decía Teresa, le hubiera gustado besarla al menos, pero no se atrevió y estaba bien, la abuela le montaría una horrible escena a su regreso, ya no le quedaba dinero para comprar nada, ni siquiera una de esas horribles reproducciones en plástico de Nôtre-Dame, iba a tener que pedir prestado para volver a casa en autobús desde el aeropuerto y luego soportar los lamentos, los sollozos, me mato a trabajar todo el día en esta casa, a mi edad, y es así cómo me lo pagas, sin traerme nada, ni un detallito siquiera, ¿y qué?, el dinero era suyo, al demonio con la abuela si él había preferido comprar el derecho a seguir esperando.

En aquella época, ya no era capaz de recordar con precisión pero andaría por los veinte años más o menos, todavía lo tenía claro, es mejor no conocerlos, no querer saber nada de ellos, de esos seres que dejan de ser reales cuando comienzan a ser soñados por otros seres más grises, como él mismo, como la pobre Teresa, que incumplía sistemáticamente la norma que ella sola había establecido para estrellarse una vez, y otra, y otra más, siempre la penúltima vez, con la miseria del héroe, un pérfido espejo cóncavo, trucado, que la engullía en un torbellino indoloro para devolvérsela a sí misma después como una enana gorda y paticorta que contemplara su propia imagen con dolor y la forzosa necesidad de aceptarla.

Es mejor no conocerlos, por eso él había seguido a distancia la evolución, casi se podría decir el crecimiento, de la hija pequeña de la portera del número 9, desde aquella tarde de verano en que la vio jugando a la goma, su rostro, los pelos que escapaban de la trenza batiendo suavemente sus sienes, su frente empapada de sudor, las mejillas enrojecidas por el esfuerzo, asomándose y desapareciendo rítmicamente por encima del periódico que él sostenía con unas manos cada vez más relajadas, que acabaron por renunciar a cualquier presión, abandonándolo sobre sus rodillas para descubrirla entera, una camisa blanca, arremangada y húmeda, sobre una falda escocesa mal cortada que denotaba claramente su condición de colegiala, pero ¿no ha acabado el curso ya?, se preguntó a sí mismo, abrumado por su imprevista desazón, no, no debía de haber acabado, porque un montón de libros y carpetas forrados con fotos de cantantes e imágenes de lujo y lujuria, el último argumento iconográfico del discurso publicitario de las cosas inútiles, permanecían arrumbados encima de la acera, les echó una ojeada distraída mientras la pequeña amazona terminaba satisfactoriamente su enrevesado ejercicio y suspiraba, apartándose el pelo de la frente, antes de acometerlo de nuevo, penetrando con una patada casi furiosa en el diminuto recinto delimitado por la goma negra que se sustentaba esta vez en el dorso de las pantorrillas de dos de sus compañeras, un par de niñas corrientes.

Calculó el vuelo de su falda y determinó que era inútil esperar gran cosa todavía, debería superar la barrera de las rodillas como mínimo, las criaturas que hacían de postes no eran muy altas. Llegó hasta sus oídos un débil rumor, no llegó a entender bien, algo de aceitunas. El caso es que, pese a la notable longitud de sus piernas, no parece excesivamente ágil, se dijo con desánimo, resopla demasiado, seguro que se cansa antes de tiempo. Creyó oír nuevamente algo, siempre aceitunas. Su tobillo se enredó por un instante en el inconcebible amasijo elástico amenazando con desequilibrarla, tal vez se caiga al suelo, pensó, y concluyó que eso no estaría mal, avergonzándose inmediatamente un poco, sólo un poco, de este pensamiento, mientras ella obraba el prodigio de escapar indemne del laberinto, liberándose con un enérgico salto de la telaraña negra. Entonces su espalda recibió un empujón que proyectó todo su cuerpo hacia delante.

—¡Que qué te pongo de tapa, joder!

Se volvió lentamente, desconcertado por el carácter de la interjección que había rematado aquella frase, los labios de Polibio muy raramente pronunciaban tacos en su presencia, ni en la presencia de nadie, solía reprochárselo a menudo, ¿por qué eres tan pedante, Poli?, él contestaba siempre lo mismo, no me llames Poli, te lo ruego, sabes que me desagrada extraordinariamente ese diminutivo, y, por lo demás, no soy pedante, me limito a hablar con corrección.

—Ponme lo que te dé la gana... —contestó, al descubrirle de pie, a su lado, sosteniendo en una mano dos vasos de vermú medio vacíos, cuyo contenido debía de haber derramado al golpearle, y en la otra una bandejita con aceitunas.

—Muy bien —aprobó, depositando comida y bebida sobre la mesa antes de levantar con cuidado los faldones de su roído mandilón blanco, una especie de sábana sucia que cubría su cuerpo casi por completo, desde la clavícula hasta los tobillos, para sentarse a su lado—. Entonces aceitunas. La verdad es que te lo agradezco, porque temo haberme excedido en el último pedido y necesito darles salida con cierta urgencia. Ya sé que no te gustan, pero no te preocupes, yo las consumiré gustosamente por ti...

Sonrió sin darse cuenta mientras le contemplaba, su deshilachada barba gris moviéndose lentamente al compás de sus mandíbulas, la digna expresión de fruición contenida que un guerrero espartano adoptaría para consumir su única ración diaria, y se sorprendió de haber podido llegar a quererle tanto.

Le había conocido poco tiempo atrás, una tarde parecida a aquélla, solía darse una vuelta por la plaza cuando empezaba a anochecer, hacía siempre el mismo recorrido, así que se fijó inmediatamente en la apertura de un nuevo bar, Lo Inexorable, con dos mayúsculas. No se sintió especialmente atraído por el nombre, era difícil pecar de original a estas alturas, pero tenía la costumbre de estrenarlos todos, así que entró y se encontró solo en un local bastante grande y mal alumbrado, tanto que tuvo que acodarse sobre la barra para descifrar la leyenda caligrafiada que, a modo de divisa, colgaba sobre una hilera de flamantes botellas nuevas: «No hay otros mundos en ninguna parte. Este, sin ir más lejos, es sólo una ilusión de los sentidos». Al lado había una gran foto de Vanessa Redgrave desnuda, en un marco de madera policromada que él relacionó instantáneamente con los ornamentos de iglesia. Mientras la miraba, Polibio le habló sin presentarse.

—Está ahí para demostrar que el talento, y aún más, la ideología, no están reñidos con la belleza física.

—Eso no es un gran consuelo para mí —contestó él, admirando de reojo el extravagante aliño de su interlocutor.

—Sí, ciertamente no es usted muy agraciado... —se llevó la mano a la barba, y la amasó durante unos segundos—. Por si le sirve de algo, le confesaré que tampoco a mí tal axioma me atañe en mucho, dado que solamente me relaciono con mujeres públicas, que, si bien no están siempre privadas de determinados talentos, carecen por lo general de cualquier formación ideológica y, lo que en definitiva resulta mucho peor, también, a menudo, de belleza física —y le tendió la mano—. Me llamo Polibio.

—Yo, Benito —confesó él, mientras la estrechaba.

—Deberemos convenir entonces en que las desgracias nunca vienen solas...

Le invitó a la primera copa y le informó con detalle del complicado proceso de instalación del local, pero en casi media hora no entró nadie en aquel espacio enorme, desolado, y el mortecino rumor de la voz de su propietario, que resonaba en un tono casi apagado pese a la completa ausencia de otros oyentes indeseables, llegó a provocarle la desazonadora sensación de estar molestando, en lugar de beneficiándole con sus consumiciones. Maquinaba cualquier fórmula elegante de despedida cuando se fijó en otra foto, un marco pequeño que reposaba tras la barra, apoyado en un estante, junto a un cubo de hielo. Una mujer también desnuda, pero no bella como la Redgrave, aparecía de perfil dentro de una gran copa de coñac, cubriéndose el pecho con los brazos cruzados, las manos estiradas y los dedos juntos en un torpe gesto de bailarina tailandesa, mientras que sus piernas dobladas en cuclillas ocultaban completamente su sexo. Llevaba una fina pulsera dorada en un tobillo y una especie de banda fabricada con dos cintas de colores entrecruzadas ceñía su frente, llamando la atención sobre su rostro tanto al menos como la excesiva sonrisa que deformaba su boca levemente caballuna. La reconoció al instante, aunque le costó trabajo creer que hubiera envejecido tanto en tan poco tiempo, apenas debería haber cumplido los treinta años.

—¿La conoce? —preguntó Polibio con una sonrisa ambigua desde el otro lado de la barra.

—Pues... no sé.

—Es mi novia.

—Entonces, desde luego, no la conozco —desmintió apresuradamente, con un gesto de disculpa—. Es que se parece mucho a mi hermana pequeña.

Su interlocutor soltó una franca carcajada, y se acodó en la barra para mirarle de frente, mientras seguía hablando con tranquilidad.

—Sí la conoce, por supuesto que sí, y le aseguro que no me molesta en lo más mínimo saberlo. Ella lleva en la calle muchos años. Es una chica lista, agradable, con sentido del humor, y trabaja por su cuenta. ¿Por qué no iba a conocerla? Tal vez hasta se tropezara con ella antes que yo. Sólo me relaciono con mujeres públicas, ya se lo he dicho. La inmensa mayoría de las restantes criaturas no me interesan en absoluto, así que éste es un gaje del oficio, y ni siquiera de los más desagradables —marcó una breve pausa para señalar una profunda cicatriz que atravesaba de punta a punta su ceja derecha—, más bien me induce a la solidaridad, créame...

Aquel extravagante discurso bastó para confirmarle que aquel individuo le gustaba, y para animarle a hablar, a contarle más o menos la verdad, que sin embargo fue desgranando lentamente, recelando siempre, al acecho de cualquier imprevisto estallido de furia.

—La recogí una tarde, en una bocacalle de Capitán Haya, hace unos años... Yo pasaba por allí por casualidad, quiero decir que no iba buscando tías, y ella me paró en medio de la acera para preguntarme si tenía coche, o algo así... Era una hora muy rara para que te abordara una puta, bueno, quiero decir..., pues eso, no sé, serían las cinco o las seis de la tarde, no me acuerdo exactamente, pero desde luego me sorprendió mucho la hora, y su aspecto también, parecía una chica corriente, tardé bastante tiempo en colocarla, en darme cuenta de lo que pretendía, por eso empecé a hablar con ella...

—¿Y se pusieron de acuerdo?

—Pues sí...

—Y ¿qué más?

—¿Qué más qué?

—¿Qué más iba a decir antes? Se le ha quedado algo colgando en la punta de la lengua.

—No, le aseguro que no...

—¡Cuéntemelo, se lo ruego! No me molesta en absoluto, en serio, antes bien me interesa, me gusta reconstruir la historia de la gente que me gusta.

—Pues..., lo que iba a decir es que sí, que nos pusimos de acuerdo porque ella era muy barata...

—¡Oh, lo ve usted! Esa es una hermosa virtud, no un defecto.

—¿Cómo puede ser tan cínico? —preguntó a bocajarro, sin pensar en las palabras que pronunciaba, experimentando como una aguda provocación la amplia sonrisa sin sombras desde la que Polibio le contemplaba.

—No es cinismo, créame, no es eso... Verá, yo no soy joven, no soy guapo, ni específicamente potente, es decir, no le doy nada de lo que le gusta, pero puedo hablar, he aprendido a hablar con ella. Lo que usted llama cinismo no es más que la primera lección, la primera etapa de un largo y doloroso proceso de adiestramiento. Al principio yo tampoco lo concebía, pero ellas, todas las que he conocido en mi vida, me han enseñado lo mismo. La verdadera conquista es el impudor de las palabras, el lenguaje es el último campo de batalla, parece una mentira pedante pero es verdad, ellas lo sienten así. Parar a un desconocido por la calle, subírselo a un hotel, tumbarse encima de una cama y recibirlo sin saber cómo se llama es duro, sin duda, pero también es fácil. Lo difícil es expresarlo y seguir sintiendo hacia una misma el amor suficiente para levantarse de la cama al día siguiente, vivir quince o dieciséis horas recorriendo las calles, y acostarse por la noche sin haberse metido un pico en cualquier esquina. Y eso no se consigue hasta que se aprende a hablar. Yo he aprendido a hablar con ellas, eso es todo, el precio forma parte de su trabajo, como otras cosas.

—Ya... Perdóneme, no me gustaría haberle ofendido.

—No se preocupe. Verdaderamente me gusta pensar que soy un cínico, no quizás en este terreno, pero en fin, es un calificativo que no me molesta.

—Lo que pasa es que, cuando yo la conocí, fue sólo una tarde, pero me contó que tenía novio y que pensaba casarse... Daba la sensación, no sé, de que no estaría toda la vida en esto. Ni siquiera follaba con sus clientes, eso lo dejaba muy claro.

—Ya. Pues las cosas han cambiado bastante... ¿Por qué no se queda un rato más? Ella debe estar a punto de llegar y podemos ir cenar algo por ahí. A la vista de la concurrencia, he decidido dejar de considerar la noche de hoy como la fecha de apertura oficial del local, me traería mala suerte, así que lo podemos considerar una especie de preestreno para íntimos e irnos a celebrarlo. ¿Qué le parece?

—Pues no sé...

—Mire, ahí está —Benito miró a través de las puertas del local, abiertas de par en par, y no vio nada—. Quiero decir que ése que ha pasado es su coche. No tardará mucho en asomar por aquí. ¿Quiere otra copa mientras tanto?

Asintió sin hablar, pero, cuando ya había vaciado la mitad del contenido del vaso, reparó en que, decidido a quedarse, le hacía falta averiguar un detalle fundamental, y preguntó con cierta angustia.

—¿Cómo se llama?

—¿Quién?

—Su novia. Nunca le pregunté su nombre.

—¡Ah! Pues se llama Francisca, que no es un nombre feo, aunque ciertamente suene mejor en francés, o en italiano, y en su casa la han llamado siempre Paquita, pero ella se empeña en decir que se llama Samanza, tal y como suena, o sea, con zeta. Me he mostrado siempre muy intransigente en ese punto, y sigo intentando persuadirla por todos los medios posibles de que renuncie a ese disparatado anglicismo, pero no hay manera. Usted debería llamarla Samanza, de todas formas. La hará feliz.

—De acuerdo.

Pero no la llamó de ninguna manera, porque ella, que seguía siendo una mujer de calidad indefinible, ni alta ni baja, ni fea ni guapa, ni gorda ni delgada, atravesó el local, y besó a su novio y, al estrechar su mano, respondió a su saludo frunciendo las cejas como un evidente signo de perplejidad.

—¿Nos conocemos?

Benito se quedó parado, sin saber qué decir. Polibio intervino a su favor.

—Creo que sí. Ha reconocido tu cara en la foto.

—¡Ah, claro! Pues entonces nos conoceremos, aunque no recuerdo...

—Tal vez sea un error mío —intervino Benito, sin querer registrar el breve acceso de risa de Polibio.

—No, vete a saber, igual nos hemos visto en una fiesta, o en un lugar donde hubiera mucha gente. Tengo muy mala memoria para las caras.

—Yo también —admitió entonces, convencido ya de que ella no le recordaba porque no era lógico que lo hiciera.

Se adelantaron unos pasos hacia la puerta mientras Polibio ponía las cosas en orden. Al llegar al umbral, como si sintiera que el rumor del tráfico la protegía, ella le pegó un codazo y se le quedó mirando con una sonrisa.

—¿Qué tal te van las cosas, chaval?

El le devolvió una mirada atónita.

—¡Ah! Pero ¿es que te acuerdas de mí?

—Hombre, claro que me acuerdo. No es por nada, pero he tenido pocos fracasos tan sonados como el tuyo.

—Ya...

—Pero no te me pongas rojo, tío, si no pasa nada...

—No, si no me pongo rojo. Y a ti, ¿cómo te va?

—Pues ya ves, no muy bien que se diga. Por lo menos tengo a Poli... En fin, vamos tirando.

—¿Y aquel novio que tenías? ¿Lo dejaste?

—¿Yo? ¡Menudo pedazo de cabrón, como para dejarle era el tío! No, hijo, no. Hice algo muchísimo peor. ¿Te acuerdas de aquel cura obrero del que te hablé?

—¿El que le regaló el *Guernica* a tu padre?

—Justo. Pues me lié con él, aquí donde me ves, no tuve una idea mejor que liarme con él, maldita sea su estampa...

Pero claro, como me miraba de aquella manera, que parecía que detrás de los ojos se le iba todo lo demás, y me seguía por el pasillo de casa para apretarme contra la pared mientras me decía esas cosas que me ponían la carne de gallina... Pero los pelos de punta me ponía el tío, te lo juro, que seguro que copiaba aquellas frases de algún libro, porque a veces eran versos y todo, total, pues qué quieres, me tenía el día entero como una moto, y claro, al final me lié con él y se fue todo al carajo, porque empujar, lo que se dice empujar, él empujaba como el que más, pero luego le venía la crisis...

—¿La crisis...? ¿Religiosa, quieres decir?

—¡Ay, hijo, ya ni lo sé, de qué sería la crisis ésa! El caso es que decía que un cristiano sincero como él no podía admitir que una chica como yo hiciera una vida como la que yo hacía. Y yo le decía, pues muy bien, cásate conmigo y ya está, pero entonces se arrugaba ¿sabes?, y decía que ésa no era solución, porque yo era una víctima más de la explotación capitalista, y que ésa era la verdadera raíz del problema, y así andábamos, del cristianismo auténtico al capitalismo salvaje, todos los santos días igual, pero predicándome en la cama, que era lo que a él le gustaba...

—Desde luego, es para matarlo...

—Para matarlo, sí, que eso es lo que debería haber hecho, porque para casarse conmigo no, pero para joderme la vida sí que tuvo cojones, para ir a hablar con mi padre, y para largarlo todo, que me tuve que abrir de casa con lo puesto... Me escribió una carta. Su conciencia no le permitía seguir callando, los remordimientos no le dejaban dormir, por lo visto. ¿Qué te parece? Bonito, ¿eh?

—Muy bonito.

—En fin, que ya los habrá que estén peor que nosotros...

El se quedó callado, sin saber qué decir, esperando que las lágrimas que asomaban de vez en cuando a sus ojos no llegaran a derramarse nunca, y sintiendo que debería darle algo a cambio de la acidez de sus palabras.

—Cuando te fuiste, descolgué el *Guernica* de la pared y

lo tiré a la basura —dijo finalmente. Ella le volvió a mirar, riendo.

—¡Vaya, pues ya iba siendo hora!

Entonces pudieron escuchar un brusco estrépito de ecos metálicos. Polibio estaba echando el cierre del bar. Cuando se unió a ellos, Paquita se colgó de su brazo y comentó que Benito y ella ya se habían acordado de cuándo y cómo se conocieron, proponiendo a continuación un restaurante chino. Polibio protestó un poco, pero finalmente aceptó. Cenaron bastante bien y se rieron mucho. Benito se acostumbró a frecuentar Lo Inexorable, que durante largas temporadas llegaría a ser el escenario invariable de todas sus noches.

—¿Sabes una cosa, tío? —le confesaría a Polibio una vez, cuando la confianza entre ellos, apenas nacida, era todavía un objeto frágil—. En el fondo me jode profundamente haberme hecho amigo tuyo. Lo del sabio metido a dueño de bar está ya muy visto, no sé, tengo la sensación de que mi vida se está convirtiendo en una novela, y no me gusta...

Polibio, que movía con desgana infinita una bayeta sucia sobre el sucio mostrador de mármol, aprovechó su intervención para interrumpir cualquier actividad y, con el trapo al hombro, se le quedó mirando.

—Eso lo entiendo, mira... Pero me atrevo a sugerir que tal vez abordas el problema desde una perspectiva errónea. Intenta olvidar la tradición literaria nacional, y hazte a la idea de que eres el protagonista de una novela alemana, por ejemplo. Seguro que empiezas a llevarlo mucho mejor, en Alemania hay menos bares, a la gente le gusta producir, en fin...

Con eso parecía haber dado por zanjada la cuestión, pero sólo unos minutos más tarde se acercó a su mesa con una botella llena y dos vasos vacíos, y mientras equilibraba sus contenidos, continuó hablando.

—Para tu tranquilidad, te confesaré además que en ningún caso soy un sabio. Estudié filosofía, simplemente, un excelente recurso para perder el tiempo. Me encanta perder el tiempo. Por eso tengo un bar. Si alguien con sensibilidad, en aquel lúgubre reducto de tomistas irredentos, hubiera sido capaz de interesarse siquiera por el tema que propuse para mi tesis doctoral, un estudio comparado de la vida sexual de los grandes filósofos del XIX europeo y la incidencia que a ésta se puede atribuir en sus respectivos sistemas de pensamiento... en la línea, ya sabes, de la clásica polémica que establece que Marx follaba bien y Lenin mal, y así le ha ido al Movimiento Obrero; probablemente yo estaría allí todavía, con traje oscuro y corbata, combatiendo a los demonios de la oscuridad y la superstición desde una posición rigurosamente innovadora. Pero nadie quiso sancionar mi empresa, y desistí de formular nuevas hipótesis por dos razones. En primer lugar, elaborar proyectos es una tarea que me cansa infinitamente. Luego, además, me pesó la certeza de que jamás encontraría otro tema tan descansado, porque, aquí, entre nosotros te diré que, bien o mal, los filósofos follan fundamentalmente poco, y en el XIX, todavía menos. Así que me acantoné en mi dignidad intelectual y emprendí el doloroso camino de la disidencia, que me condujo, como a muchos otros, por los mismos tortuosos vericuetos, al vientre nutricio de la hostelería nacional, que me da lo justo para ir tirando sin consentir desde luego que mi salud se deteriore por causa de un esfuerzo excesivo, lo que resultaría a todas luces lamentable...

Sólo entonces se levantó para ir a contestar al teléfono, que sonaba por segunda vez con una insistencia tal que ambos, sin intercambiar siquiera una mirada, adivinaron simultáneamente a la madre de Polibio detrás de los hilos. Benito no conocía de ella más que su existencia, revelada por los «sí, mamá», «no, mamá», «mira, mejor otro día, mamá», e, invariablemente después, «adiós, mamá», que salpicaban con una frecuencia no exenta de armonía sus noches. Mientras se preguntaba cómo —guapa o fea, joven o vieja, rica o pobre— sería aquella mujer capaz de empujar hasta el mismo límite de la inexpresividad a un conversador tan brillante como su amigo, reparó en que la confidencia que acababa de recibir constituía en realidad el único dato objetivo con el que contaba para intentar comprender algo de la vida de Polibio. Por eso decidió preguntar a bocajarro antes incluso de que llegara a sentarse de nuevo, con la pretensión de anular en él cualquier margen de reflexión.

—Oye, tú... ¿cómo te llamas?

—Polibio —recibió una mirada de extrañeza junto con la única respuesta que en el fondo esperaba.

—No, lo digo en serio, tu nombre de verdad. Vamos, tío, Polibio ni siquiera era filósofo, era un historiador, medio escritor, ya sabes, gente baja...

La intensidad de la carcajada desfiguró por un instante el rostro que ahora se acercaba a él con una mirada irónica, excavando profundos surcos sobre la piel fronteriza con los párpados, las eternas pero siempre ligeras manchas de las ojeras color gris claro, su nariz aguileña fruncida entre las arrugas que apenas se percibían como delgadas líneas blancas cuando la risa estaba ausente. Benito sintió por primera vez curiosidad por su edad, y le situó en torno a los cuarenta y cinco, unos diez años más que él.

—Me llamo Francisco de Borja. Era el santo del día. Lo demás viene de lejos, podría ser una de esas hermosas y tristes batallas que cuentan los travestis. A los diecinueve años decidí emprender la guerra contra mi nombre. No pedía gran cosa, ni siquiera pretendía que modificaran mi carné de identidad, simplemente le rogué a todo el mundo que en lo sucesivo me llamara Paco. Mi madre no se mostró en absoluto dispuesta a consentir un cambio semejante. Ella me llamaba Borja desde pequeño, Borjita, supongo que para subrayar públicamente la rancia fe católica de una familia de derechas de toda la vida, y eso que acababan de ganar la guerra, ya no era necesario tanto alarde, digo yo. El caso es que me negué a seguir llamándome así, Borja es un nombre de maricón, por eso debe de estar tan de moda ahora, pero supe valorar también la esterilidad de mi actitud, y dejé de llamarme a mí mismo Paco, que en el fondo no me gusta nada, para afrontar una metamorfosis radical.

Aristarco me gustaba bastante, y lo llegué a adoptar por una temporada, pero ninguna chica lo decía bien, me llamaban Arisparco, lo que no es precisamente halagador. No resultó fácil. Con Platón, la verdad, no me atrevía, Aristóteles jamás, ni en el lecho de muerte, los principios son los principios, Heráclito se parece demasiado a Heracles y a su equivalente latino, Hércules, nombre de héroe musculoso, y nunca hay que perder de vista que la gente es muy bruta, con Epicuro pasa algo similar, no deja de indignarme el comprobar que para la opinión pública el pobre se ha quedado en una suerte de boceto del marqués de Sade con túnica corta, Parménides es largo y feo, Pitágoras, sublime, está muy desprestigiado, se ha convertido en el sinónimo oficial de empollón, y los pitagóricos no empollaban, sólo aspiraban a la sabiduría... Total, que renuncié a los filósofos y probé suerte con los polígrafos. Al final, mientras tanteaba con Polibio, la hermana de un compañero de la facultad, tan celebrada por su generosidad como por su talante progresista, me confesó, mientras sometía su carne, que no su mente, al peso de mi cuerpo, que yo nunca la había engañado, que ella había adivinado hacía ya tiempo que mi verdadero nombre era Policarpo y que lo disimulaba muy mal. Cuando recuperé el control de mis pensamientos, decidí que los hados habían hablado por sus labios, y acepté el nombre de Polibio como un rasgo de conformidad con mi destino. Y hasta hoy. No me ha ido mal, después de todo.

—Pero... ¿por qué griegos? —su sonrisa se estrelló contra una expresión de asombro absoluto, y se apresuró a explicarse mejor—. Quiero decir, ¿por qué solamente griegos?

—¿Cómo que por qué? —llegó a detectar una leve indignación, casi fingida, en la voz de un Polibio repentinamente serio—. Y ¿adónde quieres que fuera a buscar un nombre digno de mí? ¿Al santoral polaco?

—No, claro, tienes razón... Ahora que me has explicado todo esto, creo que te mereces de sobra tu nombre. De hecho, pareces un griego antiguo, con esas pintas...

Se sintió feliz al contemplar la amplitud de la sonrisa

que iluminó por fin la cara de un comerciante askenazí de Varsovia con la piel renegrida de un campesino de Jaén en torno al blanco amarillento de los ojos de un tuareg bajo las greñas entrecanas de un mendigo de Lahore con aspecto general de guerrillero maoísta peruano.

—Sí, es cierto, parezco un filósofo griego. Te advierto que ya me lo han dicho más veces...

Desde aquel día no había querido saber nada más de la vida de Polibio, pero aquella tarde, mientras la inesperada ninfa de la falda escocesa les distinguía a ambos del resto de los mortales dignándose a superar, tras algún titubeo encantador, la anhelada frontera de las corvas ajenas, se felicitó por haber establecido finalmente alguna conexión entre su amigo, los agudos dientes que descarnaban sin apresurarse el último hueso, y el mundo clásico en el que hubiera debido nacer, aunque la relación fuera tan precaria como el apetito que en ambos, en los griegos de antaño, sabios por derecho y por nacimiento, y en él, sabio a destiempo, griego por deseo y por vocación, despertaban las humildes aceitunas.

Entonces, la pequeña diosa, Artemis que encerraba en sí a Afrodita aún no revelada, como la definiría Polibio algún día, falló estrepitosamente el golpe, agitando su pierna diestra en el vacío sin conseguir atrapar la goma. Ambos dejaron escapar un suspiro desalentado al unísono, mientras ella, sentándose en el bordillo de la acera, se estiraba las medias para abrazar después sus rodillas con los brazos, esperando un nuevo turno.

—¿Cuántas están jugando? —preguntó Polibio.

—No sé, no me he fijado, pero deben de ser por lo menos seis o siete, hay un montón de ellas por ahí...

—Habrá que confiar una vez más en la misericordia de los dioses... ¿Sabes quién es?

—¿Ella? —Benito la señaló vagamente con el periódico enrollado, recibiendo una señal afirmativa a cambio—. No, no la conozco.

—Pues sois casi vecinos —Polibio se repantigó en la butaca de metal, apoyando los pies en el travesaño de la mesa. Benito se preparó para recibir un largo discurso—. Es la hija de la señora Perpe, ésa tan gorda que chilla tanto, tienes que haberla visto alguna vez, es la portera de esa casa que acaban de arreglar, ésa cuya fachada han revocado de color lila con las molduras amarillo crema, Dios confunda eternamente a los modernos y a sus obras, ahí, en Divino Pastor. Debe de estar justo enfrente de tu casa, ¿no?

—No, mi casa da al jardín del convento...

—Bueno, da lo mismo, está por ahí, advertido como estás del criminal criterio según el cual han perpetrado su rehabilitación es imposible que de ahora en adelante no repares en ella. El caso es que ambas, madre e hija, aunque fundamentalmente esta última, constituyen un notable ejemplo de la pintoresca y vieja tesis que establece una relación causa-efecto entre el nombre propio de los seres humanos y su conducta intelectual, ética y social, dejando naturalmente al margen a quienes, como yo, la hemos puesto precisamente en crisis al pretender tardíamente reparar la injusta imposición a nuestras personas de un nombre absolutamente equivocado, grupo del que sería preciso segregar a Paquita, que se cambia de nombre como de ropa interior. ¿Me sigues? Bien. Aunque hoy parezca increíble, este absurdo dogma tuvo muchos seguidores entre los intelectuales europeos del primer tercio de este siglo, mentes obtusas, obsesionadas por la eugenesia hasta el límite de llegar a comulgar con los principios teóricos del nazismo, cuando no dementes rematados, como la madre de Hildegart, la niña prodigio española, que no fue inscrita en el Registro Civil hasta el año y medio de edad, como tú bien sabes... ¿No lo sabías? No importa. Bien, pues un equipo integrado accidentalmente por la señora Perpe y un anónimo funcionario de la Administración del Estado español, ha llevado a cabo, a despecho de las opiniones de la comunidad científica internacional y sin darse ni cuenta, lo cual resulta evidentemente aún más meritorio, una hazaña similar a la de aquélla, pues si Hildegart llegó a ser sin contestación posible un «jardín de la sabiduría», ésta hace sin lugar a dudas honores más que sobrados a su nombre.

—Y ¿cuál es?

—¿Qué?

—¿Cómo se llama?

Polibio le miró un momento sin despegar los labios, los ojos risueños, antes de contestarle en voz muy baja, con el aire de un conspirador.

—María de la Concepción Perpetua.

—¡No...!

—Sí.

—No, no es posible... —Benito correspondió a la confidencia de Polibio con una pequeña farsa, escondiendo la cabeza entre los hombros y adelantando a un tiempo todo su cuerpo para golpear la mesa con los puños cerrados— ¡No sigas, por favor! No lo soportaré, no, te juro que moriré, moriré aquí mismo, piedad...

Sus chillidos y las carcajadas con que eran recibidos por Polibio, llamaron la atención de un par de señoras maduras que ocupaban una mesa contigua. Indiferente a las reacciones de sus presuntas parroquianas, Polibio siguió hablando, aferrando con fuerza el codo izquierdo de Benito para reclamar su mirada. Cuando la recuperó, prosiguió su discurso en tono solemne.

—Sí, sí seguiré, y espera porque aún no te he contado lo más extraordinario. La madre del objeto de nuestros presentes desvelos se quejó hace poco ante mí de que el empleado del Registro... Y ¿usted qué quiere? —una de las ocupantes de la mesa de al lado estaba de pie, a su lado, un tanto sofocada por la brusquedad con la que había sido interpelada.

—Dos claras y una ración de patatas fritas.

—¡Pues vaya usted a la barra, buena mujer! ¿O acaso no se ha dado cuenta de que en este momento sostengo una conversación privada con un amigo íntimo?

La mujer se alejó de ellos lentamente, andando despacio, la cabeza vuelta para mirarles.

—Bueno, pues entonces...

—Perdona, pero ¿quién está en la barra? —la intervención de Benito fue acogida con un resoplido de cansancio.

—Pues nadie, ¿quién iba a estar? Pero así a lo mejor se indigna y se largan de una vez... A ver si me dejas acabar... ¡Ah! Sí, el empleado del Registro se equivocó al transcribir el nombre, y obvió muy sabiamente el oprobioso calificativo de Inmaculada, así que en realidad este ángel nuestro se quedó con María de la Concepción Maculada, por omisión, y Perpetua ¿no es hermoso? —él asintió con una sonrisa, que fue dejando paso a nuevas carcajadas a medida que avanzaba el discurso de Polibio—. Y para mostrarse consecuente con tan excepcional sucesión de signos, ¿a que no adivinas cómo se hace llamar la zorra de ella? No Conchita, que es diminutivo digno de una mujer decente, ni Concha, más sobrio aún, ni Conce, que desprende un no del todo desagradable tufo a manzanas y pan de pueblo, ni Concepción, todo entero, severo adorno de una posible futura novicia, no, nada de eso, de ninguna manera, a ella le gusta que la llamen Conchi. ¡Conchi! ¿Te das cuenta, Benito? ¿No presagia tal elección una deliberada vocación por destrozar los corazones de los hombres del futuro, no nos hiere ya profundamente a distancia con esa manía suya de jugar tan mal a la goma para que nunca le veamos los muslos? Reflexiona, tío...

—Desde luego, ya harían mejor ustedes si estuvieran trabajando en lugar de mirar a las niñas como un par de viejos verdes, que eso es lo que son...

—Y ¿qué quiere usted, señora? —Polibio se encaró con la mujer a la que antes había enviado a la barra, una cincuentona colorada que ahora se abrochaba el abrigo esforzándose por manifestar con todos sus gestos el desprecio que le inspiraban—. A nuestra edad, y en nuestras circunstancias, necesitamos alguna expansión... ¿O es que pretende que enterremos hasta la última peseta en el diván de algún psicoanalista rioplatense? Desde luego... ¡qué falta de sensibilidad!

Fue así como se enteró de todo lo que en realidad necesitaba saber de ella, su nombre, el uniforme de su colegio, la casa donde vivía, y durante un tiempo actuó con sensatez, obedeciendo la vieja ley infalible, es mejor no intentarlo, sería mejor no conocerla, sólo mirarla, seguirla, halagar discretamente a su madre cuando se tropezara con ella en el mercado, los sábados por la mañana, reconstruir trabajosamente con Polibio su jornada escolar, desmenuzar sistemáticamente su vida para calcular con precisión las horas, minutos y segundos exactos que se correspondían con sus travesías de la calle, arriba y abajo, tropezarse con ella por la acera dos, cuatro veces al día. Y todo había ido bien durante tres años, algo más de tres años, hasta aquella aciaga mañana de la panadería, tan cercana aún, en la que todos los naipes se habían venido abajo de un golpe, incapaces de soportar la menor presión de la realidad, el monstruoso paisaje del que no podía desprender su vida pese a su voluntad, y no había pasado tanto tiempo, sólo un verano, pero ella se había esfumado, su vocación primera es hacer mal a los hombres, Polibio se lo había advertido, le gusta que la llamen Conchi, y ahora ya daba igual cómo se llamara, porque ni siquiera la veía, estudiará en una academia, cerca de Sol, se repitió, o habrá ido al instituto después de todo, imposible elaborar un nuevo horario sin referencia alguna, inútil permanecer fiel al antiguo, engañarse a sí mismo cada día, crearse la necesidad de bajar a la calle a horas fijas para nada, para no verla, para no entender, para no perderla.

Había decidido ya recuperarla a toda costa, consagrar aquel nuevo día sin trabajo a la gozosa, amarga alquimia que podría acaso devolvérsela siquiera en una parte, en un único plano, cuando una mujer desconocida pasó por delante de él para detenerse ante el escaparate de una ferretería, apenas un par de metros más allá. La miró y encontró unas caderas demasiado anchas bajo las descuidadas puntas de una espesa melena oscura, ondulada y brillante como el pelo de una santa de Berruguete, un modelo pasado de moda. Debía de estar contemplando con mucho interés los objetos expuestos tras un cristal que no llegaba a reflejarla, pero él no pudo atisbar ni una esquina de su rostro, a pesar de que permanecía de riguroso perfil frente a él. Su melena caía sobre el hombro izquierdo, ocultándolo, y apenas tembló cuando ella se decidió a empujar el pasamanos dorado que atravesaba en diagonal la vieja puerta de madera acristalada. El sintió curiosidad y se movió en su pos para ocupar el lugar que acababa de abandonar, frente a un desabrido bodegón de picaportes y tornillos sobre el que asomaba, de nuevo, solamente su melena, aunque pudo ver cómo tomaba una manga pastelera de entre la media docena que el dependiente había depositado sobre el mostrador. Una manga pastelera se rellena de nata montada con azúcar para decorar tartas. Ella metió un brazo dentro del cucurucho de tela impermeable y él supuso que estaba empujando para comprobar su resistencia. Luego se movió hacia la derecha, enfrentando la caja, debió de pagar, y por fin se dio la vuelta, sujetando un paquetito entre los dientes, pero él aún no pudo ver su rostro, inclinado hacia un enorme bolso cuya cremallera manipulaba con dificultad y una sola mano, porque entre el otro brazo y su cuerpo sostenía a duras penas una enorme carpeta de dibujo forrada con un papel de aguas verdosas. Abrió la puerta empujándola con un hombro, como los policías en las películas, y al cruzarla consiguió por fin rendir el cierre de la cremallera, acercando el extremo del bolso a su boca para escupir dentro la compra recién hecha, el papel de color tostado en el que se habían enredado algunos de esos cabellos que al precipitarse hacia delante sólo le consintieron contemplar la punta de una nariz pequeña. Las mujeres deben tener la nariz pequeña, pensó. El pelo largo está pasado de moda pero María Magdalena lavó los pies de Jesucristo y los secó con sus cabellos, y luego bañó su melena en aceites olorosos para perfumar su piel. Ella giró deprisa, a su lado, y caminó unos pasos, alejándose de él. Luego se detuvo en medio de la acera, apoyó la carpeta contra su pierna inclinada, dejó caer el bolso al suelo y hundió ambas manos en su cabeza para desplazar el pelo hacia atrás, despejando un rostro que él no pudo ver, a sus espaldas. Recogió sus voluminosas pertenencias y siguió andando, deprisa, movía las piernas con energía, generando un curioso efecto óptico que él no recordaba haber visto nunca antes, llevaba una falda larga, el fondo azul marino y un estampado de flores de colores, tan pasado de moda como el resto, como todo en ella lo estaba, parecía ropa barata, tal vez fuera solamente eso, que la tela estaba mal cortada, que el dobladillo había impreso a la silueta de las últimas flores un sesgo erróneo, equívoco, antinatural, por eso desaparecían al fundirse apenas con su piel, y aparecían de nuevo, justo en el borde de la falda, al adelantar ella la pierna contraria, nunca había visto nada semejante, parecía magia, el color que se disolvía en la oscuridad para brotar de nuevo en el mismo lugar, tenía extraños andares aquella mujer que ahora se le escapaba avanzando deprisa, muy cerca ya de la esquina con San Andrés, si la dobla la perderé de vista, se dijo, y entonces se dio cuenta de que ya estaba caminando, había echado a andar tras ella sin darse cuenta del todo, y recordó que Conchi no había aparecido, que estaba de vacaciones y que no tenía otra cosa mejor que hacer. Apretó el paso.

Ella debía viajar en Metro con frecuencia, y feliz propietaria de uno de esos cartoncitos de colores que, como vergonzantes pasaportes locales, distinguen al auténtico ciudadano de la canalla que se resiste a contribuir al esplendor de los transportes públicos, obtuvo en un instante la gracia de traspasar la barrera de metal para perderse en un pequeño laberinto de corredores, más allá de la hilera de cubículos metálicos que transfiguraba el vestíbulo de la estación en una moderna explotación ganadera con estabulado mecánico. El, empleado municipal, procuraba caminar siempre, y en las raras ocasiones en que se veía obligado a salir del centro recurría invariablemente a los taxis, para fomentar el caos circulatorio y aprender algo de los taxistas, que cuentan a menudo historias interesantes. Además, no llevaba dinero suelto. La cajera se lo reprochó agriamente, castigándole por su billete verde con la devolución de un montón de pesetas nuevas, diminutos discos plateados que fue depositando uno por uno sobre el mostrador mientras contaba despacio, en voz alta, para romperle definitivamente los nervios, porque cualquiera se habría dado cuenta de que estaba nervioso, tenía prisa.

Provisto por fin de un permiso provisional para ingresar en tan dudoso paraíso, se alejó de la caja a grandes zancadas, corriendo luego por el pasillo de la derecha hasta llegar a una bifurcación imprevista, tajante. Se quedó parado, pensando en nada, hasta que escuchó el ruido de un tren que se acercaba al andén situado a su izquierda, y se precipitó por las escaleras en esa dirección, confiando en disponer todavía de algunos minutos para rectificar un error previsible. Pero la vio, su pelo y una carpeta verde al fondo de la acera subterránea, a punto de abalanzarse sobre las puertas del primer vagón, entre una furiosa muchedumbre. Era inútil correr, así que empujó él también, sin piedad, a quienes habían llegado antes, y se incrustó por fin en uno de los vagones de cola, escurriéndose con habilidad entre los cuerpos apretados hasta conquistar un puesto fronterizo con la puerta. En la siguiente estación salió antes que nadie y recorrió el andén procurando no agitarse demasiado, ella podía estar mirándole desde una ventanilla y los jadeos revelarían la condición de un hombre que se cansa fácilmente. Así que entró en el vagón apenas un instante antes de que las puertas se cerraran, la máquina reemprendiendo el pesado canto rítmico de la marcha, y clavó los ojos en el suelo un momento, antes de levantar la cabeza para descubrirla allí sentada, chica astuta, en la última fila.

Decidió que le caía bien solamente por eso, por su habilidad para hacerse con un asiento en día laborable, hora punta, línea uno, pero en la siguiente estación comenzó a dudar, dispuesto casi a cambiar de opinión, a renunciar incluso a una persecución tan estéril, porque la cabeza de aquella mujer permanecía inmóvil, inclinada hacia abajo, la barbilla, también pequeña, y puntiaguda, apretada contra el pecho, los ojos, invisibles, fijos en su regazo, el pelo desparramándose sobre sus mejillas, sobre su cuello, sobre sus hombros, cubriéndolo todo como una máscara audaz, confiada en su eficacia. Hizo un último intento, trató de ponerse en su lugar, de reconstruir idealmente su postura, su misteriosa concentración, y pensó que tal vez estaría leyendo, absorta en las peripecias de la pequeña florista que le vendía todos los días una rosa roja a un misterioso caballero de sienes plateadas, tan distinguido, tan elegante pese a sus ojeras, los ojos tristes, que ella no se atrevía siquiera a imaginar que nadie le quisiera, que, casado con una mujer malvada, estéril, enferma, la amara solamente a ella, en silencio, como ella le amaba a él, sin atreverse a pensar que se revelaría precisamente como el hombre de su vida, aristócrata de pasado tormentoso dispuesto a pedirla en matrimonio al llegar a la página 542, en la 546 termina el libro con la liturgia de una noche de bodas adecuadamente romántica, adecuadamente picante, suficiente para despertar en la cándida lectora un ansia incontenible de comprar el siguiente título de la autora, una viejecita siempre apacible, apenas se anunciara su puesta en circulación, quioscos y librerías de todo el país.

Se acercó a ella lentamente, cruzó el vagón de punta a punta, en varias etapas, hasta lograr apoyar la espalda en la ventana exactamente opuesta a la que ella ocultaba con su cuerpo, la tenía delante, entonces de perfil, cuando llegaron a Sol. Ahora levantará por fin la cabeza, pensó, Sol es la estación matriz, el útero de todas líneas, una pequeña multitud se apiñaba en el andén, esperando, los pasajeros del vagón se agolpaban frente a la puerta, antes de entrar dejen salir, ella se movió, desde luego, pero en contra suya, giró la cabeza hacia fuera, eligió mirar por la ventana en lugar de echar una ojeada a su alrededor como él había previsto, y a cambio dejó caer un momento la mano derecha sobre su falda, los dedos laxos, como cansados, sosteniendo apenas un libro de bolsillo, más de 500 páginas, sí, pero portada de colores sobrios, sin chica rubia con enormes pestañas postizas y una rosa acariciante en la mejilla, sólo unas pocas letras grandes distribuidas en tres grupos, no necesitó esforzarse para descifrarlas, eran por lo menos del cuerpo dieciocho, Thomas Mann, *La montaña mágica*, tomo I, hostias, se dijo, pero no me jodas, eres una intelectual...

No faltaba más que eso, una intelectual, por eso llevaba aquella carpeta de dibujo tan inmensa, sería una artista, peor, a lo mejor hacía retratos al minuto en Preciados, su tenderete estratégicamente situado a la salida de los grandes almacenes, cobrándose además de cada cliente la tortura de escucharla, el castigo de una insufrible perorata sobre la mercantilización del mundo del arte, el *numerus clausus* de Bellas Artes, sus indecibles padecimientos para comer, desayunar siquiera, de su humillado talento. El tren arrancó y él lamentó no haberse bajado antes, ella se escondió de nuevo tras sí misma, su muralla de pelo oscuro, melena de santa barroca, oscilando apenas para proteger su rostro del mundo, se cambió el libro a la mano izquierda y clavó los ojos en el papel, mientras el índice de su mano diestra se movía lentamente bajo las letras, de izquierda a derecha, deteniéndose de vez en cuando, como si le costara trabajo recorrer cada renglón, y él ya no supo qué pensar.

Las intelectuales cocinan bien, ahora se ha puesto de moda, pero hacen volovanes de puré de lentejas amargas y esas cosas, *mousse* de limón a lo sumo, no tartas con nata. Las intelectuales no leen *La montaña mágica*, ahora se ha pasado de moda, es demasiado largo, es abrumador y triste. Atocha. Ella se puso de pie, pasó ante él y él no la miró, estaba demasiado ocupado en rebuscar en su memoria, la abuela se ayudaba con el dedo para leer, pero tenía unas cataratas de caballo y noventa y seis años, era lógico. No encontró a nadie más. Salió al andén detrás de ella, y tras ella, flores de colores que morían y renacían sin cesar en el borde de su falda, salió a la calle.

El agua estaba helada. Pensó con horror que el precio a pagar por eliminar de su piel las huellas del talco simulador se cifraría en una buena cantidad de ronchas rojas como sabañones que cruzarían sus mejillas como las huellas de un latigazo, pero mantuvo la palma abierta bajo el caño de la fuente y, tras despegar bruscamente la tirita de su mejilla indemne, apretó el pulsador y se decidió a meter toda la cabeza debajo del chorro. Ella tenía la piel áspera, manos de ama de casa reciente, sin los estigmas de la fregona industrial pero marcadas en la punta de los dedos por la rosada ignominia de la química doméstica, imposible dudar, fregaba sin guantes y se mordía las uñas. La contempló a distancia, apoyada en la estatua de Murillo, la carpeta contra su cuerpo, los dedos hurgando en una especie de saquito oscuro, tal vez terciopelo, y caminó en su dirección sin dejar de frotar sus propios cabellos para eliminar cualquier resto de gomina, desmontando la onda que coronaba su frente con la misma sistemática precisión con que la había creado apenas un par de horas antes, y en aquel instante creyó obrar por puro instinto, luego comprendió que aquello nunca fue más que una ofrenda de conciliación, la primera regla de un oscuro pacto aún por formular, me desnudo para ti, aquí me tienes, pero desvélame tu rostro a cambio, y ella lo entendió, lo hizo, porque antes de que él llegara a recostarse del todo sobre el pedestal del sevillano, a su lado, se volvió bruscamente y le interrogó con suavidad.

—¿Me puedes dejar diez duros?

El asintió forzadamente con la cabeza y se llevó la mano al bolsillo, firme en la determinación de no sucumbir a la decepción repentina, porque tenía delante a una mujer fea, y era una fealdad cruel la de aquel rostro de ojos color de avellana, grandes y hermosos, nariz correcta, boca vulgar pero no exactamente desagradable excepto en las comisuras de los labios, fruncidas siempre, la barbilla pequeña, quizá demasiado aguda pero las había visto peores, rasgos dispares, erróneos, mal sumados.

—Es que no sabía que en este parque había que pagar, pensé que era gratis, como los demás, y he salido de casa sin dinero...

La Naturaleza se equivoca a veces, y no ha sido justa con ella, pensó él, sin conseguir apartar los ojos de esa cara abocetada, inacabada, como improvisada por una mano maligna, la obra de un espíritu estúpido, o ciego, que hubiera jugado a combinar al azar elementos que no se pueden combinar nunca, espolvoreando en un arrebato inmisericorde ojos, nariz y boca sobre el cráneo de aquella muchacha para despreocuparse alegremente después de los resultados de su labor. No es justo, se dijo, no era justo, porque la suya, su propia fealdad, le parecía coherente, terminada, sólida, pero ella habría podido salvarse, ella estaba al borde de una cierta belleza.

Tenía la voz bonita, y el pelo de la Magdalena.

—Claro —contestó al fin, alargándole un par de monedas—. Toma.

—Gracias.

Tuvo miedo de que todo se quedara en eso, toma, gracias, porque ella se enderezó rápidamente, agarró la carpeta verde y se dirigió a la verja, sin volverse a mirarle. El consiguió romper el maleficio de la tela animada y se obligó a mirar sus pantorrillas, que ascendían armoniosamente desde unos tobillos de aspecto frágil, ligeros como su cintura, más allá de un culo inmenso. Parece condenada a la contradicción física, se dijo, todavía borracho de compasión, cuando siguió sus pasos hasta la puerta, pagó su propia entrada y correteó unos metros para ponerse a su altura.

Los diez duros desembolsados previamente le daban cierto derecho a entablar una conversación trivial.

—¿Cómo te llamas?

—Iris —le sonrió con una boca torpe, que dejaba entrever los contornos de unos incisivos muy afilados, rematados en punta—. ¿Y tú?

La sonrisa de Polibio acudió instantáneamente a su memoria.

—Aristarco.

—¡Ah! Arisparco... No está mal, pero suena muy raro.

—El tuyo tampoco es muy corriente.

—Ya, pero es que lo he elegido yo, no es el que me pusieron en la pila, ¿comprendes? Me gusta por lo del arco, ya sabes, cuando sale el sol después de la lluvia, me pareció un..., un..., ahora no me acuerdo cómo se dice, un algo de optimismo.

—¿Concepto?

—Sí, eso es, concepto. Un concepto de optimismo, por eso lo elegí, yo soy una persona muy optimista, ¿sabes?

—Es un nombre de diosa menor...

—¿Qué?

—Iris era una diosa menor. Vivía en el Olimpo, y hacía de mensajera entre los dioses. Ese era su trabajo.

71

—¿En Grecia? —él asintió con la cabeza, ella le sonrió a cambio—. No lo sabía.

—Tengo un amigo griego que sabe muchas cosas de todo esto. Se llama Polibio. Deberías conocerle, él podría contarte alguna historia sobre tu nombre, seguro, es un sabio...

—¿Y tú?

—Yo ¿qué?

—Que tú... ¿qué haces? ¿También eres sabio?

—No, yo soy funcionario. Trabajo en el Ayuntamiento.

—¡Ah! —exclamó entonces, muy satisfecha—. Eso es todavía más importante. Pienso hacerme amiga tuya para que me eches una mano cuando vuelva a tener bronca con lo de la licencia...

Depositó la carpeta en un banco y se desplomó sobre el asiento de madera. Echó la cabeza hacia atrás, los párpados cerrados, estiró las piernas y se regaló al sol, que calentaba aún con vocación de verano. El comprendió que esperaba que la imitara, y se sentó a su lado, sorprendido por la cantidad de cosas que había llegado a aprender en una conversación tan breve. Al cabo de un instante, ella corrigió bruscamente su abandono. Enderezándose, se estiró con naturalidad y se quedó mirando con atención el parque prácticamente desierto.

—¿Sabes lo que te digo? Que éste es un sitio muy raro, fíjate, hay que pagar, y no hay niños, ni viejos, sólo cartelitos al lado de las plantas... —entonces se volvió hacia él—. ¿Para qué serán...?

—Esto es un jardín botánico. Lo fundó Carlos III, para guardar las plantas que se traían de América y que aquí no se conocían, para eso están los carteles, en cada uno aparece el nombre de la planta, el tiempo que tiene, esas cosas... —y antes de que aquella muchacha pudiera volver a sospechar en él sabiduría, mintió—. Lo sé porque mi trabajo está relacionado con la Gerencia de Urbanismo.

Pero ella apenas parecía prestar atención a sus palabras, gesticulando ampliamente con las manos, la mirada tibia de una alucinada.

—¡No me digas que éste es el Jardín Botánico!

—Claro —confirmó él, con un acento totalmente desprovisto de asombro, porque nada en ella le sorprendía, salvo ella misma—. ¿No lo sabías?

—¡Ay no, chico, ni idea...! Yo, el otro día, al salir del Metro, pues se me ocurrió mirar detrás de esa verja negra y me di cuenta de que era un parque, y decidí probar, casi siempre voy al Retiro, y como está tan cerca...

—¿Quieres decir que vienes a los parques a trabajar?

—Sí, claro. Es mejor que quedarse en casa, por lo menos cuando hace buen tiempo, como hoy... Pero bueno, ¿por qué te ríes ahora?

Polibio le había asaltado nuevamente, el impúdico alborozo impreso en su rostro, en sus manos nerviosas, erigido en mensajero de la buena nueva cuando se lo contaba a gritos, eufórico tras la barra, el fin estaba cerca, las putas no solamente se habían negado a colaborar con esos cretinos del Ayuntamiento —no te incluyo a ti, por supuesto que no, ya sé que tú eres un hombre sensible—, resistiéndose heroicamente a abandonar su feudo de Ballesta —cuya pérdida habría significado por otra parte una injusticia histórica—, sino que se multiplicaban misteriosamente cada día, a un ritmo frenético que ni siquiera él era capaz de comprender, y ahora habían tomado los parques para escarnecer justamente a los apóstoles de la era ecologista, los periódicos lo habían reconocido, estaba publicado, la victoria había dejado de ser una promesa para convertirse en una realidad irreversible.

—Están ahí, desde por la mañana, pasando frío y calor a pie firme, como los bravos en la llanura de Marathon, ya han tomado el parque del Oeste, y los cruces de la Casa de Campo, mañana caerá el Retiro, y no volverá a crecer la hierba, lo arrasarán todo a su paso, alabada sea la Gran Madre de Babilonia, éste es el fin, tío, el fin, la debacle de los justos, benditas sean, pobres mías...

Recordaba a Polibio, y miraba con atención los rasgos equivocados de aquella mujer con nombre de diosa menor que le escrutaba a su vez, en su rostro una expresión que huía rápidamente desde la perplejidad hacia el enfado. Meditó un instante y decidió arriesgarse. Le contó la historia. Ella se quedó un momento callada, indecisa, como si no hubiera comprendido bien. Luego sonrió.

—Ya... O sea, que ahora se puede decir hacer el parque, en lugar de hacer la calle, ¿no?

—Claro, no es más que eso, una broma... No tiene nada que ver con tus dibujos.

—¿Qué dibujos? —y de nuevo el desconcierto se instaló en su rostro.

—Pues... ésos —señaló vagamente la carpeta verde con una mano tímida—. Lo que llevas ahí... ¿No son dibujos?

—¡Ah! Te refieres a esto...

Dejó escapar una carcajada desmesurada mientras tomaba la carpeta y, sosteniéndola sobre sus rodillas, deshacía los lazos que la mantenían cerrada, sin dejar de reír.

—Esto no son dibujos, hombre, es bisutería...

Desde el terciopelo negro, acribillado por una multitud de endebles ganchitos corrientes, grandes piezas de metal, pendientes plateados y dorados de formas predominantemente geométricas, círculos, rombos, trapecios y espirales, asaltaron su mirada, centelleando con la fácil brillantez de las falsificaciones.

—Los hago con unos colegas ¿sabes? Comparto un piso con ellos, y vamos a pachas en todo, en los gastos y en las ganancias, los vendemos de noche, por los bares, y también de día, vamos, cuando nos dejan, nos poníamos en Fuencarral, a la salida de los cines, pero ahora a los municipales les ha dado el punto de prohibirnos montar el puesto, ya ha pasado otras veces, por eso te he dicho antes lo de la licencia, por si puedes echarnos una mano la próxima vez.

El asentía en silencio, satisfecho porque no era una intelectual y porque le gustaba lo que le contaba, aquella comuna de bisuteros, era gracioso, tan antiguo, a lo mejor hasta siguen practicando el amor libre a estas alturas, ella le preguntó si le gustaban, él asintió distraídamente con la cabeza mientras se preguntaba cuántos se meterían en su cama, cada cuánto tiempo, si de uno en uno o, mejor, en pequeños grupos, para no comprometer el espíritu comunal ni siquiera en eso, ella se dirigió a él nuevamente, esbozando un gesto de ofrecimiento con la mano.

—Llévate un par, los que más te gusten. Se los puedes regalar a tu novia...

—No tengo novia.

—Bueno, pues a tu mujer...

—No estoy casado.

Una sonrisa mal disimulada recompensó esta última precisión, para que él añadiera un nuevo dato a la lista de las cosas transparentes.

—Da igual, coge unos, los que tú quieras...

Se inclinó sobre la carpeta y estudió su contenido. Le costó decidirse porque la mayor parte de aquellos pendientes eran muy feos y, aún peor, inmensos, su frágil dama no podría resistir el peso. Al final se inclinó por dos discos dorados, pequeños y sobrios. Y entonces fue ella quien se equivocó.

—Eso tuyo... ¿es de la viruela?

—¿Qué quieres decir? —la miró fijamente sólo por mortificarla, para obligarla a explicarse mejor, quizás porque le había hecho gracia la burda sutileza con la que había esbozado la pregunta inevitable, había comprendido perfectamente pero disfrutaba mirándola mientras ella fingía desollarse una mano con la otra, maldiciéndose seguramente por dentro, su curiosidad, tan improcedente.

—Los gran... No..., quiero decir, las cicatrices de la cara... ¿Tuviste la viruela de pequeño?

—No, no fue la viruela. En realidad ya no sé lo que fue, acné juvenil, supongo, me llené de granos y me divertía explotármelos, reventarme la piel con las uñas para ver salir aquel chorrito de pomada blanca, parecían gusanos, ¿sabes?, blandos, viscosos y grasientos, animalitos precoces... —la miró un momento, sonriendo, porque no quería asustarla. Parecía frágil a pesar de sus carnes—. Sentía que me habían invadido antes de tiempo y que se me reproducían constantemente al otro lado de la cara, como si yo estuviese podrido por dentro. No podía resistir la tentación de explotarme los puntitos negros, ni los puntitos blancos, y no me di mucha cuenta de los huecos, los cráteres vacíos que me dejaban a cambio. Luego ya no hubo remedio.

—Claro —dijo ella lentamente, como si sus palabras hubieran interrumpido un pensamiento profundo—, por eso eres tan feo, en realidad yo creo que no es la cara, aunque tengas los ojos tan pequeños, es más bien la piel, que está toda rota...

Sonrió. Nadie, aparte de sus hermanas y de eso hacía ya muchos años, le había llamado feo a la cara en toda su vida.

—¿A que eres de pueblo? —preguntó entonces.

—Sí, soy de Veguellina de Orbigo, un pueblo de León. ¿Por qué? ¿Se me nota tanto?

—Sí, se te nota. Tienes una clase de inteligencia que sólo tienen las mujeres de pueblo.

—¿Tú crees? —parecía más halagada que ofendida—. Nunca me han dicho eso, más bien lo contrario, mis amigos dicen que soy muy bruta. Estamos en un grupo de teatro alternativo ¿sabes? Yo... no me considero una buena actriz, pero me gusta. La verdad es que no sé hacer casi nada, aparte de eso y de los pendientes, pero generalmente no estoy de acuerdo con las obras que elige nuestro director, no me gustan, no las entiendo, por eso no me suelen hacer demasiado caso y quizás sea mejor así...

Hizo una pausa y le miró, le midió con los ojos. El aguantó impertérrito, sin decir nada, quería saber más, ella comprendió.

—Una vez vi en la televisión una película que me encantó. Era de un tío que dibujaba cómics y vivía solo en una isla muy pequeñita, con su perro, que se llamaba Melampo, y entonces llegaba a la isla una chica rubia a la que su amante había echado de un yate de lujo... ¿La has visto?

—No.

—¡Qué rabia! Casi nadie la vio, era italiana, nada famosa, creo que nunca la había visto anunciada en la cartelera, su título era el nombre de la chica, ya no me acuerdo... El caso es que la noche que la pusieron, mi casa estaba llena de gente, y para una vez que me gusta una película rara, bueno, pues entonces resultó que no le había gustado a nadie. En fin, que debo estar un poco tocada, o pasada de moda, vete a saber...

—¿Y el libro que estás leyendo? ¿Te gusta?

Ella le miró con ojos asustados, como si por un instante hubiera supuesto que él podía leer en su pensamiento. Luego volvió la cabeza y encontró su bolso, abierto. La portada estaba casi completamente a la vista. Suspiró, poniéndose una mano encima del escote, y le miró de nuevo con una sonrisa.

—¿Este? Bueno, nos lo ha mandado leer la monitora de literatura...

—¿Qué monitora?

—La del grupo de teatro. Es que, aparte de montar obras, seguimos un curso teórico ¿sabes? Historia del teatro, historia de las ideas estéticas, literatura contemporánea y otras asignaturas. ¿Tú lo has leído?

—Sí, hace muchos años.

—¿Y te gustó?

—Sí, mucho.

—A mí... no sé. Supongo que lo llevo bien, más o menos, aunque me cuesta, voy muy despacio, y a veces me aburro, bueno, la verdad es que me aburro bastante, no sé si lo acabaré... No es la primera vez que lo hago ¿sabes? El año pasado me suspendieron por dejar colgado uno horroroso, un coñazo horrible, no aguanté ni treinta páginas, no podía con él, es que no podía, y eso que todos me machacaban a coro, tienes que leerlo, tienes que leerlo como sea. Y mira que lo cogí con ganas, porque se titulaba igual que el nombre del protagonista de otro libro que había en mi colegio cuando yo era pequeña. Aquél sí que me lo leí de cabo a rabo, y muchas veces, era de un griego que naufragó al volver de una guerra y le raptó una sirena, que se enamoró de él y no le dejaba marchar, y al final le dio una barca, y naufragó otra vez, y le pasaron muchas cosas prodigiosas, pero nunca conseguía llegar a su casa, y ya su hijo le andaba buscando porque su mujer tenía muchos pretendientes que se habían metido a vivir en su palacio y que se lo estaban comiendo todo por el morro... Eso nunca lo entendí muy bien, por qué les preocupaba tanto la comida, porque, si eran reyes, debían de ser muy ricos, tu amigo el griego igual lo sabe ¿no?

—Seguramente...

—Me lo tienes que presentar, bueno, seguro que sabes de qué libro te estoy hablando, era muy bonito, precioso, y al final él se cargaba a todos sus enemigos uno por uno, a flechazo limpio, y a mí me entraba algo por dentro cada vez que lo leía, era como si me emocionara, ¿sabes?, porque en aquel libro todo era grande, los hombres y los dioses, los héroes, los malos, los amores y los odios, grandes, fuertes... Me gustaba mucho, nunca he encontrado otro libro como ése. Se llama la *Odisea*. ¿Lo has leído?

—Sí, en el colegio.

—Era fantástico...

—El *Quijote* te gustaría.

—¿Sí? ¿Tú crees?

—Sí. También allí todo es grande.

—Lo leeré.

—¿Cómo te llamas?

Dudó un instante, porque su inteligencia antigua le había advertido ya de la trascendencia de aquella pregunta inútil, banal, ya formulada.

—Manuela. Pero en mi casa me llaman Manoli —le dedicó una sonrisa torpe—. ¿Y tú?

—Yo me llamo Benito, Benito Marín... Vamos, te invito a una caña.

Cogió la carpeta, se levantó y echó a andar detrás de él. La vida y la muerte volvieron a bailar sobre su falda.

Después, al rememorar su primer encuentro, cuando trataba de convencerse de que ella nunca había existido tal y como la recordaba, para compadecerse a sí mismo, para confirmarse en el error definitivo, encontraba natural la evolución de los acontecimientos de aquella mañana, porque solo y apresado en una oscura trampa, cortejando a una mujer disfrazada de falso mito, él no podía saber, no podía cambiar el orden de las cosas, pero eso fue solamente después, cuando ya no había ningún camino por el que regresar y sólo un sendero estrecho, estrechamente vallado, por el que escapar, siempre hacia delante. Antes, sin embargo, cuando ella aún era un montón de carne que se podía besar, golpear, penetrar y tocar, le dolía no haber adivinado, no haber cruzado la calle, no haber tomado otra dirección, no haberse resistido a forzar la máquina, jugar el juego dentro del juego, demasiada cultura para una sola mañana en todo caso.

Caminaban despacio, entre los árboles y las estatuas, ella lo miraba todo con atención, y él no sospechó que desconociera lo que veía porque ella miraba así casi siempre, no tenía ganas de hablar, contestó a un par de preguntas con monosílabos, impuso por fin el silencio, no le gustaba aquel barrio, no se sentía seguro en él pese a que lo conocía muy bien, tumefacto quiste aristocrático en el corazón de la ciudad bastarda, orden y armonía, ilusión del mar, que él siempre había querido imaginar allí, al final de la enorme avenida, cuando venía con su madre a visitar a aquel señor tan simpático que le regalaba algo cada día, primero sólo caramelos, luego juguetes, y hasta un espadín de metal de verdad que él mismo eligió entre las vitrinas de su tienda, Artesanía Española-Oro de Toledo, anzuelo para las multitudes de turistas que se habían tragado ya otros anzuelos, barroco y flamenco, poderío de la literatura turística, anzuelo también para un niño pequeño que se creía enamorado de la dependienta, una jamona rubia teñida que le llevaba cada tarde a merendar chocolate con churros en la cafetería de la esquina, un local inmenso, moderno, con paredes de cristal y nada de madera, tan distinto de esos cafés que se caían a trozos en su propio barrio, la ciudad vieja y auténtica que nunca le engañó, porque desde allí no se podían presentir el agua y la sal, sólo el polvo de las tierras llanas, a ella pertenecía y por eso se atrincheraría en ella después, huyendo de la belleza artificial del rey urbanista, un fracasado más, porque Madrid no llegaba al mar, nunca llegaría, mejor así, la soberbia ayuda a sobrevivir, pero entonces, cuando él compartía con la ciudad el centro de la tierra y aquella tendera con vocación de starlet, su primer amor confesable, le animaba a que se pasara a las porras, otra ración, para hacer tiempo, él se sentía pertenecer en realidad a la aparatosa escenografía ortogonal en la que apenas jugaba el papel de un pequeño figurante, grandes avenidas, rectas calles, árboles y jardines, fuentes y estatuas, mentira, todo mentira, como la sonrisa de su madre cuando le recuperaba con un beso y un abrazo, la respiración levemente agitada, el rostro levemente arrebolado, el peinado levemente descompuesto, y él se despedía como un niño bien educado, muchas gracias y hasta otro día, y le pesaba alejarse del mar por calles cada vez más estrechas y oscuras, edificios cada vez más pequeños y sucios, de vuelta a casa, aquella chabola mesetaria, mientras su madre le instruía en la farsa del día, y sobre todo no le cuentes nada, pero es que nada, a papá, ¿eh?, éste es nuestro secreto, y él asentía convencido, nada a papá, tengo un pacto secreto con mamá, y los secretos son sagrados, yo no soy un chivato y nunca diré nada, mamá me quiere más que a los demás, no tiene secretos con las niñas, se estaba tan bien en el centro...

—¿Qué es este edificio tan grande? ¿Un ministerio?

Manuela se había detenido en medio del paseo y le miraba, señalando descuidadamente hacia el fondo con el brazo derecho extendido. El tuvo ganas de gritárselo a la

cara, nada, ¿sabes?, parece imposible, pero este edificio no
es nada, es mentira, cuatro fachadas de cartón piedra que
se desmontan de un plumazo, y queda un descampado, un
pedregal seco y árido, y nosotros allí, arañando la tierra con
las uñas, pero no podía, no debía decírselo, no debería haberse expuesto al delirio porque sus delirios también eran
mentira, y la miró a los ojos, esforzándose por contestar
con voz serena.

—No. Es el Museo del Prado.

Ella cerró los ojos un instante, apretó los puños y dejó
caer todo su cuerpo hacia atrás, con tal violencia que él
temió que se desplomara sin más. Luego dejó escapar al fin
la expresión esperada, pero sus palabras habían perdido ya
aquel lustre inocente, el alborozo de la pura sorpresa, el sentido del conocimiento que sólo alimentan los niños, la novedad como un regalo inesperado, y su voz resonó mustia,
lastimera casi, apenas audible.

—¡No me digas que esto es el Museo del Prado!

—Sí.

—Lo ves, como soy muy bruta... —clavó sus ojos, repentinamente turbios, en las baldosas del suelo, pero él creyó
ver las lágrimas que luchaban con sus pestañas y sintió el
impulso de abrazarla allí mismo para aferrarse a ella mientras fingía protegerla, y contarle la verdad al oído, no te
preocupes, no sufras, nada de esto existe, es sólo un decora-
do, el mundo es otra cosa, ella levantó la cabeza para mirarle, y siguió hablando bajito, moviendo mucho las manos—.
No sé qué pensarás de mí, ahora..., o sí, sí que lo sé, pensarás lo mismo que los demás, que soy una burra. Llevo
nueve años viviendo aquí, nueve años, y creía que esto era
un ministerio, parece increíble, y sólo habría necesitado
fijarme un poco, ahora que lo estoy haciendo me doy
cuenta de que no he visto tantos japoneses juntos en mi
vida, y una plaza de toros desde luego no es, me gustan
mucho los toros, ¿sabes?, claro, como soy muy bruta... —él
sonrió, pero no consiguió arrastrarla a su sonrisa—. Bueno,
me voy. Adiós.

—¿Adónde vas? —sus antiguos reflejos de portero le permitieron agarrarla del brazo para obligarla a volverse sin haber llegado a despegar los pies del suelo—. ¿Por qué te vas a ir? No es pecado, que yo sepa...

—No... —musitó ella, mirándole nuevamente, apenas más entera—. Eso ya lo sé, pero... El caso es que yo creía haber estado en el Museo del Prado. Fue cuando lo del *Guernica*, yo vine a ver el *Guernica*, como todo el mundo, estaba en un edificio pequeño, un poco más arriba, en la puerta había un cartel donde lo ponía muy claro, Museo del Prado, y pensé... —su cara se iluminó de repente, como si hubiera presentido que le quedaba una posibilidad de salvación, siquiera frágil y remota, una sola, pero auténtica—. ¿Te gusta el *Guernica*?

—No.

—¡A mí tampoco...! —y sonrió por fin, otra vez.

—¿Llevas encima el carné de identidad?

—No...

—No importa. No es caro.

—No es caro ¿qué...?

—El museo. Vamos a entrar.

—¿Sí?

—Sí.

—Bueno...

El procuraba pensar deprisa, veamos, recorrido especial para una mujer fea, una diosa menor, leonesa del Orbigo, artesana callejera y debutante absoluta, flamencos, muchos flamencos, alguna gorda veneciana, rubia y saludable por su indolencia, holandesas no, quizás sean excesivas y podrían herirla por alusiones, pero la monstruita de Carreño le gustará, y los enanos de Velázquez también, seguro, ella le seguía sin decir nada, mirándolo todo, seguramente no le apetece nada este plan, pensó él, pero ya que he emprendido sin querer la cruzada contra los siete enanitos de la comuna, total, que más da, Cervantes o Joyce, *El carro de heno* o el *Guernica*, no se sentía demasiado seguro pero ella le seguía siempre, siempre un paso detrás de él, mirándolo todo, le tendió la entrada y le preguntó por dónde quería empezar, ella se encogió de hombros, tú mismo, está bien, pensó él, tú lo has querido, seré yo mismo, el *Descendimiento* le encantó, él ya lo sabía, por eso la llevó a verlo antes que cualquier otro cuadro, qué barbaridad, lo repitió despacio, en voz demasiado alta, el rostro congelado en una expresión de insólito estupor, qué cantidad de oro, debió salir carísimo, y qué bonito, mira ésa de la derecha, cómo llora, es impresionante, María Magdalena, afirmó él y un escalofrío le arrasó la espalda, amaba a Jesús, le lavó los pies con su pelo, ya, ya lo sé, ella asentía, me lo contaron en el colegio, que era muy guapa y muy puta, ¿no?, él se rió, una señora se volvió para mirarles, sí, más o menos, guapa y puta, no está mal, no, ven, te voy a llevar a ver al Bosco, ¿sí? y ése ¿de dónde era?, belga, lo mismo que éste, oye, tú sabes mucho ¿eh?, bueno, lo sé por mi trabajo en el Ayuntamiento, ella le dedicó una ojeada recelosa, pero ¿no trabajabas en el no se qué de Urbanismo?, él se quedó mudo un instante, no suponía que le hubiera escuchado antes, memoria peligrosa, retuvo, y se explicó mejor, sí, en la Gerencia de Urbanismo, pero allí llevamos también los museos, ¿sí?, ella se conformó con eso, yo creía que os ocupábais de decir cuántas terrazas tiene que tener cada casa..., le gustó Patinir, su violenta *Estigia*, este tío estaba loco, mira que pintar el agua de esos colores, y los pecadores diminutos que gozaban en las minúsculas ampollas de cristal, en las corolas de los colosos florales, en los brazos de esos clérigos corruptos que brotaban como semillas malditas en un bosque de engendros espinosos, impensables, los miró largo rato, acercándose a la tabla hasta rozarla casi con la nariz, frunciendo sus bellos ojos de mujer miope, y luego se volvió hacia él, casi asustada, oye tú, pero éste también estaba loco..., la tomó del brazo para conducirla hacia la salida y le dio la razón, sí, loco de remate, y ¿quién le compraba los cuadros?, él sonrió, no lo sé todo ¿sabes?, pero creo que era Isabel la Católica, ¡anda!, exclamó entonces, pero ¿ésa no era tan beatona?, sí, pero ya ves..., salieron al pasillo principal para avanzar lentamente, el Greco no, pensaba él, el Greco es sombrío y triste, ¿sabes lo que te digo?, ella le interrumpió con la voz clara, alta, firme, que delataba su condición de mujer meteca, extranjera en el Parnaso, él sonrió porque eso le gustaba, no, dijo, no sé lo que me dices, ella volvió a la carga, pues que me voy a cortar el pelo porque me estoy dando cuenta de que tengo pelo de santa, como todas ésas, y no sé..., ni se te ocurra, susurró él, ¿qué?, he dicho que ni se te ocurra, tienes un pelo precioso, el pelo de la Magdalena, ella se detuvo para mirarle un momento con ironía, ya, pero ella era guapa y yo no lo soy, él se acercó y rozó un instante sus cabellos con los dedos antes de hundir los nudillos en los mechones como en la cresta de una yegua, y habló bajito, eso no es más que un atributo secundario, ¿qué...?, su mano recorría despacio el cráneo, de abajo arriba, sus dedos luchando con la suavidad de la maraña irresoluble, su palma resistiendo la tentación de volverse puño, su puño destruyendo violentamente ya, al cerrarse sobre su pelo, el precio de su vieja santidad pagana, y no pudo negarse a apretar con fuerza, no se negó al deseo de doblar la muñeca, estiró su brazo hacia abajo, cerró los ojos, y la tuvo así, mientras ella se dejaba hacer, insistiendo en un murmullo sordo y ansioso, no he entendido lo que acabas de decir, la cara vuelta hacia el techo, la piel tirante, pero agotada la intensidad de un segundo, él sintió que en alguna parte tanta emoción malsana le empezaba a doler, y decidió volver, regresar al ejercicio de las pautas corteses, renegar de sí mismo con ella, y se impuso la obligación de tranquilizarse como una necesidad vital mientras aflojaba la presión con nostalgia, poco a poco, ¡bah! respondió por fin, en su voz de nuevo el amable funcionario solventador de las crisis de licencias de venta callejera, y carraspeó levemente antes de continuar, es Polibio, que tanto despreciar a Aristóteles y al final me ha pegado su manera de hablar, ella enderezó la cabeza y giró el cuello un par

84

de veces en ambas direcciones, frotándoselo con la mano como si le doliera, él sintió un oscuro escalofrío, pero eso tampoco afectó el discurso del pedante, inofensivo funcionario progresista que continuaba hablando en una extraña clave, lo que quiero decir es que la Magdalena tenía, sobre todo, el pelo largo, y luego fue la mujer que le lavó los pies a Jesús, que fuera guapa o no carece de importancia, ¡ah!, contestó ella, con una luz distinta en la cara, entonces él la llevó del brazo, corriendo casi, ante un lienzo oscuro, ¿a que no sabes quién es ése?, ella cayó en la trampa, y al concentrarse arrugó toda la cara, dio un paso al frente, Ribera, proclamó, no, ése es el autor, yo te pregunto por aquel señor de negro, eh, no te acerques, tramposa, adivínalo si puedes, ella meditó un instante y se volvió con una expresión de triunfo, ¡un mendigo!, pues no señorita, es Arquímedes, ¿el de la bañera?, justo, el de la bañera, ¿te gusta?, sí, mucho, es muy bonito, pero yo no me imaginaba a Arquímedes así, sino con túnica..., bueno, vámonos ya, estarás cansada, no, qué va, si me lo estoy pasando muy bien, quiero ver más, vale, cedió él, si tú quieres, mientras pensaba que lo había intentado, y se previno contra sí mismo, invocó a sus clásicos, abjuró del blanco, mira éste, dijo en cambio, es muy valioso, ¿sí?, a ver qué pone, es que estas letrujas son tan raras..., lo descifró por fin, deletreando despacio, ojalá nunca se ponga lentillas, las gafas, en cambio, le sentarían bien, Rembrandt, *Autorretrato*, pareció sorprenderse, y ¿por qué vale tanto?, preguntó, si es muy pequeño..., porque es falso, contesto él, completamente falso, y lleva siglos clavado ahí como si Rembrandt lo hubiera pintado alguna vez, ¡anda!, susurró ella, qué gracioso, y sonrió antes de condenarle, oye, y ¿las majas no estarán por aquí?, él hizo como que no escuchaba, ella repitió la pregunta y ya no pudo ignorarla por más tiempo, bueno, sí, pero las salas de Goya están en obras, no se puede ver nada, ¿seguro?, insistió, él movió vagamente la cabeza, voy a preguntar a ese señor, dijo ella, muy resuelta, y el bedel le contó la verdad, regresó sonriendo, ¡qué va!, anunció, si

85

las obras se acabaron hace más de un año, vamos a verlas, es que a mí, ¿sabes?, me encanta la maja desnuda, tiene unas tetas tan raras..., muy bien, se dijo, vamos a verlas, y bajaron la escalera, y ocurrió todo lo que no debería haber ocurrido nunca, el anciano conserje vestido de azul marino le saludó como de costumbre, con el afecto de costumbre, llevaba viéndole tantos años, vaya, Benito, otra vez por aquí, lo tuyo ya es una manía rara ¿eh?, dos veces en una semana, él le devolvió un gruñido de fastidio, es que estoy de vacaciones, explicó de pasada, ella reaccionó instantáneamente, su curiosidad como un resorte invisible, ¿qué quiere decir ese señor? ¿es que tú vienes mucho por aquí?, él intentó zafar su brazo de la presión de sus manos, los perfiles de sus uñas le hacían daño a través de la tela, sí, contestó, vengo de vez en cuando..., ¡ah!, y le miró con extrañeza, ¿y por qué no me lo habías dicho antes?, él se encogió de hombros y recibió una nueva pregunta, ¿y a qué vienes?, se estaba empezando a cansar y contestó con cierta brusquedad, a comer... ¿tú qué crees?, ella se replegó sobre sí misma y no se atrevió a decir nada más, él pensó que no era para tanto y se decidió a confiarle uno, el más leve de sus inocuos secretos, vengo a ver un cuadro, ¿uno solo?, sí, uno solo, yo..., bueno, no tengo demasiadas cosas que hacer ¿sabes?, a veces me aburro en casa, y vengo aquí, a ver ese cuadro, enséñamelo, no te va a gustar, ¿no?, ¿por qué?, porque no sale ninguna teta, no importa, bobo, enséñamelo, anda, él recorrió despacio las baldosas desgastadas por sus propios pasos, su absurdo peregrinaje, año tras año, ya no se acordaba de la primera vez, era quizás un niño, daba igual, y cogió un pequeño escaño de vagas reminiscencias renacentistas, el asiento de un vigilante ausente, le dejaban usarlo, todos le conocían, y lo situó sin dudar en el lugar exacto, justo enfrente del punto central del marco, y se sentó, y la llamó, y ella fue, y se sentó encima de sus rodillas, mirando la tela, y sus frágiles muslos acusaron el peso excesivo, y sintió casi la tentación de arrepentirse, pero ella era blanda, suave y caliente, y comenzó a hablar en un susurro sordo, como hablan los niños en las grandes iglesias iluminadas con velas, ¿éste es el cuadro que te gusta tanto?, los hombres simulaban caminar, pero no avanzaban, porque el aire inmaculado, asfixiante, les empujaba contra sí mismos, atajando cualquier esfuerzo, hinchiendo los pliegues de sus capotes blancos, pesados aleteos en una repugnante atmósfera de cristal, él los reconoció y lo confirmó, sí, es éste, el perro estaba loco, ladraba de frío, de hambre y de miedo, increpaba a la muerte, la olía, su cuerpecillo flaco y desnudo agigantado por la locura, sus sentidos descompuestos por un terror impalpable y cierto, el perro ladraba, loco, enloquecido por las amenazas del horizonte transparente, ella meditaba, no es un cuadro muy famoso ¿verdad?, parecía por fin segura de sus conocimientos y él sonrió a sus espaldas, no, no es famoso, y el blanco se tornaba oscuro, color de muerte, hielo implacable, nieve que arrasa la vida a su paso, la pureza revelada como un misterio temible, peligroso, un universo limpio donde no caben los hombres, ni los perros locos, y... ¿por qué te gusta tanto?, porque es la primera pintura negra, no lo entiendo, si es una nevada, está todo blanco..., el blanco no es más que una máscara, un signo de la muerte, todos van a morir y ya lo saben, ¿sí? ¿estás seguro?, sí, el peso del blanco les aplastará, el blanco es siempre frío y húmedo, impregnará sus ropas para anunciarse más allá del terror de la tela mojada, y luego comenzarán las cuchilladas, pequeñas al principio, soportables, como leves pinchazos, diminutos cuchillos de hielo que se sucederán cada vez más deprisa, progresivamente dolorosos, mortales al fin..., ¡joder!, qué cosas más raras dices, me estás empezando a dar miedo..., no, y apenas pudo decir otra cosa, no, no tengas miedo, en serio..., luego improvisó con cierta brillantez, es que me caí una vez esquiando, de pequeño, me torcí una pierna y me pilló un alud, casi la diño ¿sabes?, por eso me da miedo la nieve, aunque también me gusta, no sé..., sí, lo entiendo, ella lo entendía, él suspiró aliviado, yo también esquío, allá en León hay mucha nieve en invierno, ¿qué botas tienes tú?,

¡uf!, no sé, unas francesas, muy raras, no me acuerdo del nombre..., ya..., pues ¿sabes lo que te digo?, que ahora que me has contado todo esto, pues creo que sí, que es verdad, cuando nieva mucho ahí arriba, parece que los copos se te meten debajo de la piel, como si se te clavaran en la cara, sí, es verdad, una sensación muy parecida a la de pincharse con una aguja, agujas no, se dijo él, que ya no pronunciaría una sola sílaba más, cuchillos, siempre cuchillos, ahondar con su filo en la carne confiada, ilusa, torpemente consciente de su consistencia, medir los instantes que opone la piel al metal decidido, comprobar con un escalofrío la fragilidad de los organismos vivos, un cuchillo, instrumento de placer y de poder, imagen que le atormentaba desde la infancia, lo había probado muchas veces, apoyando la punta del esqueleto agudo en la cara interior de su propio brazo, contra el irregular rastro de las venas moradas, y al principio la carne resiste, se defiende y refleja tan sólo una débil señal, un punto de color sobre la superficie clara, hasta que en algún momento la estructura se quiebra, sometiendo sus leyes a las del más fuerte, una hoja metálica de borde afilado que la rasga y penetra como un amante furioso, un amor que él solamente podía imaginar, porque nunca le había sido dado conocer esa victoria, el cuchillo mata, recordó, y estrechó su brazo derecho en torno a la cintura de Manuela, estirando después la punta de sus dedos para rozar el peso de uno de sus pechos, el cuchillo la mataría, le enseñaría que vivir es un trabajo insoportable, y su inocencia se revolvería en un instante contra ella como un arma potente, entonces se inclinó levemente hacia delante para esconder el rostro en su melena de santa barroca que olía a champú para niños, almizcle contemporáneo, y notó que su sexo crecía, y comenzó a balancearse muy despacio, con ella, contra ella, acunándose a sí mismo mientras se sumergía en una extraña paz, podría seguir así toda la vida, se dijo sin hablar, casi sorprendido por su bienestar, pero, cuando estaba a punto de recuperar en ella la serenidad perdida, cuando empezaba a sentir la caricia del agua sobre sus pies, allá, en su reino perdido, a la misma altura que las nubes, el mundo entero dispuesto a su alrededor, todos los cuchillos rotos y oxidados por la certeza, la inmortalidad de quienes se saben amados, entonces todo cesó bruscamente, igual que en los sueños.

Ella se deshizo de su abrazo y se levantó de un golpe. Le miró con ira y él creyó por un momento que sus ojos eran rojos.

—Eres un cerdo.

Le escupió estas palabras a la cara y luego se fue corriendo.

No llegó a lamentar haberla perdido, porque a pesar de todo y de que sabía que nunca debería haberlo intentado, conservaba todavía en su boca, en sus dedos, en su piel, el precioso sabor del país olvidado. Pero eso no le evitó la conciencia del sonrojo, su rostro, su cuerpo, su sangre roja, más roja, ardiendo de color, y olvidándola por un instante, trató de concentrar todas sus energías en el gobierno de su organismo para devolverle la palidez y la laxitud acostumbradas pensando en otra cosa, cruzando aparatosamente las piernas, apoyando con aire despreocupado su barbilla en el hueco de la mano derecha. Su mirada sostenía una lucha irresoluble, obsesiva, contra la tela blanca, pintada de blanco, que se había quedado muda y se desdibujaba deprisa, empañándose como un cristal helado.

—¡Qué sucio está este cuadro! —dijo en voz alta, procurando aparentar un acento experto, y se sintió mejor.

Permaneció inmóvil todavía unos minutos, repasando en su memoria la lista de la compra hasta que su sexo se rindió y se replegó discretamente. Entonces se levantó y se dirigió hacia la puerta andando muy despacio. Conservaba aún el sabor del centro en la lengua, y aunque nadie en la sala reparaba ya en él, procuró marcharse sin hacer ningún ruido.

Engulló tres pinchos de tortilla seguidos sobre la barra del primer bar que le pilló de paso, no tenía ganas de cocinar para él solo, después de los acontecimientos de aquella mañana no. El café le abrasó la garganta, pero se lo terminó de un sorbo para pagar deprisa y poder marcharse, regresar a la calle donde el sol calentaba, y volver lentamente a casa, alejarse del mar otra vez, después de tantos años, para recuperar las miserias de una cordura tan dolorosamente adquirida, tan trabajosamente mantenida por su conciencia de hombre solo.

No le resultó demasiado difícil, estaba bien entrenado, cuando llegó a Barceló ya creía que habría sido mejor no conocerla, la estéril travesura recién concluida le había privado de un tiempo precioso, había faltado a la segunda y a la tercera cita, Manuela era tan fea, graciosa, sí, pero Conchi bien podría haber elegido aquella tarde para reaparecer de nuevo, habría salido de casa masticando sin ganas el último pedazo del postre, quizás una manzana mordisqueada en la mano todavía, y habría desfilado deprisa, pegada a la tapia del convento, ante el muro desnudo, sus ojos ausentes. Nunca habría debido descuidar su mundo por un retazo de otro que sabía ya ajeno, perdido, irrecuperable.

La calle estaba desierta. La enfiló con precaución, sin embargo, obligándose a mirar atentamente cada portal, cada esquina, las rampas de los garajes, pero todo fue en vano. Renunció a detenerse junto a la pequeña gárgola que remataba el canalón del desagüe, su observatorio habitual, porque llevaba casi una hora de retraso, y ella no aparecería, inútil derrochar más estupidez para nada. Subió despacio las escaleras. Al buscar las llaves en el bolsillo, sus yemas tropezaron con dos pequeños discos, y se sintió algo más conforme consigo mismo. Al menos, tú has salido ganando, anunció, en un murmullo casi imperceptible, apenas cerró la puerta y se encontró a solas con ella, en el vestíbulo. Estaba vieja, resquebrajada y amarillenta, había llegado el momento de echarle una mano, ayudarla a recobrar el brillo de antaño con los recursos propios de las señoras mayores, mujeres marchitas sobre la raya de la vejez, como ella, el pálido reflejo de una belleza que fue propia alguna vez.

—La desnudez es muy arriesgada. Y tú ya no tienes años para andar desnuda por ahí.

Sonrió mientras le abría los agujeros de las orejas con un alfiler.

—Hay que ver, sin agujeros todavía, a tu edad, qué poco coqueta eres...

Era divertido. Levantó las dos chinchetas que mantenían fijo en la pared el monótono escenario de su pobre vida, e insertó los pendientes en el papel con mucho cuidado, para no romperla. Luego se apartó ligeramente de ella y la miró, transfigurada por el reflejo del metal barato. Le sentaban bien los pendientes, estaba más guapa que antes. Se lo dijo en voz alta.

—...y no te quejarás, que hoy te he hecho mucho caso...

Luego se quedó de pie, parado en medio de la habitación, dudando. Había perdido ya mucho tiempo, pero no se le ocurría otra cosa que hacer en las detestables horas de otra tarde inútil. Se dijo que además se lo estaba pidiendo el cuerpo, porque no se podía explicar de otra forma las absurdas emociones que se habían sucedido aquella mañana hasta lograr desterrar definitivamente su control sobre sí mismo. Así que se lo debía. Entró con paso decidido en el salón, entornó las persianas y se sentó frente a una pared recubierta de pintura antigua, amarillenta ya, excepto en el centro, donde un hueco blanco, limpio, regular, atrajo inmediatamente sus ojos, que se concentraron en mirar por él como se mira a través de una ventana.

No había pasado demasiado tiempo, algo más de un par de años, desde la tarde en que la viera por primera vez, jugando a la goma con sus amigas, pero tal y como en aquella época supo presagiar Polibio, su cuerpo había experimentado una transformación radical. Afrodita revelada, carne redonda vistiendo los agudos huesos de antaño, él seguía discretamente sus pasos, la miraba a distancia, ajustaba sus propios días al ritmo cambiante de los suyos, y esperaba, estaba dispuesto a esperar tanto tiempo como hiciera falta, en realidad jamás supuso que tuviera el oído tan fino. Aquella mañana de primavera, cuando la reconoció a lo lejos, remontando la cuesta con dos bolsas cargadas, una en cada mano, no descubrió una imagen muy distinta de la que había contemplado otras veces, estaba acostumbrado a verla con esos botines puntiagudos que se ajustaban en el tobillo y una falda vaquera muy corta, rematada con un amplio volante, que parecía la estrella de su vestuario a juzgar por la frecuencia de su uso, no había nada especial, excepto la tenacidad del viento que la mortificaba sin pausa, desvelando a cada paso sus muslos sin permitirle nunca atajar a tiempo el vuelo de la tela con el peso de las bolsas de nylon repletas de comestibles que inmovilizaban sus brazos, tensos por la carga. Tal vez fuera el viento, la visión de una delgada franja de carne hasta entonces oculta, o sus conmovedores intentos de mantener la compostura, el esfuerzo que desencajaba sus mandíbulas y hacía visible el sudor en su rostro, un brillo húmedo sobre el labio superior, o tal vez no fuera más que mala suerte, porque ya otras veces había dejado escapar jaculatorias insoportablemente obscenas a su paso, frases brutales, sinceras e instantáneas, que no estaban destinadas en rigor sino a sí mismo, porque poseían el poder de conjurar el peligro inminente, amortiguando el deseo y la definitiva vergüenza de saberse allí, espiándola desde el cobijo que obtenía de los muros de su propia casa.

—Mira qué bien, qué ventiladita vas hoy...

Las había soltado mucho peores, pero esta vez ella le oyó. El no se dio cuenta al principio, pero mientras la tenía delante, desfilando con el cuerpo rígido, la cabeza erguida, la piel brillando ante sus ojos todavía risueños, sus oídos recibieron nítidamente un completo catálogo de insultos, la imprevista respuesta que una mujer tan joven, apenas una niña muda hasta entonces, emitió claramente entre dientes, sin querer mirarle.

—Bestia, animal, cabrón, hijoputa.

El asombro desterró en un instante el color que apenas había llegado a asomar a sus mejillas, impulsándole a reaccionar cuando ella se hallaba ya a punto de alcanzar el portal de su casa.

—¡Vaya boca! —gritó en su dirección, con un gesto casi desafiante.

Conchi se volvió para incrementar la sorpresa de su eterno espectador con una sonrisa que no esperaba.

—Pues anda, rico, que la tuya...

Volvió a verla al día siguiente por la tarde, y no ocurrió nada porque ni siquiera osó despegar los labios en su presencia. La misma escena se repitió en condiciones idénticas veinticuatro horas después, y aquel mínimo restablecimiento del ritmo habitual le bastó para convencerse de que su comunicación se había interrumpido para siempre, por eso se asustó tanto al escucharla, porque le estaba hablando a él, cuando se la topó de repente una mañana, en la entrada de la panadería.

—¡Mira que eres feo, tío...!

Sintió que el corazón luchaba por quebrar el muro intermitente de sus costillas viejas para saltar al suelo cuando giró la cabeza para afrontarla, ella le miraba a los ojos con una sonrisa torcida que la favorecía, cualquier sonrisa la habría favorecido, mientras introducía un chupa-chups en un granulado de aroma ácido y efectos burbujeantes contenido en un pequeño sobre de papel para llevárselo inmediatamente a la boca, chuparlo un momento con avidez y repetir la operación. Él, su cuerpo congelado, paralizado con un pie en el umbral, no pudo evitar seguir escuchándola.

—Yo es que, en serio, te miro y no me lo creo, no sé cómo alguien puede llegar a ser tan horrible, en serio, tío, es que eres penoso, la verdad, a ti te debieron hacer en una noche...

—De tormenta, que no se veía nada, ya lo sé —era pequeña, tan pequeña después de todo, tal vez veinte años más joven que él. Acostumbraba a imaginarla como un espíritu poderoso y cruel, le gustaba hacerlo, pero no resultaba ser más que una cría, una mala mujer solamente en potencia, y al comprenderlo se sintió seguro de repente—. Es un chascarrillo muy viejo, me lo han repetido centenares de veces, no tiene ninguna gracia, y además tú, que ya eres mayorcita, deberías saber que se puede hacer un niño de día y sin luz —la miró a la cara y sonrió al comprobar su confusión—. Mira, es mucho más bonito eso de que tú has nacido porque tiene que haber de todo. Deberías usarlo la próxima vez que me veas. Y ahora, si no te importa, déjame pasar, he venido a comprar el pan.

Se acercó al mostrador con paso decidido y lo que suponía una expresión de incorruptible dignidad, por si ella seguía en la puerta. Por la misma razón, cuando ya tenía la pistola en la mano, se decidió a comprar también uno de aquellos repugnantes combinados de chupa-chups y burbujas. Antes de volverse elevó un segundo los ojos hacia el gran espejo inclinado que ocupaba el tercio superior de la pared, reflejando la calle, y comprobó que ella seguía allí, mirándole. Cuando pasó a su lado, le tendió la golosina con un gesto que pretendía parecer despreocupado.

—Toma, para que tengas un recuerdo mío... —y echó a andar sin mirar para atrás.

Le costó trabajo convencerse de que el repiqueteo de

unos tacones reflejaba el sonido de sus propios pasos sobre la acera.

—Oye, que lo siento... —ella, el rostro levemente contrito, el pecho agitado por la carrera, le tiró de la manga para asegurarse su atención.

—¿El qué?

—Pues eso..., haberte dicho lo de la noche de tormenta. Me he pasado.

—No te preocupes —adelantó el pie izquierdo para reanudar el paso intentando no mover ni un ápice el resto del cuerpo, con la vana esperanza de que ella no abandonara su brazo para seguir andando a su lado—. Estoy acostumbrado. El que debería pedirte perdón soy yo, por lo del otro día...

—Bueno —se miró un momento la punta de los zapatos, las manos ya, naturalmente, juntas y cruzadas en la espalda—, la verdad es que yo también estoy superacostumbrada a que me digan cosas...

—No me extraña...

—Pues no le veo la gracia por ninguna parte, en serio. Los piropos sí me gustan, son divertidos, a veces me río y todo, pero eso de no poder pasar en paz por delante de una obra es demasiado, es que no lo entiendo, vamos... Por ejemplo lo tuyo. ¿Es que tú no trabajas, tío? ¿Es que no tienes otra cosa que hacer que estar ahí, apoyado en una pared, esperando a verme salir? —le dedicó una mirada provocadora, pero no obtuvo respuesta—. Pues no es por nada, quiero decir que no lo digo sólo por ti, pero lo que creo es que sois unos pobres desgraciados, que si no podéis soportar ver a una tía mona andando por la calle es porque ni os acordáis de cuándo os comisteis la última rosca.

—¡Qué va...! —la miró a los ojos repitiéndose con firmeza que le sacaba casi veinte años—. Si no es eso, en serio... ¿Cómo te llamas?

—Conchi, y yo creo que sí, tío, que sí es eso, si ya lo dice mi madre, que los hombres mucho hablar todo el tiempo de lo mismo, pero luego, ¡ja!

—¿Cuántos años tienes?

—Dieciséis.

—Menos mal...

—Menos mal ¿qué?

—Pues que no se me ha ocurrido encontrarme contigo dentro de quince, cuando vayas con metralleta...

Ella se rió con ganas, rápida y brillante.

—¿Sabes dónde pienso estar yo dentro de quince años? —él negó con la cabeza, risueño, contagiado de su risa—. Pues viviendo en una casa de puta madre, con una chacha filipina, los niños internos en Irlanda y un imbécil con traje azul y corbata trabajando dieciocho horas al día para tenerme contenta, ni más ni menos.

—¡Eso es amor!

—No, el amor es otra cosa, y no da más que disgustos.

—Los que te llevarás tú...

—¿Yo? —sus labios se torcieron para componer una mueca sarcástica, sus pupilas se dilataron para fingir una repentina alucinación—. Sí hombre, ni loca, tú no me conoces.

—Sí te conozco, he conocido a otras como tú. —Ahora hablaba con una extraña sabiduría, sin elevar la voz, seguro de ser escuchado, como si las palabras que pronunciaba lentamente hubieran estado en su boca desde el primer día de la eternidad—. Las más guapas, las más listas, las que han nacido para comerse el mundo, para dominar a los hombres, para explotarse provechosamente a sí mismas, son las que más se esfuerzan en contradecir su destino, y las que peor acaban...

—¡Porque tú lo digas!

—Sí, porque yo lo digo, y te digo además que lo tuyo no tiene remedio. Porque no eres capaz de estar callada, ni de tragarte la rabia, ni de meditar los insultos, tú nunca podrás aguantar a un imbécil de traje azul y corbata el tiempo necesario para tener hijos y mandarlos a Irlanda, tú te enamorarás, y te enamorarás como una salvaje además, del hombre que menos te convenga, un individuo débil y enfermizo, doble, que te llamará impaciente cuando seas sincera, insensible cuando seas sincera, dura cuando seas sincera, y puta cuando seas sincera, y acabará dejándote tirada por una estudiante de piano, tan débil y tan falsa como él, no lo dudes, y eso en el mejor de los casos, porque la otra posibilidad, la del hombre aparentemente duro que te fascinará por su aplomo y te seducirá para lucirte como una joya más de su corona, te precipitará todavía antes en el alcohol y te convertirá en cliente habitual de las casas de socorro. No merece la pena exponerse a llevar eternamente marcadas las cejas por una estudiante de piano, porque ésa será la que se lo lleve al huerto, a cualquiera de los dos, ya puedes tenerlo claro. ¿No te ha contado tu madre que los hombres siempre se casan con las sositas...? Y dale gracias a Dios por tener madre, que si no acabarías haciendo la calle y él retirando a una puta sosita, que también las hay...

—¡Qué estupidez! —dijo ella, y su voz perdió por un instante la calidez de antes, pero se rehízo sin excesivo esfuerzo porque era muy joven—. Dices eso porque tú sí sabes perfectamente lo que te espera, hablas como si quisieras vengarte, pero yo no tengo la culpa de que seas tan feo, tío, ni de que ligues tan poco y tan mal.

—Pero tengo razón, ya lo verás.

—Bueno, mira, no pienso perder más el tiempo con tus tonterías...

—No te enfades —y la interrumpió con el tono pretendidamente dulce de las retiradas—, era sólo teoría literaria.

Polibio, que había guiñado repetidamente los ojos cuando distinguió por primera vez sus siluetas al contraluz, como si se negara a admitir la potencia de un espejismo tal, ya no hizo nada por disimular su asombro cuando por fin les tuvo delante, sus rostros concretos imponiéndose con claridad al otro lado de la barra.

—¡Vaya, Conchita! ¿Cómo tú por aquí...? ¿Te ha dado un caramelito este señor a la puerta del colegio?

Benito dejó escapar un resoplido de cansancio, pero no

llegó a mover los labios. Fue ella quien tomó la iniciativa para contraatacar violentamente.

—Pero bueno, ¿qué dice éste ahora...? Será muy amigo tuyo, pero parece un poco imbécil ¿no? —él asintió con la cabeza, mirando a Polibio, estaban en paz. Ella también le miró, para dirigirse a él, desafiante—. Y, vamos a ver..., usted ¿cómo sabe mi nombre, si puede saberse?

—Es que conozco a su señora madre... —tras una larga pausa, la potencia de su voz comenzó a disminuir alarmantemente en cada sílaba—. No quería molestarla, perdóneme, no es mi costumbre hacer comentarios acerca de los clientes, pero, no sé, la confianza...

Benito sonrió, le resultaba imposible estar enfadado con él mucho tiempo. La expresión de ella también se dulcificó y, cuando habló, su voz era suave.

—Bueno, no hace falta que te pongas así... Puedes tutearme, hombre.

—Muy bien... Y ¿qué va a ser?

—Una de pulpo con mayonesa.

Su petición, clara y rotunda, les pilló completamente desprevenidos.

—¿Qué pasa? —insistió con expresión sorprendida—. ¿Es demasiado caro?

—No —fue Benito quien respondió—, no es eso. Pero lo normal es pedir antes algo de beber.

—Bueno, pues una de pulpo con mayonesa, una cocacola y, de tapa, por ejemplo, por ejemplo..., dos mejillones, ¿no?, las banderillas me dan ardor de estómago.

—A mí me pones una caña...

—¡Y pan! —gritó de nuevo ella, al final, mientras Polibio desaparecía por la puerta situada detrás de la barra. No se lo han puesto fácil esta vez, pobre, pensó Benito, sorprendido por la firmeza con la que ella se había dedicado a pedir comida sin detenerse a reparar siquiera en que apenas se veían tres o cuatro latas de aceitunas rellenas entre las botellas—. Es que éstos son muy listos, les pides una ración y se les olvida ponerte la tapa, por eso yo se lo recuerdo siempre.

El la miró un rato, sonriendo. Al fin y al cabo, podía considerarse afortunado por el hecho de que Polibio estuviera recorriendo ahora todos los bares de la plaza para recopilar los múltiples ingredientes de su abundante pedido, ya presentía que no tendría demasiado tiempo para estar a solas con ella.

—No me mires así, tío... Estás equivocado ¿sabes? Tú no tienes ni idea de quién soy yo.

—Una mujer peligrosa ¿eh?

Ella le respondió con un mohín que no supo interpretar.

—Puedes pensar lo que quieras, pero... —se quedó callada de repente y su cara se iluminó un instante después, como si acabara de hallar un arma definitiva—. ¿A ti no te contaban de pequeño el cuento de Estrellita de Oro?

—No sé. La verdad es que el nombre me suena, pero no me acuerdo.

—Vale, pues te lo voy a contar yo. Erase una vez una casa donde vivían dos hermanastras, una buena y otra mala. La mala era la favorita de la señora, que era su madre, mientras que a la buena, que era huerfána, pues... lo mismo que a Cenicienta, vamos, que la tenían trabajando todo el día. Una mañana fue a lavar la ropa al río y se encontró con una viejecita que le pidió algo de comer, porque tenía mucho hambre. Ella, como era tan buena, le dio la mitad de lo que llevaba, que no era más que un bocata, y entonces la vieja, que en realidad era un hada, la premió haciendo brotar una estrella de oro sobre su frente, y concediéndole el don de que, cada vez que hablara, de su boca salieran monedas y piedras preciosas. Cuando llegó a su casa y las otras dos brujas se dieron cuenta de lo que había pasado, la señora decidió que al día siguiente sería su propia hija, es decir, la mala, quien fuera a lavar. Y eso hicieron. En vez de sábanas, le dio dos pañuelitos para que no se cansara mucho, y le preparó un festín enorme, con pollo, y tarta, y todo. La vieja llegó andando por la orilla del río justo cuando estaba empezando a comer, pero, como ella era muy glotona y no la vio con pinta de hada, no quiso darle ni siquiera un currusco de pan duro. Entonces el hada la castigó haciendo brotar un rabo de burro en su frente, y decidiendo que cada vez que hablara, se le llenaría la boca de sapos y culebras.

—Como a ti el otro día...

—No hombre —rió—, quiero decir de sapos y culebras de verdad. Total, que así las cosas, el príncipe del reino decidió casarse, y mandó un emisario para que fuera casa por casa, conociendo a las chicas casaderas. El final no te lo cuento porque quiero que sea como una adivinanza. ¿Estás preparado?

—Sí.

—Muy bien. Pues resulta que, de las dos hermanastras, una era muy guapa, muy guapa, y la otra muy fea, muy fea. ¿Quién supones que sería la guapa, la buena o la mala?

—La buena.

—¿Y con quién se casó el príncipe?

—Con la guapa.

—¿Y quién fue rica riquísima y feliz felicísima hasta que se murió en la cama de vieja con más de cien años y cincuenta nietos y se fue derecha al cielo?

—Ella.

—Pues eso. ¿Te has quedado con la moraleja?

—Sí, pero yo te podría contar ahora un montón de historias que terminan exactamente al revés. Y son mucho más modernas.

—¿Ah, sí? ¿Como cuál?

—Como, por ejemplo, *Lo que el viento se llevó*. ¿La has visto?

—Por supuesto que no.

—¿Por qué por supuesto?

—¡Pues porque es una horterada de película, no te digo!

—¿Y cómo sabes que es una horterada si no la has visto?

—Pues porque lo sé, porque lo sabe todo el mundo, que es un folletín horroroso, que se mueren todos y eso... —entonces le miró con más detenimiento y una mueca de espanto—. ¡No me digas que tú sí la has visto!

100

—Sí —asintió él—. Varias veces, la primera hace muchos años. A Teresa le gustaba mucho.

—¿Quién es Teresa?

—Una vieja historia...

—¿Te puso los cuernos?

—No, qué va, ni siquiera eso...

—¡Ah! Como lo has dicho con esa cara... Y ¿por qué le gustaba?

—Porque no es ningún folletín, sólo la historia de una mujer muy guapa, muy guapa, muy guapa, y además fuerte, e inteligente, que se enamora de un individuo indigno de ella, un ser pálido, débil y enfermizo, casado, para terminar de arreglarlo, con una criatura adorable, pero sin carne. Escarlata, la protagonista, era todo carne, y Teresa también, y también ella se enamoraba mal, siempre mal, del hombre equivocado, no podía evitarlo. Por eso le gustaba tanto esa película, supongo...

—Y yo... ¿qué soy? ¿Tengo carne o no tengo carne?

En ese instante, Polibio reapareció y les sonrió jadeante, satisfecho sin duda de haber logrado mantener el equilibrio con tantos platos en las manos. Lo depositó todo encima de la barra y se dispuso a servir las bebidas, pero ella no esperó su coca-cola. Apenas el pulpo estuvo al alcance de sus manos, atrajo con un gesto decidido el plato hacia sí y, rodeándolo con el brazo izquierdo para protegerlo, ah, por fin, comenzó a comer como si jamás hubiera tenido antes la oportunidad de hacerlo, alternando metódicamente cada bocado de ese blanquecino monstruo elástico con los grandes pedazos de pan que mojaba en la salsa sin ningún pudor. Polibio la miraba fascinado, con una botella suspendida en el aire. Él pensó que todo encajaba con su apetito, y contestó por fin, en un susurro.

—Tú eres pura carne... Por eso no tienes escapatoria, y sufrirás, te tocará sufrir, seguro.

Ella se dignó a dejar de masticar para mirarle con expresión divertida, como si en la plenitud de su placer, la barriga repleta, le costara trabajo seguir mostrándose muy susceptible y, tras estirar la punta de la lengua para recuperar una gota de mayonesa que se había asomado a la comisura de sus labios, tuvo que esforzarse para hacerse entender con la boca todavía llena.

—Tú ¿qué crees? —espetó a Polibio, que abandonó instantáneamente cualquier tentativa de actividad para dejarse caer sobre el mostrador y, la barbilla entre los dedos, mirarla—. ¿Que yo he nacido para sufrir por los hombres, como dice éste, o para machacarlos, como digo yo...?

Benito llegó a percibir una muda, desesperada petición de clemencia, antes de escuchar la respuesta previsible, formulada en el previsible tono filosófico.

—Bueno, lo normal será que a lo largo de tu vida atravieses por circunstancias de ambas naturalezas —ella torció los labios con escepticismo, él se apresuró a explicarse mejor—. Quiero decir que algún hombre te hará sufrir, qué remedio, chica, eso pasa siempre, pero yo creo que, fundamentalmente, tú te las arreglarás para manejarlos a tu antojo y salirte con la tuya, no sé, es una sensación...

—¿Lo ves? —gritó casi, sin perder el tiempo necesario para mirar a su enemigo, absorta en la tarea de abrillantar el plato con el último trozo de pan—. Y tu amigo es más viejo que tú, debe saber mucho más... ¡Ah, qué bueno estaba! Me encanta el pulpo así... Me comería una fuente entera.

—¿Quieres más? —preguntó Benito sin querer recibir las señales de alarma que Polibio emitía desde el otro lado de la barra.

—¿Puedo?

—Naturalmente que puedes... —y sonrió al advertir el contraste entre su abierta calidez, la mirada de gratitud que ella no pudo evitar dedicarle, y la repentina dureza de los ojos que le asaltaban a distancia.

Polibio se dispuso a salir otra vez, manteniendo firme una mirada torva. Te lo tienes bien empleado, pensaba él, por mentiroso y por fullero, mientras le veía salir arrastrando los pies, mascullando seguramente en silencio las inevitables maldiciones clásicas. Entonces, ella, ajena a la tragedia que había desencadenado la breve polémica acerca de su destino, se concentró en él con una expresión de insólita complacencia.

—Oye..., tú debes tener muchos libros en tu casa, ¿verdad?

—¿Por qué dices eso? —no estaba dispuesto a regalar ni una sola respuesta, porque pretendía retenerla todos los minutos que le fuera posible.

—No sé..., porque ves las películas más de una vez, y los que ven las películas más de una vez es que van mucho al cine, y los que van mucho al cine siempre tienen muchos libros ¿no?

—No todos, no creas...

—Bueno, pero ¿tú tienes libros o no?

—Algunos.

—El caso es que yo necesito uno, un libro ¿sabes?, para el colegio, si me vuelven a cargar la lengua este año no me pasarán a BUP y mi madre ya me ha dicho que me saca y me pone a trabajar, así que...

—¿Tú no has empezado el bachillerato todavía?

—No, he repetido tres cursos, ¿pasa algo? No hace falta estudiar mucho para encontrar un marido tonto y rico...

—No, eso no...

—Bueno, el caso es que me he gastado ya la pasta en otra cosa, o sea, que no puedo comprármelo, o sea, que si tú me lo dejaras...

—¿Qué libro es?

—Uno que se llama *Tres sombreros de copa*.

—¡Ah, sí!, de Alarcón.

—No, hombre... Total, a mí lo mismo me da, pero es de otro que tenía nombre de toro...

—Es verdad, claro, me he confundido —reconoció él, mientras interpretaba la sucesión de sonidos que proclamaba el inmediato regreso de Polibio y se preparaba para mentir con aplomo—. Pues sí, creo que lo tengo, si quieres vamos ahora a por él, yo vivo aquí al lado.

Los platos llenos sustituyeron a los vacíos, que chocaron sonoramente entre sí en el fregadero. Ella volvió a volcarse sobre el pulpo, fingiendo un hambre que ya no sentía, masticando con disciplina, ahíta, y él adivinó que pertenecía a esa clase de personas desgraciadas que, impulsadas por un extraño código, jamás rechazan una hipotética posibilidad de obtener placer aun cuando en el momento exacto en que tal oportunidad se presenta carezcan completamente del deseo preciso para extraer de cualquier acción teóricamente placentera un solo estremecimiento auténtico de placer real. Por eso sintió cierta compasión mientras apreciaba el rigor con el que acometía la tarea que ella misma se había impuesto, comiendo deprisa, con método y sin ganas, los ojos fijos en el plato, sólo para él, porque Polibio, enfadado todavía, se había retirado a un extremo de la barra y allí fingía leer atentamente el periódico.

—¿Dónde vives? —logró preguntar al fin, tras impulsar con energía el último pedazo de comida en dirección a su torturado aparato digestivo.

—En Divino Pastor, a unos tres minutos de aquí.

—¿Solo?

—No, con mi madre.

Ella no detectó nada extraño en su voz, y adoptando un aire de suficiencia que apenas lograba encubrir su alivio, recogió el bolso que antes había encajado en la repisa situada debajo de la barra y se lo colgó del brazo, iniciando así los preparativos de la marcha.

—Ya... Sí tenías que vivir con tu madre...

Le dio la espalda para encarar la puerta, hacia la que echó a andar con toda naturalidad, sin hacer ademán de esperarle. Cuando se disponía a seguirla, Polibio le detuvo con un chillido.

—Pero bueno... ¿Es que, además, te piensas ir sin pagar?

—Apúntamelo, te lo doy luego...

—No. Me lo das ahora.

—Muy bien. ¿Cuánto es?

Pagó sin rechistar una cantidad insólita, inesperada, un desaforado impuesto por el débil destello de brillantez que

104

había iluminado por un instante la vida opaca que ambos, a ambos lados de la barra, conocían, y su conformidad con el precio, el ritmo de los billetes cayendo sobre la superficie húmeda, salpicada de mayonesa todavía, desató la lengua del amigo traidor, que comenzó a balbucir excusas a medias, hombre, con los paseos que me has obligado a dar, me parece justo, y además, ya sabes, algún margen me tiene que quedar, él no contestó, pero al final tampoco pudo reprimir una sonrisa, que Dios reparta suerte, le deseó Polibio cuando ya se alejaba de él para ir a buscarla, que te follen, contestó a gritos desde la calle, sin volverse siquiera, antes de verla, acuclillada en una esquina, llamando sin éxito, sin migas de pan, a las palomas.

—¿Qué pasa, es que tú ni siquiera amenazas con pagar tu parte?

—No —se levantó ágilmente y le miró, riendo—. Nunca. No podría, siempre soy la que más come.

—Ya, eso me lo creo... —señaló su casa con un torpe movimiento de la mano y comenzaron a andar despacio, ella eligió el borde de la acera para hacerse admirar un poco más, avanzando con los brazos extendidos como un funambulista, a pasitos cortos de niña pequeña, colocando un pie exactamente delante del otro, siempre en línea recta. El la miraba de reojo, y seguía hablando—. Pues ésa no es una actitud muy moderna...

—Es que yo no soy moderna en cuestiones de dinero, ya deberías haberte dado cuenta... —y volvió a reír—. No es rentable.

Fue entonces cuando comenzó a dudar, y tras un instante, a arrepentirse del todo. En aquel momento, sin retroceso posible, sintió que le hubiera gustado prolongar indefinidamente aquel paseo, por eso llegó a experimentar una diminuta punzada de dolor, casi físico, cuando acometió el frío húmedo, sucio, del tenebroso portal de su casa. Insistió de todas formas en que ella caminara delante, pero no pudo verle los muslos porque todavía no habían arreglado la luz de la escalera. La muñeca le temblaba levemente al introducir la llave en la cerradura, pero consiguió serenarse pensando que todo aquello estaba pasando de verdad, y que por tanto no era razonable esperar nada extraordinario. Ella no llegó a advertir su pánico, era demasiado joven, y avanzó tímidamente, comportándose por fin como una muchacha bien educada.

—Buenos días...

—No hay nadie —él se adelantó bruscamente para recoger el pantalón del pijama, tirado en el suelo, y llevarse la bandeja del desayuno—. Mamá está en Lourdes...

—¿Dónde?

—En Lourdes, Francia. De peregrinación...

—¿Está enferma?

—No, pero es muy piadosa —y abriendo las puertas del cuarto de estar, le rogó que pasara—. ¿Quieres tomar algo?

—No.

Mamá está en Lourdes, se dijo él, así que ya no hay por qué dar las gracias. Ella no daba las gracias, ni pedía las cosas por favor. Sonrió para sus adentros y se fue a la cocina en busca de una cerveza. Cuando regresó, la encontró apostada frente al balcón, tan concentrada que ni siquiera se volvió para mirarle. El se acercó despacio, satisfecho. Aquello era más de lo que se había atrevido a esperar.

—¿Te gusta? —susurró junto a un hermoso rostro fascinado, la boca abierta, las manos también abiertas sobre los cristales.

—Es precioso —la emoción añadía a su voz la nota de fragilidad que él había querido presentir tantas veces—. Maravilloso... ¡Qué suerte tienes! Llevo toda la vida viviendo en esta calle, mi madre nació aquí, y no tenía ni idea de que esto existiera.

Un anciano cuyo menguado cuerpo apenas lograba sostener un enorme mono azul, hinchado por el viento, repasaba cuidadosamente las tomateras, examinando las hojas con delicadeza, sopesando el peso de los frutos, agachándose con una mano en los riñones para arrancar algún hierbajo. Aquel había sido un buen año de tomates. Más allá, las coles, sin embargo, no tenían un aspecto demasiado lustroso. Sus hojas lacias, descoloridas, se habían desplomado como muertas sobre la tierra mimada de aquel recinto mágico.

—En primavera es mucho más bonito, porque aquel rincón de allí, el del cobertizo, está plantado de pensamientos y de claveles chinos, de esos que parecen llamas pequeñitas, y florecen los dos almendros, y los rosales del muro del fondo.

—¿De quién es?

—¿El huerto? No lo sé, supongo que de las monjas del convento.

Ella se dio la vuelta para mirarle, y sonrió. Luego volvió a concentrarse en el prodigio.

—¿Sabes la cantidad de veces que habré pasado al lado de esa pared sin ver nada, sin saber nada, sin preguntarme siquiera si habría algo detrás? Cientos, miles de veces. Es increíble.

El asintió en silencio. Sabía mejor que nadie hasta qué punto era increíble el vigor de aquel pequeño superviviente, el huerto que rebrotaba cada año entre el humo, y el ruido, y la basura que rebosaba las papeleras de plástico para desparramarse sobre las aceras, verde imposible que le compensaba de la ausencia del azul de agua. Algunos días oscuros del peor invierno había llegado a dudar, contemplando durante horas, envuelto en una manta, los débiles matojos que apuntaban sobre la tierra helada, reseca, pero siempre había dudado en vano, y los colores habían regresado, triunfantes, a iluminar los árboles y los surcos.

—Bueno, dame el libro —sus ojos todavía ensimismados tropezaron repentinamente con los de ella, vacíos ya de cualquier lirismo.

—No lo tengo —confesó—. No lo he tenido nunca.

La muchacha no contestó al principio. Miró un instante hacia la calle, los labios fruncidos, como si intentara tomar rápidamente una decisión. Luego sus ojos vagaron por el techo, buscaron la luz y se posaron nuevamente en él.

—Y... ¿por qué me has traído aquí?

Para poseerte, no, mejor para someterte, eso le habría dicho, para someterte, porque en toda mi vida no he deseado nada ni a nadie como te deseo a ti en este instante, y ella habría sonreído, venga ya, le habría contestado luego, déjame en paz, imbécil, ésa habría sido su respuesta, y la mejor excusa para que él dejara escapar una carcajada escalofriante, me voy, diría ella después, y lo habría intentado, pobrecita, pero él llevaba tanto tiempo esperando aquel momento, la detuvo con facilidad alargando el brazo izquierdo, la atrajo hacia sí violentamente, como en los anuncios de colonia, y entonces soltó la mano derecha, podía escuchar el impacto de sus propias yemas sobre la tersa piel de unas mejillas de adolescente, ella le miró con furia, y sus ojos grandes se tornaron inmensos bajo el impulso de la cólera, eso, la turbia calidad de sus ojos, le excitó más todavía, y le pegó otra vez, y ella aguantó de pie, y luego intentó volverse contra él, lanzándose hacia delante con todas sus fuerzas y los puños cerrados, él seguía riendo a carcajadas mientras atenazaba sus muñecas entre los dedos y trababa sus piernas con las suyas, inalcanzable para ella, tan fuerte, tan inmortal se sentía, y entonces comenzó a escupir las palabras que ella debería aceptar por fin como la sentencia primera y la última, la irrevocable expresión de su destino, eres una zorra, le habría dicho, y era esto lo que te andabas buscando desde hace tanto tiempo, yo parezco un pobre hombre pero no lo soy, no lo soy, no lo soy y a ti te ha tocado darte cuenta, lo siento, y consiguió reunir sus dos muñecas, tan finas, tan frágiles, en una sola de sus manos y acarició su cuello con la mano libre, has nacido para que un hombre te haga sufrir y yo seré ese hombre, me ha salido un poco demasiado solemne, pensaba, porque aún podía pensar, cuando ella le escupió a la cara, no deberías haber hecho eso, no deberías haberlo hecho, y entonces le pegó de nuevo con el puño cerrado, una vez, y otra, y otra, hasta que sintió que sus rodillas se doblaban, y en ese instante la abandonó a su suerte y ella se desplomó en el suelo, y se echó a llorar, y un hilo de sangre brotó de sus labios pero aún confiaba en salir de aquélla, él se dio cuenta, lo leyó en su rostro, en su falsa sonrisa, y estaba preparado, ella se levantó a duras penas, siempre te he encontrado muy atractivo, dijo entonces, acercándose a él con los andares que debía presumir más seductores, moviendo demasiado las caderas al ritmo de una vieja puta precoz, y él se sintió satisfecho por la clase de miedo corriente que se adivinaba tras su torpe impostura, todavía no ha comprendido, se dijo mientras alargaba la mano para aferrar la solapa de su camisa, y cuando la tuvo delante gritó, eso es mentira, y desgarró la tela con sus dedos sin notarlo apenas, eran tan fuertes sus dedos, eso es mentira, zorra, yo no soy atractivo y tú lo sabes, pero eso da lo mismo, y la mantuvo firmemente sujeta por los codos mientras se obligaba a mirar sus pechos fijamente, porque ella era todavía una adolescente y esa mirada la heriría como jamás podría herir a una mujer adulta, ella intentó liberarse para cubrirse con las manos, pero él frustró sus propósitos aferrándola fuertemente más allá de la cintura, sus dedos clavándose cada vez con más saña en los huecos libres entre sus costillas, sus pulgares apretando hacia dentro la carne redonda y clara de sus pezones como si pretendieran hundirlos en la profundidad oscura de su cuerpo, destruir para siempre su relieve, y ella dejó escapar por fin un aullido de dolor, y él supo que debía dejarla ya, porque ya era bastante, y cesó toda presión, todo contacto, y ella empezó a comportarse como él esperaba que lo hiciera, era una chica lista al fin y al cabo, y no tenía ninguna otra posibilidad, por eso, porque lo sabía, se dejó caer de rodillas en el suelo, y aunque su propia actitud le repugnaba, se mantuvo allí, inmóvil, y él sintió un placer casi definitivo cuando notó su abrazo, cerró los ojos para concentrarse en las manos que se rozaban sobre el dorso de sus propios muslos y advirtió la caricia de su mejilla, el pómulo que resbalaba sobre la tela de su pantalón, y abrió los ojos, y la descubrió allí abajo, a sus pies, y la miró, y ella le devolvió la mirada, el labio herido, los ojos llorosos, la piel incomprensiblemente macilenta, la expresión embrutecida y sublimada a un tiempo por una luz misteriosa y cruel, la desesperación irresoluble de quien acaba de descubrirse y no se acepta, y alargó la mano para acariciar su pelo, y ya no tuvo fuerzas para nada más.

—Y... ¿por qué me has traído aquí?

Luego se sintió mezquino y miserable, un pobre hombre, como siempre.

—Y... ¿por qué me has traído aquí?

Curiosas, las propiedades térmicas del semen humano, tan caliente aún dentro del propio cuerpo, capaz de arder en el aire, pero tan frío sólo un instante después, al posarse sobre un centímetro de piel desprevenida, estremecida por su gélido contacto.

—Y... ¿por qué me has traído aquí?

—No sé..., porque me gusta estar contigo...

El demonio fabricó un espejo que reflejaba todas las cosas bellas y buenas como si fueran horribles y malignas. Cuando lo acercó a los ángeles para divertirse un poco, su invento se rompió, porque el cielo nunca podrá transfigurarse en infierno, ni siquiera sobre una pálida laguna de azogue, y el espejo se partió en mil pedazos que cayeron sobre la tierra como una lluvia maldita, y algunos de sus fragmentos fueron utilizados para fabricar las gafas a través de las que miran el mundo los hombres perversos, y otros sirvieron para levantar las ventanas tras las que se asoman los rostros de los niños tristes, y otros se clavaron en los ojos, o en la piel, o en el corazón de quienes jamás volverían a ser inocentes, y helaron la vida en ellos.

—Yo... quería que vieses el huerto...

Y ¿yo? ¿Tengo yo uno de esos cristales, mamá? No, cariño, tú no, esto es solamente un cuento. Ahora, el líquido emanado de sí mismo helaba la vida sobre su piel, y sentía todo su cuerpo como el espejo donde se miran los hombres tristes. Entonces, hace tantos años, aún no comprendía. Pero..., ¿la Reina de las Nieves era guapa de verdad, mamá? Sí, hijo, claro que era guapa. Y ¿cómo puede ser?

—Oye... ¿No me vas a hacer daño, verdad?

Se levantó pesadamente pero luego se abrochó deprisa, moviendo con habilidad su mano limpia, como si tuviera miedo de que le pudiera estar mirando alguien. Eso no tiene nada que ver, le había contestado su madre, la gente guapa no tiene por qué ser buena. Ni mala, pensó ahora, mientras se advertía a sí mismo que debía estar precipitándose por fin en una espiral peligrosa porque ni siquiera había tenido tiempo de calzarle las chinelas azules, ya ni siquiera eso, ella había permanecido tal y como ahora la recordaba a su pesar, tal y como la vio aquella mañana, cuando se dio cuenta de que estaba temblando, ¿no me vas a hacer daño, verdad?, temblaba de miedo, al borde del llanto, y él se espantó de sí mismo, y de ella, y del mundo, y quiso no haber nacido nunca, o mejor, estar a punto de nacer entonces, rojo y arrugado, escamoso y horrible, como son horribles todos los recién nacidos.

—No, claro que no...

Y ¿qué significa este cuento, mamá? No te entiendo... Que cuál es la moraleja. El amor funde el hielo, ahora lo sabía, el amor lo puede todo, pero ella no quiso descifrar para él una mentira tan simple, ay, y yo que sé, hijo mío... Este cuento es de un libro, si fuera de los que me contaba a mí mi madre ya lo sabría, pero así..., no sé, la moraleja será que nunca se debe abandonar a los amigos, digo yo..., te quiero, mamá, el principio de los días y su final, palabras sólidas como un refugio.

—Quiero irme de aquí, ahora mismo.

Mantuvo ambas manos quietas bajo el chorro de agua caliente, aguantando el calor y la repugnante visión de las hebras de humo que parecían brotar de sus poros abiertos sin llegar a entibiar apenas su corazón, helado para siempre por aquel pedacito de cristal que una vez, cuando era muy, muy pequeño, se había deslizado bajo su piel sin que nadie se diera cuenta.

—Pero... ¿qué te pasa?

Regresó al cuarto de estar y se apostó frente al balcón, pero lloviznaba, el huerto estaba desierto. Miró el reloj y comprobó que era muy pronto todavía, demasiado pronto. Se sentó de nuevo en el sillón, e intentó rehuir la mancha de la pared. Le fue imposible y, reclinándose, cerró los ojos.

—Es que se me ha hecho tarde.

Podía verla todavía, recuperando la entereza, el brillo, poco a poco, ignorante entonces y siempre de sus estúpidos juegos, las desoladoras ceremonias que concluían con la misma intolerable reflexión, curiosas, las propiedades térmicas del semen humano.

—Espera un momento, por favor...

Es mejor no conocerlos, él lo sabía, pero había cometido un error, uno solo, irreparable, y ya estaba viejo, por eso no le servía de consuelo la certeza de que jamás habría podido llegar a amar a aquella deslumbradora criatura que había nacido para sufrir por los hombres, sabía que nunca habría llegado a amarla, porque ella no había dejado de responder a su llamada ni un solo instante, porque siempre había sido capaz de evocar su rostro, porque cerraba los ojos con decisión y la veía allí, a sus pies, el labio herido, los ojos llorosos, la piel incomprensiblemente macilenta, antes del error, y después, como una firme excepción a la regla.

—...dame un beso...

Pero no, habría sido mejor no conocerla, porque ahora el frío era más intenso, nunca habría podido llegar a amarla, desde luego, recordaba a Teresa, el espejismo que se quebró para siempre cuando la certeza del amor auténtico, sentimiento noble y puro, mierda, sustituyó por fin la engañosa apariencia del deseo enfermizo, y Teresa, la Teresa que llevaba dentro, la única que en realidad existía, la única que le servía para algo, murió entonces para siempre, ésta no, ésta aguantaba, soportaba sin grandes desperfectos el peso de su debilidad, dame un beso, había llegado a decirle, y ella seguía acudiendo regularmente, al ritmo de su deseo, pero eso no le servía de consuelo, porque ya estaba viejo, y ahora el frío era más intenso, y no la veía por la calle, arriba y abajo, dos, cuatro veces al día.

—No... ¿Para qué?

Se sintió mezquino y miserable, como siempre, mientras recordaba cómo ella, recuperando el empaque con la conciencia, había descendido ágilmente los peldaños de la escalera, estirándose la falda con una mano.

Cuando era un niño pequeño, de siete u ocho años, solía acompañar a su madre a la compra todos los sábados. Apenas escuchaba el timbre que indicaba el final de las clases, el principio de la mañana de verdad, se precipitaba por las escaleras sin detenerse a mirar los peldaños y salía al patio antes que nadie, la trenka en la mano hasta en los peores días de enero, el baby más sucio que nunca, alegremente estampado con los residuos ya sólidos de acuarela, plastilina y mina de grafito que se habían ido depositando sobre las rayitas azules y blancas durante toda la semana, y era el primero en atravesar la verja sólo a medio abrir para estrellarse contra el abrigo de color vino de Burdeos, cuello en polipiel y lana, imitación de astracán negro, que le esperaba siempre en el mismo sitio. Su madre nunca se resentía de la violencia del choque. Tomando su cabeza con dos manos enguantadas, piel granate a la que el tiempo y el uso habían conferido la delicada suavidad de una tela, escondía la nariz en sus cortos cabellos y proclamaba, hoy hueles a nata Milán, o a lápices de cera, o a goma arábiga, que era el olor que ella prefería. Por eso le gustaban tanto los deberes de recortar y pegar, porque, después, el olor de la goma arábiga se le quedaba prendido en el pelo. Luego, estrechando la mano de su madre con la suya, se empeñaba en guiar él mismo el carrito de aluminio y tela escocesa, vanguardista artilugio cuya adquisición la abuela había criticado tan ácidamente, a lo largo de un breve tramo de acera, hasta las puertas del mercado de Barceló, donde a veces, a la vuelta, si había sobrado dinero, se paraban a comprar algo a cualquiera de los vendedores callejeros que voceaban libremente su mercancía. Así fue como, mientras su madre se hacía con un par de carretes de hilo de colores a precio de saldo, él se enamoró inexplicablemente de un pato amarillo, una cría torpe y tímida que le miraba desde una jaula, sobre la mesa plegable que un gitano había instalado allí mismo, en medio de la calle. Sintió que el pato aquel le gritaba algo desde su boca muda y se quedó clavado en el suelo, mirándole, intentando averiguar qué debería hacer por él. Su madre, que había contemplado la escena, se ofreció a comprar el pato, quizá para consolarle por la pérdida de su tata, aquella tragedia ridícula, una muchacha joven y sana atropellada por las ruedas de una bicicleta, sus piernas segadas para siempre por aquella estúpida máquina cuya fragilidad había sido bastante para introducir el dolor y el adiós en la imaginación de un niño. Plácida ya había vuelto al pueblo para quedarse, y Benito no cesaba de preguntar cómo era posible que fuera a estar sentada durante el resto de su vida. Ahora, efectivamente, aquella obsesión se disolvió en un instante ante el inesperado arranque de generosidad materna. Sonriendo, se comprometió a cuidar del patito, a limpiarle, a bañarle, a darle de comer todos los días y a hacerle una casa con una caja de cartón. Y entonces sucedió algo terrible. El gitano se negó a venderle su pato. Está enfermo, dijo, por eso parece tan gordo, tiene la barriga hinchada, no durará ni un par de días. Su madre no dio ninguna importancia a aquel contratiempo, agradeció al vendedor su honestidad y le animó a elegir otro animal. El se puso a llorar sin hacer ruido, sin aspavientos ni temblores, un llanto manso de lágrimas gordas, no quería otro pato, quería aquel pato, porque le hablaba, le estaba hablando, lo explicó primero a duras penas, ahogado por una pena sorda, no está enfermo, chilló luego, fortalecido por un temprano rapto de desesperación, no está enfermo, si se viene conmigo se curará, yo lo curaré, me está hablando, mamá, me habla. Ella le miró con aprensión, casi con miedo, perdiéndose en el abismo que asomaba a los ojos de su hijo, un niño tan pequeño, y compró aquel pato a pesar de todo, a pesar de las advertencias del vendedor, que se atrevió a reprocharle su debilidad, dejarse llevar así por los caprichos de un crío, y a pesar de que presumía un nuevo desastre, la repetida aparición del dolor y del adiós, que amenazaban con erigirse en protagonistas estelares de la vida cotidiana de aquel hijo tan feo y tan amado, compró el pato y se lo entregó con una sonrisa, y luego le cogió en brazos y le abrazó fuerte, como cuando se caía y se hacía sangre, así de fuerte, mientras él tomaba el pato entre sus dedos y lo acercaba a su boca para besarle, lo besaba en silencio y le repetía que no moriría, que estuviera tranquilo porque él lo llevaría a casa, y lo cuidaría, y lo curaría, y serían felices. Su madre le dejó en el suelo y le dio la mano para que siguiera andando a su lado, y entonces él vio que estaba llorando, y no entendió por qué lloraba pero no quiso preguntar, apretó la mano contra su mejilla y estrechó todavía más al pato dentro del puño, y pensó que así los dos sabrían cuánto les quería, y se sintió seguro de repente.

Cuando llegó a casa ya se había dado cuenta de que el cuerpo del animal se había enfriado en su mano. El cuello del pato, roto, colgaba inerte entre sus dedos. Ella se lo arrebató con delicadeza y le recordó que el vendedor ya les había advertido que estaba enfermo, pobrecito. Entonces él pensó en voz alta, y dijo que lo mejor era no querer a nadie, porque así no te podías llevar ningún disgusto. Su madre le miró con los ojos húmedos y le rogó que nunca volviera a decir eso, que no pensara eso nunca más, para ser feliz hay que estar triste de vez en cuando, hay que arriesgar, así es la vida, hijo. Y él pensó que su padre tenía razón, que estaba insoportable con tanto llanto, mamá, llorando siempre, y sonándose los mocos sin parar con ese pañuelo arrugado que escondía en el puño de la blusa, en los últimos tiempos, la verdad, no había quien la aguantara.

Aquel verano no fueron juntos de vacaciones. El se fue al pueblo con la abuela y sus hermanas, y le obligaban a dormir la siesta todas las tardes. Una noche llegó un señor que no era médico, ni abogado, ni nada, un simple amigo de su padre a quien, pese a conocer hasta entonces sólo de vista, él odiaría eternamente por emplear el diminutivo en un momento como aquél, y se lo dijo, mamá se ha muerto, Benito, se ha ido al cielo con tu patito. Desde entonces se consolaba pensando que nada de lo que ocurría era verdad.

Soñaba despierto y soñaba que él, y el mundo que le rodeaba, ciudades, casas, personas, animales, cosas, hechos, vivían en un misterioso lugar, la antesala de una realidad que irrumpiría bruscamente, sin avisar, arrasando con ella las engañosas brumas de la memoria, sensaciones, pensamiento, placer y dolor, todo lo que recordara aquel falso estado de preexistencia. Y llegó a esperar su propio nacimiento en un mundo distinto, la realidad soñada que jamás comenzó.

Los acontecimientos mitigaron paulatinamente aquel deseo, y la fantasía de la existencia previa, escurridizos años de aprendizaje destinados a disolverse en algún oscuro universo intermedio, dejó paso al eterno juego del sueño y de la vida. Imaginaba entonces que al despertar, una mañana cualquiera, comprendería que nada de lo que recordaba había sucedido en realidad, y un mundo nuevo se desnudaría sólo para él, desplegando ante sus adormecidos ojos las trampas y los premios de un juego desconocido y diferente, un amable desafío para el hermoso, irresistible cuerpo de muchacho que encontraría esa mañana en torno a sí mismo, soportando armoniosamente su mente y su conciencia entre las sábanas de su propia cama.

Más tarde conoció una vieja historia, el tormento de unos hombres encadenados dentro de una caverna, de espaldas al mundo, sólo una luz cruel que reflejaba sombras en el muro que se extendía ante sus ojos cautivos. Indiferente al propósito que inspirara aquella parábola del conocimiento, quiso reconocer en sus palabras la emoción amarga de quien todavía duda, su imaginación ensimismada en la fragilidad de un eslabón, la remota oportunidad de bostezar, estirar los músculos, y salir corriendo, despertar para

117

enfrentarse gozosamente al mundo que espera más allá de la cueva. Y perdió toda esperanza, porque halló su angustia en la angustia de aquel hombre cuyos huesos habían perdido ya hasta la consistencia del polvo, y se estremeció, sacudido por la certeza de que existía una sola vida y una sola muerte, la que los hombres pretenden evitar desde el principio del tiempo soñando en el sueño, intentando confundir la realidad para perderla.

Los niños no son capaces de emocionarse con sus propias historias porque aún no saben que van a morir, pensó luego, mientras se aferraba por puro instinto al definitivo de sus cuentos íntimos, una fantasía enloquecida, tributaria de la épica triunfante en su propio siglo, que convertía el universo entero en una diminuta casa de muñecas, el juego favorito de un monstruoso niño extraterrestre en cuyo reloj los milenios apenas eran capaces de mover el segundero y cuya inteligencia abarcaba hasta las más insignificantes acciones transcurridas en los días y las noches de la tierra, un niño desmesurado, gigantesco, pero niño al fin, que se divertía tirando de los hilos invisibles que rigen el tiempo y el destino de cada hombre, la historia de la Humanidad apenas un pasatiempo, un recurso pasajero para matar el tedio de una tarde de lluvia, allí, en el fantástico e inasequible planeta que ningún humano hollaría jamás, ni vivo ni muerto, dormido o despierto, y que él pronto pobló de otros niños, propietarios de universos distintos, hermanos y compañeros de aquel remoto monstruo al que siempre evitó llamar Dios.

Después, la edad fue rellenando todos los huecos, desmantelando todos los trucos, cortando para siempre aquellos confortables hilos, el cordón umbilical que ligaba su destino a los dedos todavía inexpertos del amo galáctico, la criatura invisible a quien era posible culpar de todo, de quien era posible esperarlo todo mientras aún se ocupara una plaza en su miserable teatrillo de cartón.

Nunca fue capaz de creer en nada, pero a veces añoraba aquel inocente mito privado, y los hilos que le proporcionaron algún descanso antes de sucumbir casi tan misteriosamente como un día nacieron.

Quizás no fuera otra cosa que la nostalgia de aquellos hilos, el denso hastío de la desesperanza, el motivo que le impulsó a inaugurar ese estúpido hábito de la correspondencia cuando, ya bien entrado en la treintena, carecía de cualquier estímulo para esperar con fe el principio de otra vida, para soñar siquiera otro lugar, un espacio diferente. El se lo explicaba de otra manera, claro, era sólo un juego, un vicio sin importancia, el fruto de la curiosidad, un pasatiempo inocente. Durante el primer año se repitió tales máximas con periódica convicción para tranquilizarse a sí mismo, para alejar de lo que él pretendía su enfermiza sensibilidad de hipocondríaco psíquico el temor, las dudas que sembraba en su conciencia, un hilo de estabilidad tan precaria, la regular continuidad de una práctica que, estrenada como una broma privada, un simple chiste sin solución, amenazaba con convertirse en algo más que una costumbre, uno de los pocos factores capaces de imprimir un ritmo determinado a sus días. Pero eso fue solamente durante el primer año.

Siempre sería capaz de recordar el texto exacto de su primer mensaje. Amo alto, joven, atractivo, busca esclava hermosa, sumisa y obediente. Soy implacable. No te daré ninguna oportunidad. Serás feliz. Escribe ampliando detalles y estableciendo forma de contacto. Ref.: 3.028. Redactarlo fue muy fácil, tanto como escribir una carta de amor desesperada, de esas que uno sabe que jamás va a atreverse a echar en un buzón, a meter siquiera en un sobre, ya desde antes de decidirse a empezar. Era sólo un juego, un pasatiempo inocente. Domingo por la tarde, aburrimiento. Y ¿por qué no? A ver qué pasa. Los anuncios de ese estilo nunca se firman. Tampoco las cartas que recibió a partir de entonces estaban firmadas.

Azalea, Laila, Una casada insatisfecha, Hasta siempre, Encadenada, con las primeras se partió de risa, apenas daban de sí para nada más. Todas muy parecidas, parecían copiadas de un formulario, uno de aquellos recetarios postales decimonónicos, tan vulgares que sintió la tentación de abandonar. Hasta que un día halló en el buzón un sobre pequeño, de color naranja rabioso, un tono tan diferente de los lilas y rosas pálidos a los que casi había llegado a acostumbrarse, y dentro una misiva breve, bien redactada, contundente y decididamente anónima, una invitación directa a jugar en serio. Y aunque no fue capaz de adivinar la clase de mujer que se insinuaba detrás de aquel puñado de palabras cuidadosamente escogidas, descartó de antemano la posibilidad de que se tratara de una infeliz de cualquier clase a la busca de un novio formal por vías oblicuas, condición que hasta entonces había considerado común a todas sus demás corresponsales, pobres, solas, buenas chicas que jugaban como él, ignorantes de que aquel juego pudiera ser mucho más peligroso que cualquier otro.

Aquélla fue la primera vez que aceptó una cita. Por pura curiosidad, se dijo. Mucho más nervioso de lo que en su propia opinión era preciso, eligió un lugar discreto, a la sombra de una frondosa palmera de interior, hojas largas y delgadas como acículas, el mejor escondite que fue capaz de encontrar en el escenario indicado, el vestíbulo de un gran centro comercial de Azca. Tranquilizado por el hallazgo de una trinchera tan improvisada, se sentó en el borde del murete que delimitaba la expansión de ese pequeño, falso jardín tropical controlado, y dedicó una mirada aparentemente distraída a su alrededor, confiado en la anticipación, casi media hora, con la que había acudido deliberadamente hasta allí. Pero apenas unos minutos después vio aparecer a una mujer cuya vestimenta coincidía con la anunciada en la carta. Deteniéndose un poco más en ella, pudo distinguir sobre la solapa de su cazadora oscura un broche muy sencillo, una larga y delgada barra cilíndrica de plata, la señal convenida de antemano. La estudió entonces con más cuidado, tratando de averiguar en los rasgos de su cara, en su peinado, en sus manos, en sus ropas, las razones que la habrían conducido a una situación como aquélla en la que él no llegaba a sentirse implicado del todo. Supuso que podía entrar perfectamente en el paquete genérico de las mujeres atractivas, aunque estaba un poco demasiado delgada para su gusto. Con un corte de pelo moderno pero no estridente, y un maquillaje discreto excepto en los labios, descaradamente rojos, su aspecto, una camiseta bastante escotada bajo la cazadora de cuero, una falda muy corta y medias opacas de color morado, el tono exacto de la camiseta, le indujo en un primer momento a atribuirle una edad considerablemente inferior a la que pudo establecer luego en base a cierto inconfundible relajamiento de la curva inferior de las nalgas, revelador de que su propietaria ya no cumpliría los treinta. Con todo y eso estaba bastante bien y, en cualquier caso, era mucho más de lo que él había llegado a esperar. Entonces, mientras detectaba que, en lugar de un bolso colgado del hombro, su mano derecha sostenía una cartera de piel bonita, cara, muy grande y al parecer bastante pesada, suficiente como para hacerle pensar sin demasiado fundamento que no sólo trabajaba sino que, además, ganaba dinero, se preguntó cómo iba a reaccionar él mismo. Parapetado tras las mentiras que había escogido como piadoso antifaz desde un principio, aquello del amo alto, joven y atractivo, se sentía seguro mientras la veía deambular a su alrededor, como perdida, sus zapatos de tacón alto produciendo un sonoro, irregular repiqueteo sobre las brillantes losas recién enceradas, en su muñeca un reloj de colorines que consultaba de tanto en tanto con gestos bruscos, casi histéricos. El seguía meditando, sin atreverse a tomar una decisión siquiera provisional, cuando ella, como si no le hubiera visto hasta entonces, dio algunos pasos en su dirección, se le quedó mirando, y enarcó ambas cejas a un tiempo para interrogarle con toda la cara. El esbozó entonces un ridículo gesto de negativa con una mano, se levantó de un salto, y echó a andar deprisa en dirección a la puerta principal, prometiéndose a sí mismo no correr. Lo consiguió porque la calle estaba cerca.

El tercer local de la acera era un bar. Se metió dentro y pidió una copa. Se la bebió y pidió otra. Empezó a encontrarse mejor, su corazón marchaba ahora más despacio, pero no pudo dejar de advertir que la sensación que le había estremecido mientras ella le miraba era muy parecida al recuerdo de aquellas inconsistentes tenazas que le retorcían las tripas por dentro cuando era niño, el miedo puro que le asaltaba en el primer tramo del pasillo de su casa apenas su madre le mandaba a buscar algo a la cocina, esa meta inalcanzable, alumbrada con neones blancos que se le antojaban más fantasmagóricos aún porque apenas se atisbaban al fondo del largo camino entarimado, iluminado con un par de rácanos apliques de luz amarillenta cuyo delgado resplandor nunca bastaba para despejar la eterna penumbra, el signo del amenazador paisaje donde era tan trabajoso distinguir los perfiles exactos de las puertas, imprevistos escondites para un pequeño pero probable ejército de sanguinarios ladrones armados. Con más de quince años seguía venciendo el trayecto que enlazaba el salón y la cocina tarareando canciones para escucharse a sí mismo, lo recordaba bien, porque apenas unos minutos antes se había alejado de aquella mujer cantando en voz baja.

Ahora, gol del Valencia, júbilo en las gradas locales, desánimo sonoro entre los bebedores que le daban escolta a ambos lados de la barra, tan poco acostumbrados a ver perder al Madrid, aunque fuera por televisión, se reprochó a sí mismo una reacción tan excesiva, como si alguna vez le hubiera sido posible influir en ella. Molesto por el griterío de quienes empezaban a reclamar la cabeza del árbitro con voces progresivamente airadas, pagó y salió a la calle, pero eso no le ayudó a recobrar la compostura interior. Deseó con todas sus fuerzas que el Valencia vapuleara al Madrid por goleada y siguió andando, decidido a regresar a casa a pie, un paseo demasiado largo.

Las rítmicas punzadas de un dolor conocido, asociado a un cansancio no solamente físico, se apoderaron primero de las plantas de sus pies para repetirse después, a intervalos cada vez un poco más cortos, sobre los músculos posteriores de sus pantorrillas. Trepaban decididas por sus muslos cuando por fin llegó a casa, pero entonces, la mano derecha empujando ya hacia dentro la hoja de la puerta, distinguió una luz encendida en ese bar que acababan de abrir a la altura de la plaza, y recordó a su propietario, que le había confesado con tanta serenidad que sólo trataba con mujeres públicas. En aquel instante se sintió profundamente vinculado a aquel individuo, excluido como él, y como él seguramente contra su íntima voluntad, de los mecanismos que gobiernan el deseo de ese género de mujeres a las que se llama mujeres a secas, mujeres corrientes, y experimentó de repente la insoportable necesidad de saber cómo formulaba él para sí mismo las reglas de su propio juego sin importancia, su propio pasatiempo inocente. Recordaba a alguien demasiado excéntrico como para que fuera razonable esperar de él la clásica excusa estúpida —la pura verdad es que no hay quien las soporte, por eso lo mejor es una puta, te la tiras, le pagas, y a otra cosa—, así que renunció no sin cierta tristeza a la bañera llena hasta los topes de agua muy caliente, el único recurso capaz de mitigar siquiera en parte su malestar, y se encaminó con decisión hacia lo que no mucho tiempo después se convertiría en su auténtica segunda casa, en demanda de una fórmula cualquiera, una simple patente de normalidad capaz de garantizarle al fin una estancia cómoda en una sociedad concreta, aunque fuera tan elemental como las integradas solamente por dos personas.

Polibio atendía a una clientela escasamente más numerosa de la que reflejaba el local la noche de su inauguración oficiosa, posterior pre-estreno para íntimos, en los niveles aparentemente ruinosos, para él sin embargo suficientes, que nunca llegaría a superar del todo. Le saludó sin demasiado entusiasmo, dejó la copa que había pedido encima de la barra y volvió a su silla, desde donde jugaba una partida de ajedrez con una máquina que pensaba muy despacio. El se sintió levemente decepcionado por su desinterés e, incapaz de entablar una conversación como aquélla sin preámbulo alguno, miró a su alrededor en busca de un pretexto. Al final, arrastró su taburete hasta situarlo exactamente enfrente de la foto de la Redgrave y se inclinó sobre ella como si nunca hubiera visto algo parecido, recorriendo toda la superficie de su cuerpo con una concentración semejante a la que podría leerse en la mirada de un crío que contemplara por primera vez un hormiguero. Su pequeña parodia arrojó resultados fulminantes. Antes de que le empezaran a doler las pupilas, Polibio ya estaba a su lado, muy complacido por su devoción.

—Tengo otra igual de Jane Fonda ¿sabe?, pero hace años ya que la encerré en un armario, mirando hacia el fondo, y no la dejo salir. Fue cuando empezó a hacer aerobic. Me dio un disgusto terrible, con todas esas payasadas, las medias de lana gorda que se plantaba encima de las pantorrillas y esas poses de contorsionista de circo de pueblo, en fin... Decidí que ya no era digna de estar colgada en la pared, proclamando una verdad axiomática.

—Una actitud muy sensata...

—Sí... Esta, bueno, también ha hecho alguna tontería que otra de vez en cuando, pero, qué quiere, al fin y al cabo son actrices, sus promotores las obligan a salir en los papeles, tampoco hay que ser demasiado exigente con ellas...

—No, claro... Me pregunto si tiene algún sentido ser exigente con alguna mujer.

—Sólo con las princesas.

—¿Qué princesas?

—Ahora se lo cuento... ¿Quiere otra copa?

—Sí, por favor. Me temo que hoy querré todas las copas que me pueda ofrecer...

Polibio no llegó a escuchar estas palabras. Plantado delante del tablero electrónico movió un peón blanco, ajeno, y tras unos segundos de reflexión, avanzó un corto tramo con uno de sus alfiles negros, tomando un caballo. Luego regresó junto a él.

—A ver si ahora esta maldita criatura electrónica me acepta el cambio... Con ellas sí que nunca se sabe, eso que se dice de las mujeres, ¿sabe?, sólo se debería aplicar cabalmente a las máquinas que juegan al ajedrez. Yo compré ésta porque el tío que me la vendió me juró que la había programado Fischer pero debe ser mentira, seguro, no hay más que ver cómo reacciona ante los sacrificios de dama, se los traga casi todos. Y sin embargo, es imprevisible. Me gana con frecuencia, la verdad sea dicha... ¿Juega usted al ajedrez?

—No.

—¡Qué pena! Prefiero jugar con personas.

—Nunca se me ha dado bien. Lo he intentado muchas veces, pero soy incapaz de anticipar más de dos o tres jugadas.

—En fin... Hablaremos de las princesas, mejor, tengo la sensación de que ellas son lo único que le importa a usted, esta noche... —sonrió al advertir el movimiento afirmativo que Benito imprimió a su cabeza e hizo una pequeña pausa antes de continuar—. Bien, le transmitiré entonces una de las escasas ideas originales, quizás la única, que he tenido en mi vida, aunque, la verdad, ni siquiera creo que sea muy original. Empecemos, pero antes querría pedirle una cosa. ¿Puedo tutearle?

—Sí, claro.

—Gracias. Así me sentiré más cómodo. Entonces... ¿cómo te gustan las mujeres?

—Morenas.

—No, hombre, el pelo da lo mismo, me refería a otra clase de rasgos, ésos que no se pueden teñir.

—¿Por ejemplo?

—Por ejemplo las mujeres listas que saben beber como los hombres.

—Sí.

—¿Le gustan? Quiero decir... ¿te gustan?

—¿Esas mujeres...? Supongo que sí, sí, me gustan. Teresa era un poco así...

—Muy bien. Entonces, Teresa, quienquiera que sea, circunstancia que no me atañe en absoluto y en la que por tanto no indagaré, estaba hecha de la equívoca materia de las princesas. ¿Por qué equívoca? Porque no se manifiesta mientras el alcohol está ausente de sus venas. Sobrias, resultan bastante corrientes. Chicas brillantes, tenaces, trabajadoras incluso, que se comportan en todo con sensatez. Dieron algún disgusto antes de irse de casa, pero sus madres saben que se las puede dejar solas. Si no se confunde su escaso interés por la ciencia cosmética con falta de feminidad, porque tal vez sean ellas las más femeninas de todas las mujeres, nada hay en su apariencia que las distinga de las demás. Hasta que les pones una copa delante. Perdona, voy a ver si la máquina me ha contestado ya...

Un sonoro taconazo acompañó a una súbita expresión de fastidio para indicar a Benito que la máquina no sólo había contestado sino que, además, se había negado a aceptar el cambio. Polibio meditó apenas unos segundos. Luego tiró del cable con un gesto brusco, sacó una maleta de debajo de la barra e introdujo en ella el tablero y todas las fichas, cerrándola después para devolverla a su escondite. Se dedicó a sí mismo una breve sonrisa de satisfacción y regresó por fin, frotándose las manos.

—Es que —comenzó en tono de disculpa— se estaba poniendo bastante pesadita... ¿Por dónde íbamos?

—Les acabas de poner una copa delante.

—Sí, eso es. Tienen una copa delante y se la beben, igual que todas las demás por cierto, pero es entonces cuando comienzan a ser diferentes. Para empezar, entre las otras, mujeres plebeyas, hay muchas que ya no beberán más. Se toman una copa de vez en cuando para animarse un poco, esa expresión tan detestable, o porque tienen ganas de marcha, expresión más detestable aún, o atreviéndose a aducir como razones otras tonterías por el estilo. Son muy numerosas, pero carecen casi completamente de valor, así que olvidémoslas, hasta las abstemias son más interesantes. Prosigamos pues con las que se beben una copa detrás de otra. ¿Son todas princesas? No, de ninguna manera. Porque entre ellas, las más se abandonan a la ebriedad sin método y sin objeto alguno. Nada tan triste como sus patéticos esfuerzos por extraer frutos objetivos de su estado, su falta absoluta de pudor, la misteriosa inhibición de su mediocre inteligencia. Chillan, bailan, se ríen a carcajadas, solas, y luego, en el mejor de los casos, consiguen vomitar y regresan al escenario de sus vanas enajenaciones para meterse de mala manera la blusa dentro de la falda, tratar de enderezar el tacón que se les ha partido durante el trance y reconocer a duras penas el resto de sus pertenencias para irse a casa, dormir mal, unas pocas horas, y declarar a la mañana siguiente que se lo pasaron fenomenal, y que qué noche tan fantástica, y que qué risa, y eso, pobrecitas. En el peor de los casos, los vapores etílicos sólo se esfumarán bajo el peso de un cuerpo desconocido, indeseable. Entonces sentirán naúseas, pero ya no podrán vomitar de ninguna forma, y se limitarán a metamorfosearse a sí mismas en un leño fósil para desconcertar al imbécil que haya pretendido a su vez extraer frutos objetivos de una situación que jamás los produce. En estos casos suele ser generalmente él quien declara a la mañana siguiente lo de qué noche tan fantástica, etcétera. Te darás cuenta de que hemos ido restringiendo márgenes de una forma escandalosa, tenemos ya muy poco espacio, una estrecha banda, el territorio de las auténticas princesas. ¿Quiénes viven allí?

—No lo sé.

—Sí lo sabes, pero nunca has tenido suerte. Yo tampoco la he tenido, pero he aprendido a fijarme, las he buscado y las he conocido a distancia. El alcohol actúa sobre ellas como el revelador sobre las películas fotográficas, las saca a flote, las desnuda. Nunca pierden los nervios, nunca hacen el ridículo. Son pudorosas y poco habladoras, como todos los buenos bebedores. Prefieren la barra a las mesas y, si pueden, se sientan, porque beben despacio, y desde luego con método. No importa cómo hayan llegado al bar en cuestión, con cuánta gente, en qué circunstancias. Si deciden invocar la gracia de la ebriedad, beberán solas o, a lo sumo, sólo con otras princesas. Esto es importante, porque no existe una técnica más fiable para identificarlas. Aunque estén rodeadas de gente, beberán solas. Y hablarán cuando se les pregunte, comentarán cualquier cosa cuando les parezca conveniente, saludarán a los que llegan y se despedirán de quienes se van, pero mientras beben, lenta y metódicamente, estarán solas, y rechazarán cualquier compañía. Al rato, advertirás un brillo especial en sus ojos, y una sonrisa absurda, intermitente, que de vez en cuando aflora a sus labios sin causa alguna, sin origen y sin destino. Esa es la señal, la marca de su casta. Entonces se debe renunciar a la última esperanza, porque son princesas, tercas, tenaces y distantes como diosas, mujeres de nadie... Niñas imaginativas, las llamaban en el colegio, fantasiosas incluso. Jugaban mucho solas, de pequeñas, reinventaban en silencio el mundo y todas sus reglas, se fabricaban un universo a su medida. Ahora, de mayores, a veces hablan solas cuando están borrachas, apenas un par de palabras que pronuncian deprisa, para sí mismas, en el breve espacio de una sonrisa. El alcohol les hace daño, y algunas, las más listas, lo saben de sobra, pero no pueden renunciar a él, porque sin él no volverían a ser pequeñas, y la realidad arrasaría hasta los cimientos su vida auténtica, la vida que viven mientras están solas, bebiendo despacio y con método. Las copas engordan y machacan el hígado, pero, como las buenas hadas, conceden a cambio un don infinitamente valioso. Porque mientras haya alcohol en sus venas, él siempre será posible.

—¿Quién?

—El príncipe azul. El hombre de su vida. Wolfgang Amadeus Mozart. Indiana Jones. Solal de los Solal. Alejandro Magno. Abderramán III. Pedro I de Rusia. Emmanuel Kant. Su padre... El de ellas, quiero decir, no el del pobre Kant, claro. Fidel Castro, yo qué sé... Los hay para todos los gustos, pero siempre tienen un rasgo en común. Nunca aparecen.

—Porque no existen...

—Sí existen, por supuesto que existen. Pero los auténticos príncipes azules, los que tienen la piel del color de los ángeles laicos, no aman a las princesas. Son demasiado complejas. Beben, lloran y hablan solas. Piden y, sobre todo, dan, se empeñan en dar más de lo que nadie les ha pedido jamás, les encanta darse, entregarse, lanzarse a tumba abierta, llevan toda la vida esperando, ¿comprendes...? Apenas un príncipe azul se cruza en su camino, siquiera así, de lado, como por error, se inmolan sin perder tiempo a sí mismas, se cocinan hasta achicharrarse en la pasión que han acumulado dentro hasta el dolor, el hambre que las ha alimentado y las ha consumido al mismo tiempo, desde que nacieron hasta aquel instante. Y entonces el príncipe sale corriendo, claro, se da cuenta de que el color de su capa pierde intensidad por segundos, la neutralidad del blanco acecha, está cada vez más cerca, y no merece la pena empalidecer junto a una princesa, nunca la merece, dejarían de ser, si ya no fueran azules. Bueno, la verdad es que alguno hay que le echa cojones, pero su número es tan pequeño que podemos despreciarlo. Así que ellas vuelven a beber, despacio y con método. A veces eligen enamorarse en ese preciso momento. Miran a su alrededor y, si encuentran a alguien no demasiado naranja, se convencen a sí mismas de que han estado ciegas durante años, porque ése y nadie más puede ser el hombre de su vida. Se casan con fe y con energía. Tienen hijos. Pero antes o después vuelven a beber, lenta y sistemáticamente, beben, sus ojos brillan, sonríen para sí mismas, y terminan de agotar sus rancios argumentos, ¿cómo no va a existir Dios, si yo lo puedo pensar? Si yo lo puedo pensar es porque existe.

—Como San Anselmo...

—Más o menos. Luego engordan. Envejecen. Sufren, quizás no más que las plebeyas que se han casado con un príncipe y tienen que aguantarle las azuladas, pero sufren, como todo el mundo. Y se hacen cada vez más peligrosas. A los treinta más que a los veinticinco, a los treinta y cinco más que a los treinta, y así sucesivamente, porque el tiempo les pesa y la pasión les duele y la sospecha de que jamás hallarán lo que buscan se va mudando en certeza, poco a poco. Y las certezas siempre triunfan, nunca habrá un guisante debajo del colchón. Por eso las he llamado mujeres de nadie.

—Y ésas son las mujeres que te gustan...

—Sí, y aún te diría más. Esas son las únicas mujeres que me gustan.

—Y nunca tendrás ninguna.

—Nunca. Ni tú tampoco. No hemos tenido suerte, ya te lo dije al principio.

—Por eso te limitas a las putas...

—Por eso. Y he llegado a amar a más de una. A ellas les bastan los príncipes grises o marrones, desgraciados como tú y como yo... Son como princesas bastardas, herederas de un país diminuto, eternas aspirantes a una corona ridícula... Mujeres fascinantes, al fin y al cabo, que también beben y esperan, aunque sea por motivos laborales y no por su equívoca esencia...

La confusa teoría de Polibio fue suficiente aquella noche. Mientras ejecutaba muy despacio la secuencia de movimientos acostumbrada —primero un pie, luego el otro, más tarde ambas piernas, las rodillas sobre el fondo, después los brazos, y tras permanecer algún tiempo en una postura tan indigna para sentir cómo el vaho le abría los poros de la cara, sentarse finalmente para sumergir ya todo su cuerpo en el agua humeante—, se preguntaba sin embargo por qué él no había sido capaz de apuntar siquiera una sola clave que condujera a sus propias teorías, su propia confusión. Apenas había hablado en toda la noche. Se había limitado a asentir, a confirmar, a contestar con monosílabos, progresivamente satisfecho del sentido que adquirían en sus oídos aquellas palabras neutras y prácticas como cifras exactas, esas princesas alcohólicas y doloridas de pasión que buscan lo que no se puede encontrar por medios radicalmente ingenuos, ingenuamente radicales, el fondo de un vaso largo de cristal transparente o las páginas de contactos de una revista, mercado entre particulares, anuncios de inserción gratuita.

Dejó caer la cabeza para sentir un estremecimiento último, y el agua aún ardía. Entonces terminó de adornar la figura entrevista apenas unas horas antes tras las hojas de la palmera, a salvo ya de su promesa de docilidad, tan temible para un adulto como un pasillo largo y mal alumbrado para un niño cobarde, con otros atributos. Tenía pinta de separada, se dijo, no llevaba ningún anillo, estaría separada o divorciada de un pobre hombre equivocado que nunca supo zurrarla y consultaba con ella además cómo gastar la paga extra, condescenciencia posiblemente intolerable para quien eligió despreciar la palabra bíblica y jamás buscó compañero, sino amo. Seguro que se aplicó al matrimonio como un futbolista se aplicaría una pomada, con movimientos enérgicos y circulares, para restañar una herida reciente, pero el procedimiento no resultó adecuado porque ella incumplió un requisito fundamental, y el día de su boda no tenía la piel completamente limpia, ni siquiera limpia a medias, allí estaban todavía, intactas, las huellas de su amor, cualquier amor de adolescente contrariada, una simple etapa del aprendizaje de la princesa sin corona que aún no sabía lo que quería, lo que esperaba de la vida. Ahora, cuando por fin había aprendido, lo buscaba sin descanso, sólo un hombre implacable, solamente eso, parecía tan fácil, sólo un tipo como el que se ofrecía en aquel anuncio que sin embargo, y aunque ella nunca llegaría a saberlo, no había sido más que un gajo del inocuo fruto de la curiosidad, un simple juego, el pasatiempo inocente de un niño que temía la oscuridad.

A la luz de su nueva sabiduría recordó a Teresa, madura princesa ignorada, tal y como la pura casualidad se la había devuelto sólo un par de semanas antes.

Le costó trabajo reconocerla, porque había pasado mucho tiempo, más de doce años, desde la última vez que la vio en aquel mesón ruidoso, lleno de humo, una cueva de paredes encaladas y calor, mesas y bancos estrechos, tortilla aceitosa y vino ligeramente picado, casi dulce. Allí estaban prácticamente todos, celebrando los primeros meses transcurridos fuera de la facultad, haciendo balance de su debut en el verdadero mundo. Allí estaba él también, solo y aburrido en una esquina, preguntándose si existía algún motivo para felicitarse por haber llegado a padecer una Navidad más, por ser todos un poco más viejos. Teresa había asumido espontáneamente el papel de anfitriona y dirigía el cotarro desde la cabecera, como siempre. Lo besó al encontrarle y lo besó al despedirle, pero apenas mediaron una palabra entre ambas ceremonias. Se marchó enseguida y a nadie le extrañó. Hasta el año que viene, le gritaron algunos agitando el brazo en el aire, pero nunca más volvieron a reunirse.

Ahora ella caminaba con una bandeja entre las manos, tan segura como antes, sobre unos zapatos de tacón. A cierta distancia, nadie le hubiera echado más de veintisiete, veintiocho años, pero él sabía que le faltaba poco para cumplir los treinta y cuatro, su propia edad. Tal vez fuera su aspecto lo que le desconcertó al principio, porque había cambiado mucho y, a pesar del tiempo transcurrido, estaba mejor, más guapa. El vestido oscuro, corto y estrecho, la favorecía, revelando la ligereza de unas caderas que apenas podían intuirse bajo los gruesos hábitos de antaño. Sus piernas, tras las medias negras, transparentes, eran bonitas. No recordaba haberlas visto nunca hasta entonces, antes siempre llevaba botas. Se había cortado el pelo a la altura de la nuca y una capa de rímel espesaba sus pestañas, había encajado bien los años, Teresa.

No había dispuesto aún del tiempo preciso para preguntarse qué haría ella en la vulgar hamburguesería de la calle Fuencarral que él mismo frecuentaba para comer algo rápido antes del cine, cuando la vio girar para dirigirse a una mesa donde un niño se caía de sueño con una corona de cartón demasiado grande sobre las sienes, la barbilla apoyada en el reborde de la mesa, la atención decididamente ausente de los aviones de papel que una muchacha sentada a su lado fabricaba deprisa, en serie, con la vana intención de entretenerle.

Cuando Teresa depositó la bandeja encima de la mesa, el niño se echó a llorar. Su acompañante hizo un gesto de impotencia con las manos. Ella frunció el ceño antes de sentarse y coger al niño en brazos. El pudo advertir entonces que se parecían. Levantándose con disimulo fue a ocupar una mesa contigua. Su espalda se oponía simétricamente ahora a la de su vieja compañera de clase, recostados ambos sobre dos bancos unidos por sus respaldos, así que no tuvo que esforzarse mucho para distinguir la conversación con nitidez. El hijo de Teresa protestaba.

—Es que no tengo hambre...

—Pues habértelo pensado antes. Tú has sido el que ha querido venir aquí y ya te lo he advertido antes de entrar en el cine, como no cenes, no te vuelvo a llevar a ver ninguna película más, ninguna ¿comprendes?

—¡Pues no haberme comprado palomitas! Ya no tengo hambre...

—¡Esto es el colmo, vamos! Mira, Diego, te vas a comer la hamburguesa con hambre o sin ella. A ver, abre la boca.

—¡Buah! No me gusta, tiene pepino de ése que pica en la lengua...

Transcurrió una breve pausa, en silencio, mientras Teresa hurgaba entre el pan para desprender las transparentes, casi invisibles láminas de pepinillo en vinagre con las que se intenta aderezar la insipidez de esa carne sin llegar a derrotarla nunca.

—Ya está... Pruébala ahora.

—¡Pero es que además tiene cebolla! Mírala... No me gusta la cebolla, me pica...

Un nuevo silencio acompañó las manipulaciones de Teresa mientras el crío intentaba sacar partido de la momentánea incapacidad manual de su madre.

—Deja las patatas, Diego, que te estoy viendo... ¡Que dejes las patatas!

Un débil cachete provocó nuevas lágrimas. Él sonrió, profundamente conmovido por el fervor con el que aquella eterna militante afrontaba ahora el rito clásico de la correcta maternidad, y supo presentir sus próximas palabras.

—Mira, ya no tiene nada, ni pepino ni cebolla ni nada ¿ves?, sólo la carne. Cuando te la termines, te podrás comer todas las patatas, y con catchup ¿vale? Anda, que te has portado muy bien toda la tarde, no lo estropees al final...

—Es que no tengo hambre...

—A ver, abre la boca.

—Pues cuéntame un cuento.

—Pero si ya eres muy mayor... Y además se nos está haciendo tarde con tantas pamplinas.

—Cuéntame un cuento, anda... Uno muy cortito.

—De acuerdo, pero tú mastica. A ver, déjame pensar... Esto era una vez un emperador gordo, muy gordo, al que le gustaba mucho comer fuera de casa y la ropa de diseño...

Las carcajadas de la muchacha que hasta entonces les había acompañado en silencio resonaron sobre la voz de Teresa, poniendo en marcha la fabulosa maquinaria de la curiosidad de su hijo.

—¿Por qué se ríe Gema?

—Es que ella ya se lo sabe.

—¿Es un cuento de risa?

—Sí.

—¿Qué es un emperador?

—Una especie de rey que manda más que un rey.

—Y ¿qué es la ropa de diseño?

—Una ropa muy rara y muy cara.

—Vale.

—Bueno, pues el emperador tenía la corte llena de diseñadores, unos señores muy delgados, con la piel muy pálida, que comían poco y hablaban muy bajito. Estaban todo el día dibujando trajes. Cuando al emperador le gustaba alguno, le daban el dibujo a otros señores para que lo cosieran. Y el emperador se lo ponía para salir a la calle porque era muy presumido...

—Y ¿cuando no le gustaban?

—Pues no pasaba nada. Tiraban ese papel y dibujaban otro traje, pero al emperador casi siempre le gustaban, porque los diseñadores hablaban muy bien y él se fiaba mucho de ellos.

—¿Por qué?

—Porque creía que la única ropa bonita y elegante era la que ellos hacían.

—Y ¿por qué?

—Porque era tonto.

—Vale.

—Bueno, el caso es que los diseñadores se quejaban de que la ropa era cada vez más cara de hacer, y el emperador les daba cada vez más dinero, aunque los trajes tenían muy poca tela, cada vez menos tela. Así, los diseñadores se hicieron muy ricos. Un día, el emperador salió a la calle con unos pantalones bermudas y una camiseta. Como estaba muy gordo, la gente se rió mucho, pero él no se enteró. Y otro día salió en bañador, un bañador verde fosforito con hipopótamos rosas. La gente se divertía mirándole, así que había muchas personas en la calle, esperando a que saliera de paseo. Otro día le vieron con unos calzoncillos como los que usas tú, pero de seda roja...

—Y ¿no se daba cuenta?

—Sí, pero como los diseñadores le habían dicho que no eran unos calzoncillos, sino unos pantalones especiales, pues..., él se lo creyó.

—Pero si no hay nadie que sea tan tonto.

—¡Claro que hay! Y además, esto es un cuento. ¿No te gusta?

—Sí, sigue.

—Otro día, los diseñadores le contaron al emperador que en Japón habían descubierto una tela nueva, tan fina tan fina, y tan transparente, que no se veía siquiera. La han hecho en un telar artesanal gobernado por un rayo láser que está conectado a un ordenador gigantesco dirigido por un satélite espacial que sigue la órbita de Marte, le contaron, y nadie ha llevado todavía un vestido hecho con ella. La emperatriz se puso muy contenta. Como estaba todo el día haciendo gimnasia y poniéndose cremas para que no le salieran arrugas, y se daba masajes para adelgazar, y se operaba un par de veces al año para tener buen tipo, pensó que sería estupendo poder enseñarle a todo el mundo lo guapa y lo joven que estaba, y preguntó si la tela era transparente, pero transparente de verdad. Tan transparente que la llevo doblada en el brazo y no os habéis dado cuenta, contestó un diseñador, estirando las manos hacia adelante. ¡Oh!, exclamaron todos entonces, ¡es verdad, no se ve nada!

—¿Quién era la emperatriz?

—La mujer del emperador.

—Y ¿por qué no se veía nada?

—Porque la tela no existía.

—Y ¿entonces?

—Entonces, lo que los diseñadores querían era cobrarle mucho dinero al emperador a cambio de nada, porque le dijeron que la nueva tela era carísima, y él les dio mucho dinero mientras cortaban el aire, haciendo como que cosían un traje nuevo ¿comprendes? Y así, llegó el gran día, y el emperador salió a la calle como si tal cosa, y la emperatriz igual, a su lado. La gente se quedó muy sorprendida al verlos, él tan gordo y ella tan delgada, con el cuerpo cosido a cicatrices, sin nada encima. Y una niña empezó a reírse. Se reía mucho, tan alto y tan fuerte que los emperadores se pararon a su lado por si le pasaba algo. Van desnudos, gritó entonces la niña, van desnudos, ay qué risa, madre mía... Y todos empezaron a reírse con ella, a carcajada limpia, y se lo pasaron muy bien.

—Y el emperador se enfadó.

—No, qué va... Sólo les miró mucho tiempo, sin hablar, porque no entendía de qué se reían. La emperatriz le tiró del brazo y siguieron andando. Cuando doblaron una esquina, ella se secó el sudor con una mano y le dijo a su marido, ¡qué horror, hijo, a ver si te cambias de reino ya de una vez, porque a estos súbditos que tienes les importa un rábano la imagen del país, no tienen ni idea de lo que se lleva fuera, no comprenden nada! Sí, contestó el emperador, da lástima reconocerlo, pero la verdad es que son unos paletos y unos ordinarios...

La voz de Teresa se quebró, derrotada por un acceso de risa solitaria.

—¿Ya se ha acabado el cuento?

—No...

—Pues no me hace gracia.

—Ya. Es que... no te vas a reír. Es un cuento para mayores.

—Y ¿por qué no me has contado otro?

—Porque a mí me gusta, y a Gema también.

—¿Cómo termina?

—Ya no queda casi nada. El emperador se puso muy triste porque, como era muy presumido, le hubiera gustado que todos dijeran que su traje nuevo era muy bonito y que le sentaba muy bien. Cuando la emperatriz se dio cuenta, le dijo ¡venga, hombre anímate! Han abierto un restaurante nuevo, buenísimo, en la otra punta del imperio, a sólo mil doscientos kilómetros de aquí. ¿Por qué no vamos a probarlo? Sí, dijo el emperador, es una gran idea, pero será mejor que nos cambiemos de ropa, porque allí, en provincias, se comerá muy bien, pero la gente es todavía más bruta... Y eso hicieron. Se fueron a cenar en su avioneta privada y colorín, colorado, este cuento se ha acabado. ¿Te ha gustado?

—Sí, pero no me ha hecho gracia.

—Bueno, pero te has acabado la cena. Está bien ¿no?

—Sí, pero... Una cosa. Después de todo esto siguieron siendo emperadores, ¿no?

—Sí, claro.

—Y ricos, y con muchos castillos, y un avión para ellos solos ¿no?

—Sí.

—Entonces no entiendo por qué os reís tanto.

Se hizo un silencio profundo, que nadie, excepto el mismo niño se atrevió a romper.

—Oye, por cierto... y ¿qué cenaron?

—No lo sé —la voz de Teresa era todavía un delgado cable suspendido en el horror.

—¿Cómo no lo vas a saber? Si el cuento te lo has inventado tú. Cuentáme qué cenaron, anda...

—Es que... no sé, de verdad...

Tras unos segundos de pausa, dejó escapar por fin una carcajada estridente como un taconazo. El adivinó que se había convencido de que la interpretación de su hijo carecía de importancia, y que estaba dispuesta a rehacerse a toda costa.

—Mira, pues, por ejemplo, cenaron pimientos del Pico rellenos de sesos tiernos de codorniz en escabeche natural y crema amarga de hinojos al aroma del estragón salvaje y las anchoas de La Escala en lecho de endivias en juliana con salsa de ostras.

—¡Agh, qué asco!

—¡Pues anda, que la hamburguesa que te acabas de comer tú...!

Esta vez todos rieron, pero apenas unos instantes después la inquietud hizo presa en la voz del niño.

—¿Adónde vas, mamá?

—Pues mira, precisamente a cenar con un amigo mío.

—No quiero que te vayas, no quiero, quiero que te vengas conmigo a casa...

—Pero Diego... ¿Por qué te pones así ahora? Los niños de siete años no lloran por esas cosas, y además ya lo sabías, te lo he contado antes de salir.

—Y ¿qué voy a hacer yo ahora?

—Pues irte a casa con Gema, o sea que no te me pongas trágico. Ella te bañará, te acostará y se quedará contigo. Tienes que dormir mucho, porque mañana por la mañana, muy pronto, vendrá a buscarte papá y a lo mejor te lleva otra vez a jugar al fútbol, tienes que estar fuerte... Anda, dame un beso.

—No.

—No te preocupes, Teresa, vete tranquila. Ahora, Diego y yo nos vamos a pedir un helado, uno gigante ¿vale?

El niño no contestó. Los tacones de Teresa repiquetearon sonoramente en cambio sobre el pavimento de plástico. Cuando ya había rebasado la mitad de la distancia que separaba su mesa de la puerta, su hijo echó a correr tras ella como un desesperado, llamándola a gritos, mamá. La besó muchas veces, en la cara y en el pelo, los brazos firmes alrededor de su cuello. Ella, inclinada sobre él, le devolvió todas sus caricias. Luego, más tranquilo, el crío se dio la vuelta y, cuando ya estaba muy cerca de su canguro, extendió el brazo derecho para señalar el mostrador con el índice. Aceptaba el helado. Teresa abandonó la hamburguesería con decisión, y él salió detrás de ella. Siguió sus pasos a cierta distancia mientras se repetía que nada había cambiado en realidad, sólo su aspecto.

Entonces no era más que una niña, una criatura de inteligencia apta únicamente para lo inmediato, irreflexiva y apasionada, torpe, pero capaz de conmover, como le conmovía su propio hijo ahora. Sólo una niña, recordó, con todos los atributos propios de ese nebuloso estado, una fe desmedida en sus propias fuerzas, una voluntad férrea, cegadora, una ambición universal, y la ilimitada capacidad de creer en las palabras de otros, en los sueños de otros, en los dementes delirios de otros niños.

La contempló mientras paraba un taxi, admirándose aún de la elegante agilidad de sus movimientos y, mientras el coche se perdía en un horizonte de farolas, volvió a verla un instante, menuda y frágil, y la escuchó, recuperó la potencia de su tristeza y se estremeció nuevamente, tan lejos ya de ella, yo sostengo la tesis de que en las calles es donde reside verdaderamente el espíritu de las ciudades ¿no te parece?, él no podía imaginarse que emborracharse en París fuera tan caro, ella bebía y quería pagar, pobre Teresa.

Echó a andar despacio, dispuesto a regresar a casa caminando. Las ideas se agolpaban en su mente, atropellándose las unas a las otras, deprisa. No había sido capaz de aprender de sus propios errores, cejaba en ellos todavía, con la misma terca intransigencia de aquella adolescencia infantil, repitiéndose quizás para sí misma que es mejor no conocerlos, complaciéndose después en arrancarse largas tiras de su propia piel, despacio, sin pausa. Sabía que estaba casada, se había enterado por casualidad años atrás, y a su marido, un individuo alto y de maneras elegantes al que recordaba vagamente haber visto un par de veces en los tiempos de la facultad, le iban bien las cosas. Su nombre, en ocasiones también su rostro, aparecía de vez en cuando en las páginas de economía de los periódicos, procurándole una extraña sensación de tranquilidad. Hasta aquella misma noche

140

imaginaba a Teresa en una casa amplia y confortable, en un trabajo cómodo y seguro, en una cama plácida, viviendo una vida regular y suficiente, soñando sueños dulces y violentos, aquilatando una felicidad razonable, obedeciendo a su edad y a su época, dócil al fin, serena. Pero entonces, mientras se alejaba en aquel taxi, volvió a verla un instante, y a escucharla, cuando estés acatarrado y no tengas un pañuelo a mano, llámame, dejándose la piel en las palabras, y reconoció la débil calidad de aquel sedante espejismo. Ella seguía persiguiendo el futuro, nunca dejaría de correr detrás de él. Se había dejado un marido por el camino, pero había parido un hijo y lo conservaba consigo, contenta de tener un pie en ese mundo que alguna vez, contra su voluntad, seguiría andando sin ella, sin su fe. Amaba a ese niño, pero miope hasta para contemplar su propia carne, le mostraba las miserias del tiempo presente mientras él engullía hamburguesas americanas y empapaba sus lágrimas en un helado gigante. Cuando el crío fuera mayor preferiría sin duda a su padre, ajeno e indolente, rico.

Mala suerte, Teresa, dijo para sí mismo, sin despegar los labios ni detener sus pasos sobre la acera. Mala suerte, Benito, repitió después, del mismo modo.

Recordó a Teresa a la luz de su nueva sabiduría, y se sintió bien, como si al evocarla hubiera logrado colocar el último ladrillo de un edificio sumamente complejo. Se asustó al descubrir las palmas de sus manos, la piel enrojecida, más arrugada que de costumbre, y se obligó a salir de la bañera aunque no le apetecíera hacerlo. Mientras se secaba meticulosamente, pliegue por pliegue, con una enorme toalla de algodón blanco, regodeándose en su dentera al contemplar cómo diminutas partículas de piel muerta se quedaban prendidas un instante en los rizos del tejido, como escamas ajenas que el agua tan caliente hubiera despegado de su propio cuerpo, decidió que definitivamente la teoría de las princesas era una estupidez, pero se inclinó al mismo tiempo por su adopción porque le permitía colocar el último ladrillo. Teresa había sido siempre, desde luego, un prototipo de princesa. De la mujer de aquella misma tarde, que le dolía mucho menos, podía suponer lo mismo, con ciertas notas de exotismo que quiso considerar de carácter meramente accidental, porque indagar en su vértigo le habría llevado inevitablemente a indagar en el vértigo que le absorbía a sí mismo, e interrogarse acerca de los propios vértigos constituye una tentación a la que jamás sucumbe la gente inteligente, al menos la que ha alcanzado ya una cierta edad.

Así que todo fue bien durante algún tiempo. El tenía un carácter dominante, mucho tiempo libre y cierto sentido del humor. Ellas eran pavorosas, presas de la más rotunda insensatez, una ingenuidad temible. Acudía a su encuentro, de vez en cuando, siempre de incógnito, contradiciendo de forma tan nítida las instrucciones recibidas por correo que a veces, cuando ya no había remedio, sospechaba que sería descubierto en virtud precisamente de su llamativa desobediencia, rojo en lugar de azul, cazadora y no americana, libro y no carpeta, pantalones de franela y no vaqueros, pero aprendió a no exponerse a sus preguntas mudas, a no tolerar una segunda mirada en su dirección. Iba hacia ellas con el ánimo de un ilustrador de bestiarios, sólo para aprenderlas, para captar sus diferencias y sus semejanzas, para asociar un rostro concreto a cada puñado de palabras delirantes, curiosidad más que afán de conocimiento. Luego, de vez en cuando, se cansaba y lo dejaba. Las cartas seguían llegando durante dos o tres semanas, y el buzón enmudecía por fin completamente. Alguno de estos paréntesis se prolongó durante meses, tanto tiempo que él llegó a convencerse de haber puesto un final definitivo al vicio inútil que de cuando en cuando le atormentaba todavía, amenazando su estabilidad, un hilo de equilibrio tan precario, pero el ejercicio de una virtud tan infructuosa, más inutil aún que el vicio al que se oponía, terminaba por aburrirle, y echaba de menos esa mínima tensión que se estiraba en la punta de sus dedos cuando afrontaban el tacto de lo desconocido, la esperanza inconcebible ante una caja de metal tan virgen como ya sabida, propaganda impresa en papel satinado y los recibos del banco, delgados sobres blancos y muy finos con una ventanita transparente. Antes o después, volvía a recortar con cuidado una esquina de la contraportada de aquella revista para escribir un nuevo mensaje sobre las líneas de puntos. Cambiaba la cabecera periódicamente, dominante en vez de amo, o busco esclava, a secas, pero siempre le escribían las mismas mujeres, algunas no fallaban casi nunca, la mujer de Azca jamás. Fue añadiendo poco a poco cartas manuscritas con su diminuta letra nerviosa sobre papeles de colores siempre chillones al sobre de color naranja rabioso que le abrió los ojos por primera vez. De vez en cuando, cedía a la tentación de ordenarlas cronológicamente y leerlas a continuación. Siempre pudo acordarse de ella, gozaba de una excelente memoria visual, y le resultaba fácil evocarla mientras rastreaba los sucesivos estados de su permanente desolación a través de la singular correspondencia que habían mantenido durante años, ella con tantos hombres distintos, siempre implacables, él con nadie. Leía sus cartas y descifraba la intensidad de su ensueño, y la encontraba segura a veces, confiada, y cínica otras, como si ella misma descartara de antemano la existencia siquiera de una salida, y triste casi siempre, vencida, como agotada en sí misma, en su insoportable vehemencia. Nunca se atrevió a volver a verla, pero llegó a sentir hacia ella, a distancia, cierto cariño absurdo, y cuando dejó de recibir sus respuestas quiso pensarla triunfante y magullada, levitando sobre una nube oscura y densa, cargada de violencia, antes que resignada al equívoco cielo radiante de un amor tranquilo que jamás la haría feliz. Y pasó el tiempo.

Al borde de un nuevo abandono, hastiado ya y harto de repetirse a sí mismo las mismas estúpidas excusas inservibles, llegó hasta sus manos la primera carta de la mujer de amarillo. El sobre era blanco, corriente, y la letra tan marcadamente cursiva que siempre sospechó que su autora

143

la había deformado deliberadamente para enmascarar su caligrafía auténtica, una reserva tan incomprensible en una carta anónima. Dentro, sobre un folio blanco A-4 sin más, las líneas subían y bajaban entre los márgenes, apretándose y espaciándose alternativamente entre sí bajo el impulso de una letra nerviosa, progresivamente titubeante, cada vez más fluida, menos forzadamente picuda. *No he tenido suerte en esta vida,* ésas eran las primeras palabras, e inmediatamente después la primera disculpa, *ya sé que ésta no es forma de empezar una carta, y menos una carta como ésta, pero es la pura verdad, que no he tenido suerte...*

Llegaría a aprenderse al pie de la letra aquel eterno prólogo, un pobre puñado de palabras que crecería monstruosamente en su memoria para revestirse de la irresoluble apariencia de una encrucijada, *tengo 32 años pero supongo que aparento algunos menos,* y aun negándose a sí mismo desde el principio la voluntad de querer y, de querer creer, no pudo dejar de repetirse que había algo distinto en esa carta, *soy bastante mona y me cuido mucho, voy a un gimnasio y a una masajista,* él nunca llegó a dudar de la honestidad de su breve alarde publicitario, *me hago una limpieza de cutis cada quince días,* ella debía de ser una mujer hermosa pero eso no bastaba, nunca había bastado, *no es que me preocupe mucho el físico,* tampoco en eso era la primera, *es más bien que no tengo otra cosa que hacer,* otras antes que ella se habían parapetado tras el torpe escudo de la sinceridad, *la verdad es que no he trabajado nunca,* pero entonces él se había sentido incómodo, *no me da vergüenza reconocerlo,* a medio camino entre la vulgar lástima clásica y unas ganas de reírse que no sabía controlar, *no quise estudiar,* y sin embargo en ella la sinceridad parecía significar mucho más que una excusa, *no me gustaba,* porque ella parecía querer expresar a través de ese delgado cabo de color opaco la calidad del tejido de su propia desesperanza, *y de momento me resisto a poner una* boutique *con una amiga porque no me parece serio,* él la entendía, podía entenderla aunque no quisiera, *estoy casada con un hombre muy bueno,* porque se daba cuenta de que había temido esto desde el principio, *que gana mucho dinero y me quiere de verdad,* poner un anuncio en una revista es tan fácil como escribir una carta de amor desesperada, *no creo que ni siquiera tenga amantes,* la única diferencia es que aquéllas no se contestan, *vivo en una casa muy bonita,* y los anuncios sí, *con jardín y una muchacha interna,* él no creía haber escrito jamás una carta de amor desesperada, *tengo tres hijos,* pero ella lo había hecho, *el pequeño nació con la espina bífida,* y se la había enviado precisamente a él, *aparte de eso todo va bien,* a él, que no quería saber nada, *debería ser feliz,* y que se daba cuenta de las estupideces que ella enlazaba sobre el papel, *pero sigo pensando que no he tenido suerte en esta vida,* y a pesar de eso no podía dejar de leer, *me aburro,* y era repentinamente incapaz de sentir esa simple curiosidad que justificaba de sobra la condición de su correspondencia, *me he aburrido de casi todo con los años,* un juego sin importancia, *cada vez me apetece menos acostarme con mi marido,* sólo el pasatiempo inocente de un hombre solo, *mi marido, que es tan atlético y tan buen chico,* un hombre que había elegido estar solo, *me aburre,* ella venía ahora a sembrar con sus palabras las dudas previstas, *está siempre con lo mismo,* los viejos terrores ya olvidados, *midiéndose la barriga con los demás al borde de la piscina,* y él empezaba a dudar, *contentísimo porque sabe convencerse de que tiene el vientre liso,* en el trabajo, en los bares, en la calle se sentía seguro, *pero no es verdad, aunque a mí me da igual cómo lo tenga,* era tan feo, *me importan un rábano su tripa y todo lo demás,* y encima se llamaba Benito, *me aburro,* cuando era un niño pequeño un cristal diminuto se deslizó debajo de su piel, *siempre lo hacemos igual,* para helarle el corazón, *y cuando abro los ojos por pura mala leche,* antes tenía secretos con mamá, *solamente para verle esa cara roja de moribundo que se le pone,* y sabía lo bien que se está en el centro, *mientras se mueve como si estuviera haciendo flexiones,* pero luego el espejo se rompió, *él se cree que es de gusto,* y aquel niño quedó a merced de la

145

perezosa voluntad de las hadas, *y me dedica su expresión especial de vicioso*, las hadas no existen, *que es horrible*, aunque a veces deben encarnarse en mujeres corrientes, *y me dice en voz baja que hay que ver cómo me lo estoy pasando*, ese género de mujeres que le condenaron una vez en silencio a vivir perpetuamente al margen de los mecanismos de su deseo, *y entonces yo, por no pegarle*, y esas hadas tal vez la habían elegido a ella, *sólo por no pegarle*, que escribía cartas de amor desesperadas, *o por no echarme a llorar*, para liberarle de una maldición inmerecida, *doy un par de chillidos*, se estaba comportando como un gilipollas, *digo ¡ah!*, pero si ella era capaz de no ceder a la tentación de salir corriendo al verle, *y echo la cabeza para atrás*, quizás le entendería, *a ver si así acabamos antes*, el precio sería demasiado alto, *y él se corre*, porque tendría que volver a confiar en el mar, *y luego me pregunta que si me he fijado en que ha estado todo el tiempo apoyándose en las muñecas*, y renunciar a la mujer impresa, *sólo en las muñecas*, sorda, muda y ciega, quizás perfecta, *y yo le digo que sí*, nunca merecería la pena, *que está hecho un chaval*, porque las hadas no existen, *y él sonríe satisfecho*, la esperanza es trabajosa, *y se duerme enseguida*, la fe agota energías que son precisas para otras cosas, *entonces me convenzo de que es asqueroso*, lo sabía y sin embargo dudaba, *una persona asquerosa*, y crecían sus sospechas acerca de sí mismo, *de ésas que el mundo no echaría de menos de no haber existido jamás*, sospechaba de su propia incapacidad para escribir cartas de amor, *pero luego, cuando se me pasa el cabreo y me esfuerzo por ser justa*, en realidad por probar no se arriesga nada, *me doy cuenta de que se está haciendo viejo*, un argumento tan falso, *y de que me he aburrido de él*, una prueba no implica compromiso alguno, *es solamente eso en el fondo*, pero si se decidiera a aceptarla debería apostarlo todo a una sola carta, *me masturbo mucho ahora*, solamente eso tendría sentido, *otra vez*, arriesgarlo todo, *igual que cuando estaba en casa de mis padres*, perderlo todo o ganarla a ella, *ya no soy muy jovencita que se diga*, su todo no era nada, *pero estoy más sola que entonces*, y sin embargo no tenía otra cosa, *por eso he resucitado a mis antiguos fantasmas,* dudaba todavía, *creo que se dice así,* cuando de repente se dio cuenta de que siempre cabría la posibilidad de que no le gustara, *sobre todo el distante aristócrata cruel para cuya mujer trabajo como doncella,* a lo mejor era muy fea, *que sigue siendo mi favorito,* una gorda enana con pelos en la barbilla, *claro que tú no sabes de qué va,* tan mentirosa como él, *y no te lo voy a contar ahora,* se sintió mejor, *sería demasiado largo,* no era en absoluto descabellado esperar una trampa, *y además prefiero suponer que eres capaz de imaginártelo tú solo,* una red pegajosa como la que él mismo había tendido tantas veces, *en realidad no sé para qué te he contado todo esto,* sólo para divertirse, *pensarás que soy una pesada,* tanto trabajo para no cazar ni una mosca, *y tendrás toda la razón,* renunció bruscamente al pequeño placer de verse reflejado en ella, *estoy dispuesta a hacer lo que tú quieras,* se estaba empeñando en comportarse como un gilipollas, *a dártelo todo,* y ella no era ni la mitad de gilipollas que él, *hasta dinero,* ella sólo buscaba un amo, *a cambio de un poco de emoción,* él no estaría a la altura, *por eso te escribo,* no podría someter, siquiera poseer a una mujer como ella, *porque me aburro,* él quizás llegara a amarla, *porque no puedo seguir viviendo de los fantasmas que me forjé hace tantos años,* llegaría quizás a amarla solamente, *cuando aún disfrutaba del consuelo de un futuro incierto,* tal vez ella no buscaba otra cosa, *porque no habrá nada incierto en mi futuro,* él no se creía capaz de desear violentamente a las mujeres que amaba, *si tú no irrumpes en él,* pero nunca había tenido la oportunidad de poseer a ninguna, *tú que eres implacable,* siempre había estado a merced de las hadas, *y que nunca me llamarás cariño,* las hadas están hechas de otra carne, *estoy también aburrida de mimos,* otra carne que se puede amasar con violencia, *no he tenido suerte en esta vida,* capaz de absorber tanto dolor en el placer y devolverlo, *estaré el viernes que viene,* él podría mimar a un hada después de maltratarla, *a las 7 de la tarde,* y ella nunca se aburriría de sus mimos, *en la Plaza de España,* él sabría cómo hacerlo, *pasearé junto a la escalinata que da al hotel,* lo había soñado muchas, miles de veces, *entre Princesa y la Gran Vía,* pero ella no era más que una mujer, *iré vestida de amarillo,* una mujer corriente, *me pondré una flor en el pelo,* se estaba comportando como un gilipollas, *tú deberás llevar un libro gordo,* y jamás se atrevería a aguantar de frente una sola de sus miradas, *cualquier libro,* ella debía de ser una mujer hermosa, *un jersey claro,* en cualquier caso el precio sería demasiado alto, *y pantalones vaqueros,* el verdadero amor es un vicio solitario, *no me falles,* y tendría que volver a confiar en el mar, *eres mi última oportunidad,* arriesgarse a perderlo todo, *ya no soy tan joven,* que no era mucho, *no te arrepentirás,* y sin embargo era lo único que tenía, *sinceramente tuya,* a pesar de todo dudaba todavía.

No acudió a aquella cita. Lo sabía mientras iba vistiéndose lentamente, poniendo más cuidado que otras veces en el código de las formas y los colores, no acudiría, pero eligió finalmente los vaqueros y un pálido jersey, de tono beige desvaído, no abusó del talco aquella tarde, se impuso el comedimiento como un disfraz más profundo, nada de gomina, y abrió la puerta cuando calculó que serían las seis y media, y salió a la calle, se arrojó a la calle, San Bernardo abajo, pateando la acera con decisión, casi con nostalgia, como una puta deshauciada en su última jornada laboral, para llegar a la Gran Vía demasiado pronto. Consultó la hora en un reloj electrónico, cortesía del equipo municipal, y se sonrió para sí mismo, eres un gilipollas, y giró a la izquierda, ascendió un breve tramo de cuesta y se metió en una cafetería de lujo. No tenía hambre, pero sintió una inquietud inexplicable mientras afrontaba la cola precisa para llegar a la barra. Eran las siete cuando un camarero le preguntó qué quería tomar. Miró a su alrededor y pidió un sandwich de varios pisos. Se obligó a comerlo despacio, pero el regusto a aceite degradado que presintió al contemplar las puntillas de clara quemada en torno al huevo frito que coronaba la penúltima rebanada de pan resultó mucho más poderoso que su voluntad. Se dejó la mitad, pagó y esperó unos minutos antes de volver a la calle. Ignoró al muñequito verde que adelantaba una pierna en el semáforo para peatones, pero el muñequito rojo, inmóvil, tuvo tiempo de nacer y vivir brevemente para morir más tarde ante sus ojos, y ninguna mujer joven vestida de amarillo pasó a su lado. Bebió un poco, no mucho, antes de volver a casa.

Tres días después, a la salida del trabajo, compró media docena de ejemplares de aquella revista, en previsión de las dificultades a las que sucumbiría más de una vez antes de conseguir el tono exacto en la redacción de un nuevo mensaje. Quería, más que disculparse, exigir otra oportunidad. La elaboración del texto adecuado le resultó efectivamente trabajosa, pero al final logró ordenar sobre las toscamente impresas líneas de puntos del penúltimo, quinto, ejemplar, una satisfactoria secuencia de palabras. *Mensaje para esclava vestida de amarillo. Imposible acudir Plaza de España, viernes día 7. Estaba fuera, motivo laboral ineludible e imprevisto. Te acepto. Cítame de nuevo con bastante tiempo.*

Mientras lo metía en un sobre, lo cerraba y escribía la dirección correspondiente, decidió sin sufrir por ello que aquel alarde de fe estaba destinado al fracaso más estrepitoso. El no era el único hombre implacable que se anunciaba en las páginas de esa revista, que tampoco era el único flotador para náufragos contumaces que podía comprarse en los quioscos. Ella, su carta, parecía sincera. Si andaba buscando emoción, un bien tan raro, no se habría limitado a escarbar en su dirección. Depositó el sobre en el buzón convencido de que en aquel momento ella ya no se pertenecía a sí misma, de que habría encontrado ya a alguien capaz de divertirla sin mimarla, algún gilipollas más listo que él. Y esperó con desgana el momento de ver su mensaje impreso, y con desgana estudió su correspondencia desde aquel instante, esforzándose por identificar sin ningún margen de duda el origen de cada carta antes de abrir siquiera los sobres que, etiqueta adhesiva y gran logotipo impreso en cuatro colores, no contenían otra cosa que publicidad. Tuvo tiempo para dejar de esperarla, ya no le suponía ningún esfuerzo la travesía del portal, de la escalera directamente a la calle sin volverse siquiera a ojear con ansiedad la ventanita transparente que se abría en la mitad inferior de la caja de metal presidida por su propio nombre, diminutas versales manuscritas en una tarjeta de visita sin imprimir, cuando extrajo por azar, casi perdido entre reclamos de naturaleza variada pero siempre diferente, su segundo mensaje, una nueva carta de amor desesperada, garrapateada de mala manera en un arrugado fragmento de una página impresa, arrancada con prisa y sin cuidado de un cuaderno de caligrafía infantil. *El lagarto está llorando, la lagarta está llorando. La misma hora, el mismo sitio, las mismas condiciones. El lagarto y la lagarta con delantalitos blancos.* Debajo, otra fecha, otro viernes, casi un mes después.

Procuraba evitar pensar en ello, retrasando indefinidamente el momento de tomar una decisión, de seleccionar su respuesta, pretendiéndose a sí mismo indiferente frente a un plazo regular, progresivamente más estrecho. Se repetía que lo más sensato sería reaccionar en el último momento, pero a veces se sentía mal, incluso nervioso, frente a una aventura tan descabellada. A veces pensaba en ello.

Disponía ya de muy poco margen cuando se despertó desconcertado, perdido en su propia casa, el cuerpo entumecido, dolorido por los efectos del sueño que le había asaltado sin avisar en aquel sillón dispuesto en el centro de una habitación con pocos muebles, frente a la pared desnuda donde ya no se advertía mancha alguna. El viernes, se esforzó por recordar, en el malestar de su duermevela a destiempo, el viernes, ¿qué viernes? Afuera estaba oscuro, el débil reflejo de la luz de las farolas apenas bastaba para proyectar un mortecino haz que atravesaba oblicuamente el suelo de madera, delante de cada balcón. Miró el reloj y las agujas fosforescentes le permitieron averiguar que estaba al borde de las ocho y veinte, pero no pudo contemplar la fecha. Sería de noche.

Transcurrieron unos diez minutos más antes de que

fuera capaz de reconstruir su memoria inmediata. Estaba de vacaciones. Tenía mucho hambre porque había comido poco, tres pinchos de tortilla seguidos sobre la barra de un bar, después del bochornoso episodio del museo, aquella mujer tan extraña. Había vuelto a casa andando, eso terminó por recordarlo también, y había decidido regalarse por último un lujoso testimonio de su inconmovible amor hacia sí mismo, porque antes se había empalmado mirando un —su— cuadro de Goya y eso parecía peligroso. Sonrió. Ahora se acordaba. Por eso estaba ahí el sillón, frente a la pared, y él tirado encima, debía de haberse quedado frito, agotado por el esfuerzo tras haber impreso en la fantasmagórica silueta de esa pequeña puta que ya no se dignaba a dejarse ver jamás, las marcas precisas para convertir su piel en una superficie incomprensiblemente macilenta, el signo de las mujeres que se descubren y no se aceptan. Se masturbaba con mucha frecuencia, pero casi nunca invertía en esa operación más que el tiempo estrictamente necesario, y no solía desplegar tanto celo en la preparación del ambiente, ni interior ni exterior, como el casi derrochado apenas unas horas antes, cuando se había propuesto recorrer un camino tan largo que ni siquiera había llegado al punto de las chinelas azules, desde donde había partido muchas otras veces. Tal vez sería necesario replantearse esta cuestión en lo sucesivo a juzgar por los resultados, un relajamiento muscular suficiente como para inducir a deshora a un sueño dulce y completo. La desagradable apariencia que había revestido su despertar en el instante exacto de producirse se desvanecía ahora al comprobar que ya no se sentía mezquino y miserable, un pobre hombre, como siempre. Ella también se masturbaba mucho ahora, otra vez, igual que en casa de sus padres, porque ya no era demasiado joven pero estaba más sola que entonces. Recordó sus palabras y se tranquilizó, porque había establecido ya que era miércoles, disponía por tanto de dos días casi enteros para seguir posponiendo su decisión. Estaba muerto de hambre. Se levantó de golpe, metió bruscamente la cabeza debajo del chorro del agua fría y, sacudiéndose aún las gotas

151

que resbalaban sobre su frente y sus mejillas, bajó a cenar a un restaurante cubano que acababan de abrir en la esquina.

L I EX RA L . Lo inexorable, pensó, al empujar la puerta, es la llegada del día en que todas las letras de neón estén completamente fundidas y este bar carezca por fin de nombre. Eso es lo que te merecerías, sonrió para sus adentros al contemplar a Polibio en el centro de la barra, por ir dándotelas de filósofo barato hasta en el prosaico ejercicio de la hostelería. Se acercó a él y llegó a pronunciar un par de sílabas, pero no se atrevió a seguir. Su amigo levantaba una botella de ginebra como si le pesara, ensimismado hasta un punto situado mucho más allá de los límites de lo habitual y, cuando habló, 350 pesetas, no le sorprendió más el inusitado desplome de los precios de las copas que el tono apagado, débil, de la voz que lo enunció.

No quiso volver a preguntarle por su salud. Lo hacía de vez en cuando, más preocupado de lo que a él mismo le parecía razonable por las voluntarias limitaciones de su vocación amorosa, la condición que hacía de Polibio todo un grupo de riesgo, un blanco perfecto para el enemigo frío que ganaba la guerra un día tras otro sobre los titulares de los periódicos. No quiso preguntar tampoco por las flores frescas que una mano descuidada había dejado caer, más que colocado, en un vaso que reposaba ahora sobre un estante. Será Paquita, imaginó, o quizás otra, o, finalmente, Paquita y otra, un leve contratiempo sentimental, concluyó, nada grave excepto para él mismo, que mediada la segunda jarra de daiquiri había decidido decidir por fin, hablar de la mujer de amarillo para vencerse, precipitarse en una dirección o en su contraria, asumir con tranquilidad una sentencia, absuelto o condenado, lo mismo daba, quedaban dos días todavía.

—Hola. ¿Cómo estás?

La artificial viveza que forzó la voz de su interlocutor, traicionando llamativamente su intención de ignorar y hacer ignorar a toda costa las razones de su tristeza, le advirtió de que no hallaría un momento mejor para emprender su confesión, y lo intentó, pero perdió el control sobre las palabras que brotaban de su boca.

—Bien. Tenía ganas de hablar contigo, por eso he venido —y a partir de este instante tuvo que esforzarse para reconocer a quien hablaba desde dentro de su cuerpo, utilizando su voz y su acento—. Esta mañana he conocido a una mujer extraordinaria.

—¿Sí? ¡No me digas! ¿Tenía tres pechos acaso?

—No, pero era fea, estaba gorda y se le notaba que era de pueblo...

—Desgraciadamente para mí, no encuentro esas características precisamente extraordinarias.

—Tenía nombre de diosa menor.

—¿María del Pilar?

—No. Iris.

—¡Bah! Esa alcahueta...

—Hemos ido al Museo del Prado.

—Estás en decadencia, tío.

—Y cuando la tenía en brazos...

—¿En el museo?

—Sí, delante de *La nevada.*

—¡Qué barbaridad!

—Me he empalmado y ella se ha dado cuenta y se ha ido corriendo, llamándome cerdo.

—No me extraña.

—Lo que todavía no entiendo es por qué ha pasado todo eso.

—Todavía no has cumplido los cuarenta. Luego lo único que haces, todo el tiempo, es preguntarte por qué pasan esas cosas...

—Será eso.

—¿La conociste?

—No. Se fue corriendo, ya te lo he dicho.

—Y no volvió...

—No.

—Y no tienes manera de localizarla.

—No.

—Mejor. No lo intentes siquiera.

—¿Por qué?

—No lo sé, pero no me gusta... O a lo mejor es sólo que esta noche no estoy para hostias.

En ese momento, Paquita apareció por la puerta. Todos los presentes se volvieron para mirarla, como si el desaforado sonido de sus tacones anunciara alguna inminente catástrofe, pero ella se estiró el vestido con el mecánico gesto de un autómata que cargara así sus baterías, y atravesó el local andando despacio hasta ganar la barra, sobre la que descargó un furioso puñetazo.

—Ponme una copa y no me digas nada, sobre todo no me hables, no quiero escuchar una sola palabra, ni una sola, ¿me oyes?

Polibio se dio la vuelta, y una chica rubia, muy joven, violentamente estrábica, su cuerpo envuelto en un vestido demasiado corto, terciopelo negro que convertía su extremada delgadez en el impreciso testimonio de alguna enfermedad terrible, se levantó entonces del rincón donde se refugiaba, un escondite tan perfecto que Benito no había advertido su presencia hasta entonces. Mientras la miraba, sorprendido aún por no haberla visto antes, sobrecogido a un tiempo por el espanto de sus ojos bizcos, sintió que Paquita le daba un codazo. Al mirarla, comprobó que le tendía una caja de cerillas. No quiso cogerla. Ella golpeó nuevamente sus costillas con el codo, y él aceptó por fin la envoltura de cartón satinado cuyas solapas se dedicó a frotar con las yemas de los dedos como si pretendiera abrillantarlas.

Había ido a verla una vez, sin decirle nada a Polibio, al deprimente club de la carretera de Valencia cuyo nombre y dirección aparecían impresos en letras fosforescentes sobre la tapa de otra caja de cerillas que ella le había prestado, entonces sin ninguna intención, un par de días antes. Su idea original era no dejarse ver, pero hacía tanto frío en el local desierto y sucio, que se decidió a ocupar una de las

154

mesas más próximas al escenario, pensando que quizá su presencia le serviría de algo a ella, que sin embargo debía de estar ya acostumbrada a noches semejantes, un panorama sombrío y desolador, tres o cuatro borrachos de última hora, la repugnante mirada húmeda de los masturbadores habituales y, con un poco de suerte, un grupo de soldados de permiso o una despedida de soltero, nada más, excepto ella y aquella otra chica que se llamaba Ursula, y el bolero de Ravel con ritmo funky, distorsionado hasta los límites de lo irreconocible bajo el rajado toldo grisáceo que pretendía crear la ilusión de una jaima árabe, aquel era su número, entre las monjas lesbianas y el homenaje a Charlot, que era el más patético de todos, en medio salía Paquita vestida de hetaira egipcia, con un traje viejo y transparente ya por el desgaste, heredado de una bailarina auténtica que hizo todo lo posible por enseñarle a controlar los músculos de su vientre durante meses y al final, desesperada, renunció y le regaló un vestido a cambio sin querer cobrárselo siquiera, él lo comprendió al verla, huesuda y escuálida, con la piel tan pálida y aquel ombligo que parecía querer salir hacia fuera en lugar de hundirse dentro de su cuerpo, moviéndose con cierta agilidad pero con muy poca gracia, evolucionando siempre alrededor de su compañera, que envuelta en una túnica blanca, de pie, con los brazos cruzados y la expresión altiva, llevaba la mejor parte, el papel de jeque, y apenas trabajaba durante los primeros diez minutos, luego sí, pero estaba mucho más buena que Paca, y era más joven, y no daba pena, aunque después, cuando fue a saludarlas al camerino, ya no supo qué pensar, porque la novia de Polibio parecía contenta, y la otra no, se dio cuenta al estrechar su mano, blanda y laxa, incompatible con la energía que debería desprender a juzgar por la calidad de su carne, él había concebido ciertas esperanzas, pero Ursula se marchó enseguida, despidiéndose en voz baja, lo está pasando muy mal, le confesó Paquita, mientras con la mano izquierda cerraba la puerta y con la derecha le bajaba la cremallera del pantalón para meterle la mano dentro, se ha liado con un estudiante de física que no sabe nada de esto, él manifestó su solidaridad con palabras vagas mientras se desplazaba ligeramente hacia un lado para dejarse caer encima de un sofá que había detectado previamente, ella se las arregló para desnudarse sin llegar a abandonarle nunca, lo montó con la misma habilidad que le había sido negada para el baile y comenzó a agitarse sobre él con una precisión mecánica pero no por eso exenta de eficacia, sin alterar nunca el ritmo de sus sacudidas, ni siquiera cuando se abrió la puerta y la pobre imitadora de Chaplin, completamente desnuda pero con el bigote aún pegado sobre el labio superior, cruzó la habitación en dirección a su propio camerino, con el bombín, el bastón y el frac arrugado entre los brazos, saludando sin mirar, con cara de cansada, entonces él cerró los ojos para no ver a nadie más, ella interpretó su gesto como una demanda de intensidad y acrecentó sus impulsos, él se corrió enseguida, ella no le acompañó pero dejó escapar un resoplido de satisfacción, como si acabara de saldar una antigua deuda, luego se vistieron y salieron a la calle, tuvieron que caminar un buen trecho junto a la autopista antes de encontrar un taxi libre, comentaron algunas cosas triviales durante el trayecto, luego la dejó en su casa y siguió hasta la suya, y ninguno de los dos volvió a mencionar aquel episodio nunca más, aunque, cuando un par de días después se la volvió a encontrar en la barra del bar de Polibio, como siempre, él se dio cuenta de que la quería más que antes.

Sin embargo, aquella noche, dejando caer la caja de cerillas encima de la barra, la miró, y le dijo que no con la cabeza. Ella se encogió de hombros y le susurró algo al oído, tú te lo pierdes, antes de volcarse con desesperación fingida sobre el vaso de cristal que su novio le había puesto delante. Polibio le miró sin decir nada, quería que se marchara. El recogió la chaqueta, pronunció un adiós casi imperceptible, y se volvió a tiempo de contemplar cómo la famélica muchacha del vestido negro desaparecía lentamente por la puerta, sosteniéndose apenas sobre dos altos tacones torcidos que convergían llamativamente hacia dentro.

II
Viernes

Todo ocurrió tan deprisa que entonces no fue capaz de reconstruir aquella vertiginosa sucesión de casualidades, el instante que pudo cambiar su vida, deformado después y para siempre en su memoria complaciente, la herramienta de su moldeable conciencia de hombre solo que le animaba a repetirse una y otra vez que estaba absolutamente borracho aquella tarde, borracho hasta la indiferencia, hasta la estupidez, hasta la ceguera, pero no había sido así, y él también sabía que no flotaba una sola gota de alcohol en su sangre cuando el azar decidió convertirse en algo material, un hado sólido que dirigió sus ojos hacia donde no debían mirar, porque estaba nervioso y sintió efectivamente la tentación de tomarse un par de copas antes de salir de casa, pero pensó que más tarde acabaría bebiendo de todos modos, para bien o para mal, y acabó encontrándole alguna ventaja a la idea de reservarse para la noche.

Se miró decenas de veces en el espejo con la mala conciencia de estar comportándose como un gilipollas, el mismo atuendo, las mismas dudas, el mismo hueco ávido perforando su estómago y el recuerdo de la espantada previa, el sandwich de varios pisos que no había podido digerir todavía. Tenía un plan, un breve y concreto proyecto de actuación tras el que guardarse a sí mismo, llegar antes de la hora, buscar un observatorio propicio, contemplarla a placer antes de acercarse a ella, pero aunque había invertido mucho tiempo en definir vagamente la mejor táctica, ahora se daba cuenta de que tenía miedo, y recordaba a Teresa, su repetida audacia, sus fracasos. No pierdo nada con probar, se repetía, pero esa afirmación íntima perdía potencia por momentos, al tiempo que la deserción se perfilaba como una opción confortable y plagada de ventajas.

Bajó las escaleras muy despacio, juntando las piernas en cada peldaño, como si intentara transmitir a sus rodillas el titubeo que no cesaba de estrangularle metódicamente por dentro. En la calle, sus pies fueron afirmándose lentamente sobre las baldosas de la acera. Confiaba ya en el sol, y en la previsible ausencia de ella, una mujer casada, seguramente satisfecha de la generalidad de su vida, que contestaba a los anuncios sólo por hacer algo, una antigua tradición, obedecer al reclamo de la botella de vidrio verde tras naufragar en ningún mar, ninguna playa, ninguna isla, tan sólo para llorar a distancia sobre los hombros anónimos de un hombre que imaginaba tibio y fascinador, como los que pueblan las ensoñaciones fáciles de las adolescentes encerradas en tarde de día de fiesta, pero de quien no suponía que fuera a existir en realidad. También se echan al buzón las cartas dirigidas a los Reyes Magos, Palacio Real de Oriente, etc, etc. Será eso, se aseguraba una y otra vez, tratando en vano de disipar su inquietud, empeñándose en cerrar su conciencia a la experiencia que le gritaba desde algún recóndito lugar de su cerebro que abandonara a tiempo.

Tenía veinte años justos e indicios suficientes de lo que le esperaba, y sin embargo se había lavado el pelo, y las gafas, y estrenaba pantalones. Su ruta había sido otra aquella tarde, había quedado en Princesa, hacía frío. La voz de Teresa sonaba dulce desde el otro lado del teléfono, ¿te acuerdas de lo que hablamos en París?, quiero verte. Podría haber escogido una fórmula más distante, menos comprometida, pero dijo exactamente eso, quiero verte, y él no fue capaz de disfrazar su emoción imprimiendo siquiera un mínimo tinte de indecisión a su voz, eligiendo una muleta cualquiera antes de desplomarse, no sé si podré, llámame mañana, he quedado ya, debería de haber contestado algo así, pero no pudo, y asintió firmemente, tenaz como un muñeco de cuerda, apenas pronunció otra palabra que sí, dijo sí a todo, sí todo el tiempo, apoyado en la pared, cubriendo completamente el auricular con la mano, sí, como tú quieras, claro, como a ti te venga bien.

Intentó reconstruir con precisión la larga, desmesurada conversación que habían sostenido en París, de bar en bar, aquella noche interminable que ahora le pesaba tanto por su brevedad. Habían hablado de muchas cosas, no le resultaba fácil recordar un tema estelar, él también estaba borracho. Le asaltó por un instante la imagen de un papel blanco doblado en cuatro entre los dedos de una mano delgada, pequeña, y recuperó sin pretenderlo el desagradable sonido de un acento extraño, a medio camino entre el francés y el porteño, la fórmula del penúltimo rechazo, pero no era posible que Teresa quisiera volver a hablarle de aquel hombre, porque tenía amigas, mujeres como ella, a quienes recurrir para analizar un suicidio semejante con mejores garantías de comprensión solidaria de las que él mismo podría ofrecerle nunca. A ella le gustaba el jazz, a él no. Habían discutido de eso también, y de la vida y obra de Ernest Hemingway, a quien él había rechazado de plano en la más absoluta ignorancia de su vida y de su obra, con la profunda convicción en cambio de que sólo esa actitud podía ser la correcta frente a la imagen del cargante anciano que posaba sin cesar, perpetuos ademanes de hombre bueno, detrás de la barrera de alambre, más estrella que el toro y que el torero. Teresa no había insistido mucho, así que tampoco el viejo yanqui de la barba redentora les uniría de nuevo. Luego, menos por el aumento gradual de la confianza entre ambos como por la creciente intensidad de la intoxicación etílica que llevaba a cuestas, ella había comenzado a hablar en solitario, y había seguido conversando frente a él, más que con él, durante horas, casi hasta el final. Había querido volverse anciana para resumir su vida en un puñado de nombres, y había ido desgranándolos lentamente, evocando su rostro y el tamaño de sus manos, su edad y el sentido de su abandono, su peso y la nostalgia que por cada uno de ellos era capaz de sentir aún. El la escuchaba en silencio, interviniendo apenas, sólo para insultarles como un eco, en su voz el reflejo de cada uno de los insultos, las secas sentencias emitidas por ella, que asentía gravemente después para confirmarlo, sí, la verdad es que se portó como un cabrón, y luego tomaba aire para empezar otra vez, yo le quería, ¿sabes?, le quería. Agotó la lista de todos sus amores contrariados antes de mirarle un instante a los ojos y aferrar su muñeca fuertemente con la mano. Si yo pudiera, dijo entonces, si yo pudiera lograr... Le pidió que terminara la frase pero ella no quiso seguir, él no le dio importancia, los dos estaban borrachos, bebieron un poco más, hablaron de otras cosas, la facultad y la carrera y los padres y los hermanos y las vacaciones y los horarios, y sólo al final, su mano empuñando ya el picaporte de una puerta sucia, mal pintada, en el sucio y mal pintado corredor de aquel horrible hotel barato, cuando él, tras despedirse cortésmente, se disponía a marcharse a su habitación, dos pisos más arriba, Teresa le detuvo con la mirada y habló por fin, con el ridículo acento de las cosas trascendentes. No soy una mujer coherente, dijo, no consigo serlo. El se quedó callado, parado, mudo. No debería hacer estas cosas, lo de esta tarde, en fin..., prosiguió tras una larga pausa, complaciéndose un momento en su debilidad. Soy adulta, soy inteligente, soy consciente de todo esto y de que no debería comportarme así y, sin embargo, no consigo hacer lo que debo, yo qué sé, enamorarme de un tío como tú, vulgar y corriente, alguien con quien comprarse una casa, y tener hijos, y esas cosas. A veces pienso que nunca seré feliz, y que sólo yo tendré la culpa. Pero te estoy entreteniendo, y ya es muy tarde. Gracias por todo y buenas noches.

Entonces él se fue a la cama, y no podía dormirse, y bajo el desagradable peso de unas sábanas húmedas, no quiso seleccionar ningún fragmento de lo que había ocurrido aquella misma noche, estaba demasiado contento, le bastaban la conciencia de haberla tenido para él solo durante tantas horas y el recuerdo de la sonrisa cómplice de aquel camarero que barría con desgana un bar desierto, los ojos brillantes sobre el enorme mostacho oscuro. Luego, de vuelta a casa, analizó ya, casi en contra de su propia voluntad, el parlamento último de Teresa, y concluyó que esa chica era un poco imbécil, porque sólo una imbécil, y una imbécil pedante, engreída, soberbia, podría hablar así con veinte años. En realidad, lo que no soportaba era saber que ella le consideraba un tío vulgar y corriente. Vulgar y corriente serás tú, optó por consolarse, que has visto demasiadas películas y no te enteras de por dónde van los tiros. Esta última, imprecisa reflexión, le tranquilizó y tuvo la virtud de sancionar para siempre como correcta la imagen de la Teresa más joven, casi adolescente, el pelo alborotado, la piel incomprensiblemente macilenta, que, aferrada con desesperación a la tela de sus pantalones, suplicaba clemencia con lágrimas de verdad, repitiéndose, repitiéndole, que nunca más volvería a confundirle con un pobre hombre.

Pero luego le llamó por teléfono y se lo dijo, quiero verte, y el mundo se retorció sobre sí mismo nuevamente, porque él no podía recordar con exactitud de qué habían estado hablando en París pero se convenció de que aquella llamada no podía ser otra cosa que un acta de rendición, un intento por imprimir coherencia a una vida que carecía desde luego de ella, la definitiva petición, en suma, de una clemencia distinta, concreta, vulgar y corriente. Y ya no quiso, no pudo, no tuvo ganas de recuperar su propia, parcial dimensión, de una mujer que venía, tenía que venir, a ofrecérsele en todas sus dimensiones objetivas, comprarse una casa, tener hijos, y todo eso. Ahí se jodió Teresa, resumiría para sí mismo años después con cierta irónica amargura, al reconstruir de vez en cuando la larga y pintoresca lista de sus fantasmagóricas amantes inventadas sólo a medias, pero entonces no se limitó a esperar los acontecimientos que habrían de suceder, sino que se colocó por delante de ellos.

No encontraba violetas en ninguna parte, su ausencia llegó a hacerse desesperante.

Llegó a considerar la posibilidad de elegir otra flor, pero al fin y al cabo las violetas crecían en invierno, en alguna parte debían de estar, no podían haber desaparecido así, de repente, de la faz de la tierra. Flores baratas y humildes, ligadas a la leyenda de la ciudad y a la estela de los amores sinceros y trágicos, tenían que ser violetas, decidía, y, estrujando el paquete que ocupaba el bolsillo izquierdo de su trinchera de soldado de infantería norteamericano, sacada de la base a muy buen precio, siguió intentándolo, suplicando violetas de tienda en tienda, hasta que las encontró, y compró tres manojos lamentando casi su bajo coste, hubiera preferido que fueran más caras, algo más caras al menos. Tuvo que insistir para que la dependienta reuniera todas las flores en un solo ramo diminuto, pero no consiguió que aquella vieja malencarada, que tan a las claras mostraba su fastidio por verse obligada a manipular una mercancía que dejaba tan poco beneficio, ocultara el cordel con una cinta de colores.

Teresa las acogió con perplejidad, aunque él no quiso darse cuenta. Fue sólo un instante, apenas una fracción de segundo, pero dispuso del tiempo preciso para contemplar cómo el más genuino de los asombros se dibujaba nítidamente en un rostro escéptico, y para desmentirse inmediatamente después tal impresión. Ella le ayudó al principio, porque sonriendo abiertamente le tomó del brazo para echar a andar en la dirección opuesta a la que él habría escogido, sin apresurarse demasiado en desmoronar todas sus esperanzas, y él había concebido todo un proyecto de conversación, pero apenas pudo llegar a esbozarlo, engarzando ingeniosamente unos temas con otros, tal y como tenía previsto, porque fue ella quien habló toda la tarde, y sus primeras palabras bastaron para despertar en él la memoria exacta de lo que había sucedido en París, una simple alusión, un par de aclaraciones indirectas después, y nada más, pero era eso, lo comprendió sin esfuerzo ahora que ya era tarde, y no sintió nada, Teresa hablaba sin parar, y él asentía como si alguien hubiera posado una mano ajena en su nuca e impulsara periódicamente su cabeza hacia delante, aparentemente de acuerdo en todo con ella, mirándola sólo de reojo, sus manos enfundadas en guantes de lana, un color distinto para cada dedo, asomando desde las mangas de un gigantesco chaquetón de ante forrado de piel de borrego, toda la ropa dos tallas más grande de la que hubiera escogido para ella su madre, un pañuelo de algodón bordado con hilos dorados al cuello, y un gorro negro sobre la cabeza, no se atrevía a mirarla de frente, pero la escuchaba, y le daba la razón, y no sentía nada todavía, y no entendía del todo sus palabras transparentes, esto se acaba, ya lo sabes, todos lo sabemos, que esto no va a durar mucho más, y nosotros nos merecemos el futuro, justicia, progreso, futuro, sus ojos brillaban para subrayar el color de las mejillas arreboladas por el frío, un vaho blanquecino escapaba de su boca mientras brotaban chispas de su piel iluminada, y su cuerpo pequeño temblaba, y él asentía en todo para no escuchar nada más, y sin embargo sabía que era inútil plantear cualquier resistencia, porque el discurso de Teresa era infinito y él debería haber adivinado su sombra tras la voz que sonaba tan dulce al otro lado del teléfono, ya lo había apuntado en París, pero aquella noche que paulatinamente iba adquiriendo las torturadoras proporciones de una pesadilla en su mente repleta, tan atronada por el eco de las palabras repetidas que ya no disponía de espacio para albergar el desconcierto, ella no debía de sentirse con fuerzas, mientras que ahora las tenía todas, íntegras, intactas, arrolladoras, y no para pedir clemencia, sino para exigir su cuerpo y su alma, su honor y su fuerza de trabajo, una apuesta total por el mísero futuro que les depararía un siglo traidor, y él movía la cabeza hacia delante como un autómata, indiferente al entusiasmo de ella, que sólo podía comprender de una manera sus gestos mansos, y le apretaba fuerte el brazo con los dedos.

Habían llegado a Rosales y recorrían las fronteras del parque por la acera desierta. El invierno se notaba en el viento, en la oscuridad prematura y en el brillo metálico de los cierres que alteraban el apacible aspecto de lo que ambos sabían ligeros quioscos acristalados, ahora frías garitas vestidas de acero ante terrazas ausentes. Desde allí podría sospecharse que la ciudad había muerto, el silencio se hizo casi total. Se detuvieron al mismo tiempo, para mirar y escuchar, y entonces ella le besó, posó los labios sobre su mejilla, muy cerca de la comisura de la boca y él, con una rapidez insólita, tomó la cabeza de la muchacha entre las manos y la desvió ligeramente, y ella se lo permitió, le franqueó la entrada a su propia boca y le devolvió aquel beso casual, frívolo, político, que él atesoraría durante años como uno de los momentos culminantes de su vida.

En su memoria, aquel instante llegaría a alcanzar la naturaleza débil y amarillenta de un pergamino finísimo, muy viejo y raído ya por los bordes, la morbosa condición de los recuerdos obsesivos, invocados cada día con frecuencia sistemática, deliberadamente desgajados del resto de la historia, de todas las historias, porque dentro de su cabeza la escena siempre terminaría con aquel beso dulce y abrupto, él besando durante tanto tiempo a Teresa en medio de la acera, no había nada después, se negaba a recordar, a reconocer el resto. Cuando se decidió a extraer el contenido de su bolsillo izquierdo ya sabía que nunca debería haberlo hecho. El paquete estaba destrozado, él mismo lo había destruido sin darse cuenta, presionando y pellizcando con las uñas el envoltorio de papel de colores durante los fragmentos más intensos del discurso de ella, como esperando obtener alguna dosis de fortaleza a partir de la nimiedad de aquella acción, y ahora el resultado era un indefinible amasijo de papel brillante y reflejos azules que desbordaba la superficie de su mano tendida hacia delante para desconcertar a su destinataria, que lo miraba fijamente, la perplejidad instalada ya en todas las esquinas de su rostro, preguntando sin hablar, la boca abierta. El, que no se sentía capaz de articular disculpa alguna, optó por esconder los restos del paquete en su refugio inicial, pero la curiosidad de ella pudo más, y cuando sintió que aquella mano multicolor se aferraba a su muñeca, deteniéndola, se dijo que no estaba haciendo nada malo, y extendió la mano de nuevo, explicándose, es un regalo, lo he traído para ti. Entonces ella se inclinó y tomó uno de los extremos de la bolsa con la punta de sus dedos enguantados, como si temiera ensuciarse al contacto con el plástico, y la elevó en el aire para desembarazarla de cualquier resto de color, su primitivo envoltorio hecho pedacitos que se desparramaron por el suelo en un grotesco simulacro de fiesta infantil. Yo no sabía, se explicó él, no suponía que fuéramos a hablar de política, pero tuvo la sensación de que sus palabras no llegaban a los oídos de ella, que se impuso una suerte de laica misericordia para preguntarle con voz neutra, pero esto ¿qué es?, y sintió la tentación de darse la vuelta y salir corriendo, dudaba acerca de la variedad de ridículo que resultaría menos deshonrosa, al final contestó vagamente, eran de mi madre, y se dio cuenta de que ella no entendería aquel regalo y de que nunca podría reprochárselo, porque nadie podría entenderlo, porque no era un regalo, no era ninguna cosa y no tenía ningún valor, un simple puñado de plumas teñidas de azul celeste, y presintió lo que iba a ocurrir, lo que iba a perder, y todavía no fue capaz de sentir nada, pero si está vacío, dijo ella, y el movimiento de sus manos le advirtió claramente del sentido de la etapa sucesiva, no hagas eso, llegó a decir, pero no a tiempo, y alargó tarde una mano hacia la mano de ella, que, deshecho ya el nudo, invertida la bolsa, la abertura hacia abajo, agitaba con fuerza lo que ya no era más que un transparente esqueleto translúcido mientras repetía, pero si aquí no hay nada, no te entiendo, ¿dónde está el regalo?

Debería habérselo contado, haberle explicado que lo que ella interpretaba como un simple aderezo era en sí mismo un pobre tesoro, pero sucumbió sin resistencia al repentino cansancio que multiplicó en un instante hasta el infinito el peso de sus brazos, de sus piernas, de sus pies, que parecían ir a hundirse en el suelo de puro pesados, y luego buscó las flores en sus manos y no las encontró, su chaqueta no tenía bolsillos y las violetas no estaban, las habría tirado en una papelera sin que él se diera cuenta, flores baratas y humildes, ligadas a la leyenda de la ciudad y a la estela de los amores sinceros y trágicos, absurda ofrenda profanada por las torpes manos de una sacerdotisa con sentido práctico. El cansancio se hizo más intenso. No podía reprocharle nada. Se despidió brevemente, adiós, sin dar más explicaciones, giró sobre sus talones y echó a andar, alejándose de ella.

Se agachó para recoger del suelo una pluma azul, sucia y entera. Obedeciendo a un viejo instinto, cerró los ojos y la guió a ciegas hasta situarla sobre uno de sus párpados, que recorrió muy despacio para recuperar el calor en aquella antigua caricia. La estiró con la punta de los dedos para prolongar su vida y la depositó con cuidado en uno de sus bolsillos mientras seguía andando. Renunció a recuperar las demás, dos, tres docenas de pequeñas plumas azules que, animadas por un golpe de viento, bailaban ahora a su alrededor, un regalo que no era ninguna cosa y que no tenía ningún valor. Cuando cruzó el semáforo pudo escuchar, ya muy lejos, la voz de Teresa, que bruscamente repuesta de su perplejidad corría hacia él, llamándole por su nombre y gritando, pero bueno, entonces ¿cómo quedamos?

Pensaba en Teresa mientras caminaba lentamente, acudiendo a otra cita peligrosa, más peligrosa aún porque no cabían los malentendidos y porque había pasado demasiado tiempo, y la recordaba, la chaqueta de ante y el gorro de lana negra, tan distinta de la mujer con quien había tropezado en una hamburguesería un par de años antes, o quizás tres, no se acordaba bien. Llegó a sentir cierta emoción, pero no se inquietó por ello. Proyectó una estúpida travesura, comprar flores nuevas, aunque ya no fueran violetas, y se sorprendió sonriéndose a sí mismo, imaginando la imprevisible reacción que tal regalo desencadenaría en su anónima corresponsal, la mujer X, esa criatura ávida de emociones fuertes, piel hastiada en pos de una violencia imaginaria, sólo un recurso para recuperar la consistencia, el escalofrío perdido, flores, un gesto en definitiva distante, por lo cortés, para con aquella niña triste que buscaba la felicidad fuera del camino vallado, de espaldas a la aparente dignidad de los seres humanos. Sería divertido verlo, pensó, sonriendo todavía, mientras recorría el último tramo echando un vistazo a su alrededor, apostando contra sí mismo a que no encontraba una floristería abierta por los alrededores. Desembocaba ya en la Plaza de España cuando tropezó con una anciana diminuta, una melena de canas despeinadas enmarcando un rostro muy pequeño, los ojillos rasgados como dos puñaladas y los labios finos, que vendía las pocas flores que cabían en dos cubos de plástico llenos de agua. El se detuvo en seco, como si por un instante creyera en el destino. Ella le miró sonriente.

—¿Quiere claveles?

—No sé.

—También me queda un ramo de rosas de éstas, pequeñitas —y al inclinarse hacia delante para enseñárselas, él pudo observarla mejor y descubrió que no era tan vieja. No debía de tener más de cincuenta y cinco, sesenta años, aunque las ropas negras que cubrían su cuerpo enjuto y el diente de oro que brillaba junto a un hueco vacío disimulaban muy bien su edad auténtica.

—Ya... Pero es que no sé si quiero flores.

—¡Esa sí que es buena! —se golpeó sonoramente la cadera con la mano abierta mientras soltaba una carcajada—. Entonces ¿se puede saber qué está haciendo aquí?

—Bueno, me llevaré algunas, sí... ¿Cuáles me recomienda?

—¿Son para una chica?

—No. Creo que las pondré en casa, en un jarrón.

—Entonces llévese uno de éstos —le alargó un ramo multicolor compuesto por margaritas, clavellinas, capullos de rosa y algunas flores más, aparentemente silvestres, que no pudo identificar—. Ya vienen cortadas y preparadas, ¿lo ve?, con su boj y todo. No tiene que hacer nada más que colocarlas. ¿Tiene ya encendida la calefacción?

—No.

—Entonces nada, pero de todas formas, eche una aspirina en el agua. Le durarán frescas mucho más tiempo. Son quinientas pesetas...

Cogió el ramo y buscó en sus bolsillos hasta encontrar la moneda exacta. Cuando ya se daba la vuelta para alejarse, ella, dejando caer el dinero con un gesto preciso en el bolsillo de su delantal, le chistó para llamar su atención. Luego sacó del cubo el ramo de rosas pequeñitas, eligió una, la cortó hábilmente con los dedos y se la tendió.

—Tome, ésta para usted. Es una pena que los hombres ya no lleven flores en la solapa, era una costumbre muy bonita. Yo se la pondré. Así, muy bien... Hasta la vista, y muchas gracias.

—Adiós —contestó él, palpándose perplejo el extraño bulto que asomaba en su chaqueta, y preguntándose qué iba a hacer ahora con aquel ramo de flores en la mano, al encuentro de una mujer desconocida, seguramente una enana gorda con pelos en la barbilla, que quería ser su esclava porque había leído un anuncio, una bella colección de mentiras inventadas por él mismo, en esa revista que todo el mundo compra para encontrar un piso, y comprendió exactamente que debía de estar loco, loco perdido.

Se detuvo en la acera, presa de un sentimiento de pánico que por fin expresaba cierta sensatez, y miró en dirección a la plaza, decidido a abandonar, pero a partir de entonces los acontecimientos se precipitaron como los fotogramas de una película mal enrollada en la invisible cámara manejada por un demente, secuencia breve e infinita a un tiempo de imágenes incomprensibles, una sucesión de manchas sin sentido que escapaba vertiginosamente a los ojos de ningún espectador, recorriendo a toda prisa una sábana arrugada, y buscó una papelera, y tiró las flores, se volvió un segundo para comprobar que la vieja lo había visto todo pero le sonreía aún, y no le importó lo que pudiera pensar, ella estaba sentada sobre un poyete con aquella revista entre las manos, y él no vio nada más al principio, su cuerpo atenazado por los tajantes gestos del destino en el que ya no tenía más remedio que creer, las heladas garras de hierro que le paralizaron en medio de la calle tanto como su propio estupor mientras se dejaba sobrecoger por la sorpresa, el corazón estremecido reventándole los huesos y la imaginación en marcha, y no pudo recordar entonces que nada en la carta aludía a tal contraseña, que aquel cuadernillo de papel entre unas manos femeninas no tenía ningún significado, no pudo reparar en ello porque se sentía incapaz de gobernar sus propias percepciones, vencido ya por la voluntad de mirar solamente a través de su propio deseo, que quiso reconocer en la mirada frágil de aquella muchacha fea la extraña potencia que nunca volvería a hallar en rostro alguno, porque sólo sus ojos bastaron para conmoverle, para hacerle comprender la verdad que permanecía tras aquella larga sarta de embustes, el marido rico, la casa en las afueras, el cansancio de los mimos, entonces la compadeció y la quiso terriblemente, entonces, apenas unos instantes, antes aún de darse cuenta del color de su falda de algodón amarillo.

—Hola. ¿Buscas novio?
—No. Busco piso.
—Pues lo llevas claro...
—Sí, ya lo sé. Está muy difícil.
—¿Y te vas a llevar a los siete enanitos?
—No te entiendo.
—Que si vais a mudaros todos los de la comuna.
—No te entiendo.
—Los de los pendientes.
—¡Ah, ya! No. Me voy a marchar yo sola.
—Muy bien.
—Sí...
—Muy bien.
—Sí.

—Toma. La acabo de comprar, pero no me acostumbro a llevarla en la solapa.

—Gracias.

—Oye... ¿no estarás enfadada conmigo por lo del otro día, eh?

—Aquello... Bueno, no lo sé, pero no, supongo que no.

Levantó la cara para mirarle por fin a los ojos y sólo entonces sonrió.

Cuando Manuela se levantó y él la tomó del codo para dirigir sus pasos, aquella mujer se cruzó con ellos por primera vez. Llevaba una gabardina azul marino, un rasgo de excentricidad casi llamativa en una tarde calma y soleada como aquella, y el pelo recogido en la nuca con un pasador adornado por diminutas flores de tela. Era joven y razonablemente guapa. Andaba deprisa y él apenas se fijó en ella.

Unos minutos después volvieron a encontrarla, sentada tranquilamente en un banco, en su rostro la plácida expresión de quien espera el advenimiento de un dios, la llegada de alguien que dispone de toda la eternidad para llegar. Manuela, que hablaba sin parar, se detuvo para comprarse un helado. Entonces, mientras él escuchaba de reojo su parloteo —el tamaño y el precio de los barquillos, desnudos o recubiertos de chocolate, tostados o sin tostar, pistacho, no, espere un momento, mejor menta con trocitos de chocolate, uno grande—, una ola de aire tímido y caliente se cebó con la tela oscura, levantando un pico de aquella gabardina azul para mostrar la brillante esquina de un mundo amarillo, apenas un fogonazo, presagio suficiente del color que identificaba, con aquel rostro, los sueños y la vigilia de la mujer sentada en un banco.

Mientras caminaba junto a Manuela, por fin San Bernardo arriba, no sintió ninguna necesidad de pensar en la mujer solitaria que esperaba en vano, todo su cuerpo una contraseña oculta, estéril ya en la ausencia de sus propios ojos, sentada en un banco de la plaza. Consciente de su error y de la magnitud de éste, recordó que es mejor no conocerlos, y renunciando a esperar signo alguno, se concentró en los trabajosos afanes de su acompañante, que parecía empeñada en prolongar hasta el infinito la existencia de aquella bola verde salpicada de lunares oscuros que se tambaleaba inciertamente sobre un cono tostado y frágil, apurando él también la misteriosa indiferencia frente al porvenir inmediato que le envolvía como una extraña paz bajo la luz pálida de un sol rendido, resignado ya a desvanecerse lentamente en la frontera de una noche cálida.

Ella le devolvía la mirada de vez en cuando, divertida.

—Es toda una técnica, ¿sabes? —se animó a explicar por fin—. Lo primero que hay que hacer es hundir la bola dentro del cucurucho apretando la lengua con mucho cuidado, así, ¿ves?, pero evitando que se desparrame por los lados. Para conseguirlo, hay que barrer todo el borde y procurar que el helado sobrante caiga en el centro, y luego hundirlo como lo demás, pero no mucho, porque si aprietas demasiado, el barquillo puede reventar. Primero rebañas con la lengua lo que se ha quedado pegado en las paredes, y después muerdes el cucurucho hasta que el helado vuelve a llenarlo del todo, lo hundes otra vez hacia abajo, y así todo el tiempo... Dura muchísimo, haciendo esto.

—Te ponen de buen humor, ¿eh?

—¿Los helados? —preguntó ella mientras hacía desaparecer el último ápice de barquillo dentro de su boca con una expresión casi melancólica—. Es posible, no creas... Me gustan mucho, pero no los tomo muy a menudo, como engordan tanto y yo siempre estoy a régimen...

—¿Tú estás a régimen?

—Sí, claro —afirmó, antes de llegar a identificar el sentido exacto de aquella pregunta. Luego, tras reflexionar unos instantes, presintiendo que él estaba a punto de disculparse, se sintió obligada a dar explicaciones—. Sí, ya sé lo que estás pensando, no, en serio, si ya lo sé... Es verdad que estoy gorda, pero mira, si no me recordara a mí misma de vez en cuando que estoy a régimen, sería un auténtico monstruo, una mujer descomunal. Lo que pasa es que me gusta comer, me encanta, de verdad, disfruto muchísimo comiendo, y a veces, como esta tarde, me digo, pero bueno, si esto son dos días, si no me como este helado y mañana van y me atropellan, por ejemplo, y me muero, pues... ¿qué habrá ganado mi cadáver con doscientos gramos menos?

—Nada, claro.

—Claro. Por eso me compro un helado y me lo como, y me sienta de puta madre, por supuesto, ¿cómo me va a sentar...? Hombre, luego voy a comprarme ropa y me entra la angustia, porque no quepo en ninguna de esas tallas únicas que hacen ahora, las faldas se me encallan a medio muslo y se quedan ahí, ni suben ni bajan. A veces tengo ganas de llorar en los probadores y todo, porque yo antes era muy delgadita, ¿sabes?, las amigas del colegio me llamaban la meseta, no tenía caderas, ni tetas, ni nada, era totalmente plana, lisa como una nadadora alemana, y ya ves ahora... En fin, que cuando salgo de la tienda me gasto la pasta que llevo en invitarme a merendar, pero a merendar bien, como en el pueblo, empanada de sardinas y esas cosas. Es una tontería, porque engordo más, pero mira, por lo menos se me quita la depresión...

—Entonces está bien —aprobó él, asintiendo gravemente con la cabeza. No era capaz de sentir compasión por las mujeres gordas. Su grotesca torpeza, los resoplidos que dejaban escapar al coronar una simple escalera, los pelos pegados a las sienes de sudor, la piel en torno a los ojos lívida de congestión, las pupilas inflamadas, les confería en su imaginación la desagradable debilidad de un cachorro inválido de puro obeso, imagen que los hombres gordos evocaban en él con mucha menos insistencia. Pero Manuela apenas sobrepasaba los límites de una gordura aceptable y él, desde su barriga más que incipiente, no ignoraba que corrían tiempos crueles—. Lo malo es que ahora, seguramente, no tendrás nada de hambre... —añadió, casi en la esquina de su propia calle.

—Pues no, claro, pero si es de día... ¿Es que tú cenas a estas horas?

—No, no, es sólo que... Yo lo decía por ir a algún sitio.

—Menos mal, porque a estas alturas, una ya no sabe...

—Aunque si quieres vamos a casa. Yo vivo ahí mismo, en ese edificio de ladrillo rojo.

—¡Ah!, pues vamos —contestó ella, con una seguridad que le hizo sentirse todavía más ridículo—. Antes lo hacía aposta, ¿sabes?

—¿Qué?

—Lo de comer helados, o palomitas, o lo que fuera, para no tener hambre después, cuando llegué a Madrid lo hacía aposta.

—Pasa —dijo él, invitándola a entrar en el portal—. Y ¿por qué hacías esa bobada?

—Es que no tenía un duro, y pensé que era una buena idea, hacer caso de lo que decía mi madre, que comer a destiempo quita el hambre, pero qué va, la verdad es que no lo despista siquiera, solamente lo retrasa... ¿No hay ascensor?

—No.

—Y ¿en qué piso vives?

—En el cuarto y último.

—¡Uf! El caso es que me despertaba a las tres de la mañana con un agujero en el estómago que me moría, en

175

serio, era horrible, aunque la verdad es que para adelgazar estaba muy bien.

—¿Por qué te viniste a vivir aquí?

—Para estudiar magisterio.

—Y no lo hiciste...

—Empecé, pero luego me aburrí... Espera, ¿dónde está la luz? Enciéndela, rápido...

Actuó deprisa, sucumbiendo a la sincera alarma de sus palabras, y palpó nerviosamente la pared con la mano mientras comenzaba a advertir que tenía un corazón en el desbocado latido de sus muñecas. Temía la oscuridad todavía, y llegó a asustarse de verdad, pero, cuando por fin logró apretar el interruptor, nada en el oscuro descansillo del segundo piso le pareció nuevo o fuera de lugar. Sólo encontró allí las mismas paredes sucias, las mismas puertas viejas, tres o cuatro cerrojos bajo la benévola mirada de un barbudo Jesucristo de latón con el pecho inflamado en aparatosas llamas, que veía todos los días. Manuela sin embargo, los ojos dilatados por la atención, la nariz más apuntada que de costumbre, recorrió con la mirada todas las esquinas de aquel exiguo espacio antes de doblar sigilosamente una pierna para descalzarse con su mano diestra, y empuñando el zapato por el tacón con aire criminal, lanzarse violentamente hacia delante con una sonrisa de satisfacción y un confuso discurso, ahí estabas, hija de puta, toma, si supieras el asco que me das... El se acercó perplejo, a tiempo para asistir a la más concienzuda y sistemática ejecución de cucaracha que contemplaría en toda su vida. El insecto, un ejemplar adulto, muy grande y de color negro brillante, reluciente como el charol, fue reducido primero a un repugnante amasijo sanguinolento para seguir soportando después los golpes de la suela de cuero hasta desaparecer casi por completo, su rastro apenas una húmeda mancha oscura sobre la madera desgastada, blanquecina de lejía.

—¿Por qué te cebas así con ellas? —preguntó entonces él, aún sorprendido.

—No me cebo. Las mato, solamente.

—No, no es eso. A mí también me dan mucho asco, pero yo las piso una sola vez, y ya está.

—Entonces crujen, y no soporto que crujan, por eso siempre las mato así. Dando muchos golpes muy seguidos escuchas sólo el zapato contra el suelo, no su crujido... Además, yo soy de pueblo, y a la gente de pueblo no nos gustan los insectos, porque se comen las cosechas. Mira, yo he vivido siempre en una casa baja con un huerto al lado, y los he visto así de gordos —la distancia entre su índice y su pulgar, extendidos al límite, configuró por un instante la improbable longitud de un insecto del tamaño de un ratón crecido—, todos los días, en serio, de un tamaño que tú ni te los imaginas, en la mesa del comedor, y hasta encima de mi cama, que una vez me encontré una de éstas, pero de las voladoras, que son todavía más repugnantes, posada en la colcha y me tiré tres noches sin dormir. Así que cuando me encuentro uno cualquiera, lo machaco, aunque sean inofensivos, y no hagan nada, y todo eso, yo lo machaco igual. Total, no valen para otra cosa que para dar asco a las personas...

—Supongo que para algo más servirán...

—Sí, para que se los coman los pájaros, pero yo, de momento, tengo claro que no soy un pájaro.

—Bueno, pero no te enfades.

—No, si no me enfado... ¿Tienes masilla de ésa de las ventanas, plastilina, o algo así? —El asintió con la cabeza—. Pues tapa el agujero de ese rincón. Me apostaría algo a que salen de ahí.

—¿Sabes hacer licor de café?

—¿Qué? —y enarcó las cejas entre risas, mientras reemprendía pesadamente la marcha.

—Mi tata también adivinaba siempre dónde estaban los nidos de las cucarachas. Era infalible. La atropelló una bicicleta cuando yo era pequeño y se quedó paralítica. Entonces volvió al pueblo y las cucarachas nos invadieron. Mi madre andaba todo el santo día persiguiéndolas, con polvos de colores, blancos, amarillos, grises, pero nunca encontró el nido. Al final tuvimos que llamar a los del Ayuntamiento, pero no eran tan buenos como Plácida, que además sabía hacer un licor riquísimo con aguardiente y café recién hecho. Debía ponerle algo más, porque he intentado hacerlo muchas veces y no me sale igual.

—Azúcar, cáscara de limón y canelá en rama —sugirió ella, resoplando ya con la intensidad prevista al alcanzar su definitiva meta, el piso cuarto y último.

—¿Cómo lo sabes?

—Porque las guindas en orujo lo llevan. Si quieres, podemos intentarlo juntos algún día, seguro que al final damos con la receta.

Le sonrió mientras abría la puerta, seguro por una vez de que todo estaba ordenado y no había ropa tirada por el suelo. Luego avanzó en línea recta hacia el balcón que se abría al fondo del cuarto de estar, sin detenerse a esperarla. Ella le siguió más despacio, podía escuchar sus pasos, el indeciso rastro de su curiosidad, pero al final ocupó el lugar que parecía haberle sido asignado, frente al cristal.

—¿Qué te parece?

—Es un huerto.

—Sí, claro —confirmó él, decepcionado.

—Bueno, los he visto mejores...

—Ya me lo imagino, pero no estarían en el centro de Madrid.

—No, eso no..., pero todos son parecidos. Hombre, la verdad es que tiene gracia encontrárselo aquí enfrente, pero qué quieres que te diga...

—Nada —y procuró que su voz silbara como una navaja—. No hace falta que digas nada más.

Ella le observó mansamente mientras se alejaba para ocupar un sillón, en una esquina. Allí, recortada contra la pobre luz amarillenta que la suciedad de los cristales filtraba desde alguna farola lejana, reflejó de nuevo, solamente, la otra cara de la moneda, la banal simplicidad de una muchacha de pueblo transplantada a medias, a destiempo, a un mundo equivocado, y su silueta transparentó a sus ojos más que nunca una masa de carne informe, revelando la sucesión de brutales excrecencias que habían sistemáticamente deformado un mecanismo hermoso, el mítico, casi místico templo de la fragilidad y la sutileza, un cuerpo femenino.

—¿Por qué me miras así? —susurró ella, y luego, como si pudiera leer en su pensamiento, insistió—. No me mires así, que no estoy muerta.

Cuando estaba a punto de echarla a la calle, ella, indiferente al eco de sus últimas palabras, le pidió con acento despreocupado que le enseñara la casa. Él estaba cansado, derrotado por aquel cerebro de estructuras siempre dispares a las suyas propias, pensamiento caótico de fortaleza agotadora. Su invitada no daba signos de mostrarse incómoda y a él ya no le hacía gracia intentar comprenderla, pero en algún momento, mientras permanecía aún sumido formalmente en la duda, recordó que al fin y al cabo, en alguna parte, bajo aquellas mantas de grasa temblorosa, tenía que existir un oscuro reducto de carne caliente y húmeda cuya potencia tal vez bastara para redimir cualquier error, tal vez todos los errores, y sin llegar a ceder del todo a su reclamo, renunciando deliberadamente a calcular el tiempo transcurrido desde su última mujer sincera, accedió a guiarla por el ceniciento pasillo interior, dejando su habitación para el final.

—¿Este quién es, tu padre? —preguntó ella, señalando la foto con el dedo apenas traspasó el umbral.

Él, sin detenerse a seguir su indicación porque no le cabía duda alguna acerca de la imagen a la que se refería, afirmó con la cabeza e inmediatamente después se arrepintió de haberlo hecho.

—No —desmintió con brusquedad—. Sólo era un tipo que bebía absolutamente, igual que yo.

—Ya... ¿Y cómo se llamaba?

—Boris Vian.

—¿Ruso?

—No, francés.

—El caso es que me suena... ¿Era famoso?

—Sí, bastante.

—¿A qué se dedicaba?

—Era un obseso sexual, y un asesino. Empalaba mujeres.

—Todo un héroe, ¿eh?

—Exacto. Asesinó a muchas, más de diez, pero cometió el terrible error de enamorarse de su última víctima, una niña de doce años. Le perdonó la vida y ella le denunció. La muchedumbre intentó lincharlo en la puerta de su casa, pero logró escapar. Había sido actor, y consiguió hacerse pasar por un subnormal, mendigando de aldea en aldea, durmiendo en el monte, pero la policía le trincó en la frontera, cuando intentaba entrar en Bélgica, y allí se acabó todo. En el juicio se derrumbó completamente. Al principio trató de convencer al jurado de que él amaba a sus víctimas, las amaba tanto que no podía resistir la tentación de destruirlas, pero, al final, el muy maricón se dedicó a gimotear y a suplicar que le internaran en un psiquiátrico, porque necesitaba ayuda. Su abogado pidió y obtuvo la gracia de una ejecución por fusilamiento, pero luego le guillotinaron igual, porque era feo. Se lo merecía, por cobarde y por imbécil...

—¡Qué pena! Debía de estar enfermo, ¿no?, y además, a mí no me parece tan feo. Yo pienso muchas veces en eso, porque, fíjate, si era esquizofrénico y las empalaba cuando no era él, sino el otro, pues entonces...

—Da igual. No sufras, es todo mentira. Me lo acabo de inventar.

—¿Que te lo acabas de inventar?

—Sí.

—¿Te has inventado tú solo toda esta historia, en un momento?

—Claro.

—¡Qué bien! Es increíble...

El se quedó callado, los ojos fijos en el suelo. Le daba vergüenza mirarla y no sabía qué decir.

—Quiero decir que debes ser muy listo..., muy inteligente ¿no?

Se encogió de hombros, a la espera de la pregunta que suponía inevitable, pero ella no demostró ningún interés por averiguar la personalidad real del propietario de aquella nariz inmensa en una cara triste. (Yo sí te quiero, Boris.) El sonrió mientras la miraba con atención y se preguntaba quién era ella, que estaba allí, apoyada contra el muro, en su propia habitación, diciéndole todo lo que quería oír. Sabía que se llamaba Manuela aunque en casa la llamaran Manoli, que era leonesa, bisutera, actriz aficionada, lista y tonta a la vez, como los insectos a los que tan visceralmente combatía, o los pájaros con quienes no quería tener nada que ver. Si se muriera en sus brazos, aquella misma noche, no sabría adónde llevarla, a quién llamar, con quién llorarla. Ni siquiera recordaba ya el nombre de su pueblo. No le gustaba, y sin embargo algo en ella prometía la consistencia del barro, el inexplicable reposo que transmiten los dedos al hundirse en la tierra blanda y fresca. Era demasiado gorda para ser un hada, demasiado fea para ser irreal. Cuando le preguntó, contestó sonriendo que no quería tomar nada.

Al regresar, se quedó fulminado un instante con un bote de cerveza en una mano, la otra tanteando nerviosamente el vacío, tras él, en busca de la pared, el quicio contra el que por fin se dejó caer para equilibrar su brusca disminución de peso, el hueco que le había horadado violentamente el estómago para conquistar después todo su cuerpo, perforando sus brazos, sus piernas, instalándose por último en una cabeza hueca, el estéril espacio donde, durante un par de segundos insoportablemente largos, se esforzó por rebuscar alguna frase hecha, simplemente algo que decir.

Ella, desnuda con la sola excepción de unos calcetines amarillos con grandes lunares blancos, y un foulard de algodón naranja en torno al cuello, le miraba tumbada de lado sobre la cama, como una improvisada odalisca clásica.

Pudo contemplar entonces las venillas azules que recorrían bajo la piel la esbelta línea de sus pantorrillas para engordar después, tornándose gruesas y moradas contra la carne blanda de unos muslos enormes que se prolongaban hacia atrás en una superficie irregular, donde algunos tímidos hoyos parecían incapaces de contener la expansión de una masa laxa, de aspecto rugoso, mientras por delante llegaban casi a esconder un triángulo negro, diminuto, el sexo aplastado, minimizado a su vez por los pliegues de un vientre de considerable volumen sobre el que se proyectaba la sombra de dos pechos cansados, surcados por finas estrías blancas que se encontraban en dos pezones demasiado grandes, para culminar un escote transparente tras el que no era preciso adivinar un complejo entramado de nuevas venas azules.

Miró con atención todo esto, y tropezó con su rostro, con sus ojos, con sus labios, entreabiertos en una fallida sonrisa maliciosa.

—¿Qué haces así, desnuda?

Ella modificó su postura antes de contestarle, advertida quizá por el brusco tono de su pregunta. Al incorporarse, levantó un instante las piernas en el aire, dibujando su pirueta más ridícula. Después, sentada, las manos torpemente cruzadas sobre el pecho, las piernas cruzadas también, como si estuviera allí de visita, se atrevió por fin a mirarle.

—¿No vamos a...?

—¿Qué?

—¿No vamos a hacer el amor?

—No.

Cruzó la habitación y se sentó en la otra punta de la cama. Ahora, siempre cuando ya era tarde, recordó que en alguna parte, en los confines de la ciudad, una mujer aburrida y hermosa, vestida quizá todavía de amarillo, estaría pensando en él con amargura, y al interrogarse acerca de los incomprensibles mecanismos que le habían llevado aquella tarde hasta su propia cama junto con aquella pobre y horrible muchacha, sintió por primera vez la tentación de explicarse a sí mismo la potencia de una borrachera total que jamás existió.

Una canción tenue y remota, que sonaba muy lejos pese a su proximidad, le asaltó entonces, obligándole a escuchar, pero apenas llegó a entender las palabras que acompañaban una melodía vieja, tosca repetición de un ritmo monótono y familiar, apenas un susurro, el lamento por un amor perdido. Durante unos segundos, resistió la tentación de volver la cabeza. Cuando lo hizo, sus ojos encontraron el cuerpo de Manuela oculto por la débil mortaja de una sábana blanca que ella sostenía con la punta de sus dedos, apretando fuerte, justo debajo de la barbilla, y encontraron sus lágrimas, el llanto manso y silencioso de los infelices que lloran para sí mismos, sin buscar compasión, sin hacer ruido. Inmersa en su dolor, conmovida por la violencia de una emoción íntima y solitaria, capaz de fulminarles a él y a ella misma, de borrar su presencia y su vergüenza, Manuela cantaba y lloraba sin pudor, como si el pobre amante de su pobre canción hubiera sido suyo alguna vez, moviendo los labios con la sistemática constancia de quien espera quizás, bajo el abrumador peso de una inocencia salvaje, que el canto, obedeciendo al sentido de un puñado de viejas palabras repetidas sin reflexión y sin tregua durante siglos, disipe por fin la tristeza, devolviendo la paz al que sufre.

La contempló durante unos segundos, esforzándose por mantener la calma, pero ella levantó una vez la mirada y encontró la suya, y no dejó de cantar, las lágrimas no abandonaron su rostro, y él se dejó ir, y cuando la miró nuevamente sus ojos ya no cedieron al asombro ni a la misericordia, y su conciencia solamente registró la imagen de una mujer joven, gorda y desagradable que cantaba una estúpida canción de pueblo con su voz gruesa, húmeda, deteniéndose cada dos palabras para sorberse ruidosamente los mocos, el rostro hinchado, enrojecido por la vileza de aquellas secreciones incontenibles y simultáneas, los pies, en su grotesco envoltorio estampado, agitándose en el vacío, marcando torpemente un ritmo torpe, las manos, aferradas al borde de la sábana como a un ridículo escudo, rematadas por una sucesión de pequeñas manchas rojas, el esmalte descascarillado sobre unas uñas cortas y deformes que se curvaban hacia arriba, todo esto contempló, y fue incapaz de consolarla, de compadecerla siquiera, pero, cuando estaba a punto de levantarse para poner fin a aquella absurda sesión con un par de chillidos definitivos, ella terminó su canción y sin llegar a detenerse para marcar una pausa, empezó otra, y él no pudo evitar un escalofrío al recuperar aquel viejo sortilegio de palabras desgastadas, siempre iguales, las mismas palabras en melodías parecidas, alcoba, remordimientos, tu boca, me muero, niña morena, Manuela tampoco llegaba a los agudos, su voz se adelgazaba hasta apagarse del todo al final del estribillo, y él cerró los ojos para sentir las gotas de agua limpia que salpicaban la piel de su cara, y caminó erguido, procurando trazar una línea rigurosamente recta a la sombra del murete enjabelgado que partía la tierra y el cielo, a la misma altura que las nubes, y sólo entonces, preso en la débil fortaleza de su memoria, entendió que ella estaba llorando, sólo entonces, mientras el canto de su madre renacía para aplacar su miedo, advirtió que ella lloraba para él, por él, por su rechazo.

La besó y encontró su boca, la tocó y encontró otras bocas, hundió los dedos en la saliva que manaba de su cuerpo abierto, solamente una boca, y sintió la desesperación en sus labios, en los brazos blandos y húmedos que le empujaron hacia una cavidad oscura y fresca, abandonándole después al vértigo, sintió sus labios desesperados, sudorosos tentáculos de contacto asfixiante, asfixia tentadora, liberadora, la presión de aquellos labios voraces que vaciaban su cuerpo de carne y sus venas de sangre, encontró otras bocas más allá de su boca, su piel que se abría, que se hinchaba como el cuerpo de una esponja ensangrentada, y en cada poro una boca, un misterio circular y doloroso, y la desesperación de aquellos labios que le atraían una y otra vez a la insoportable espiral de la avidez para rendirse más tarde, dejándole solo, a merced de otros labios, otras bocas, y sus propios dedos rozaban su propia piel para hallar el rastro húmedo de la medusa, la baba cálida y ácida que fluía de un pozo inagotable, en el interior de su boca, cada lengua un apacible infierno, un breve lecho donde descansar, y disfrutaba de efímeras treguas, apenas unos instantes durante los que aún podía reconocerse, antes de sucumbir otra vez a la inaudita potencia de la ventosa, la criatura desesperada que le atraía hacia sí misma para devorarle, para desintegrarle en la inocente tortura de sus múltiples bocas hambrientas, cuevas luminosas y acogedoras, mundos subterráneos que brotaban repentinamente bajo su piel volcánica, la tierra que se abría y se cerraba contra su carne, la desesperación de los labios que le retenían en cada poro, él se perdía en sus bocas, y se encontraba en la pérfida caricia de los dientes afilados que rasgaban todo su cuerpo para arrebatarle finas hebras de vida, la vida que no quería mientras aún pudiera alimentar aquella boca eterna que le masticaba lentamente, y su conciencia partía, desgarrada, y se alejaba entre los contornos de unos dientes deslumbradores, resplandecientes en su saciedad, y sólo le restaba la sal, el sudor que se disolvía al contacto con la sed de todas sus bocas, deshaciéndose en las agudas comisuras de sus labios para dejarle todavía más desnudo, y sentía que ya apenas era nada, apenas un desierto, la simple transparencia de una piel consumida sobre la huella de algunos huesos resecos, un laberinto de cavidades largas y estrechas, y solamente la voluntad le sostenía, solamente el deseo de sentirse morir aquella muerte le mantuvo despierto mientras ella, todo su cuerpo una única boca, temblor terminal, impulsó sus despojos hacia el interior de sí misma para precipitarle por fin en el dulce abismo de su garganta infinita.

Luego abrazó sus rodillas con sus brazos y permaneció así mucho tiempo, muda y quieta como si estuviese muerta. El, de espaldas sobre las sábanas, reconocía el techo pintado de blanco, advirtiendo que su boca seguía abierta mientras el insólito volumen de sus ojos dilatados forzaba el repliegue de los párpados, cuya tensión le dolía en la parte posterior del cráneo. Renunciando a indagar sobre aquella improbable conexión nerviosa y consciente de su impotencia para devolver la armonía a su rostro, se resignó a fingir él también una muerte calma, y en la oscuridad inmóvil emprendió la dolorosa tarea de su propia reconstrucción.

Nunca hasta entonces había estado tan cerca de no ser nada.

Aturdido y agotado como se sentía, esbozó una sonrisa en su pensamiento al recordar las palabras que había elegido para abalanzarse sobre ella, antes, te voy a deshacer, una liturgia sórdida y vulgar, un escudo invisible para su falso aplomo, te voy a deshacer, le había dicho, sin llegar a creérselo siquiera él mismo, y ella le había devorado.

Por un momento llegó a temerla verdaderamente, se estremeció bajo los filos de sus uñas y sus dientes, construyó oscuros fantasmas, imaginó el destrozo de su propia carne, una amenaza que nunca llegó a proyectarse en la realidad, aunque, lo supo en aquel mismo momento, tampoco habría hecho nada por rehuirla de haber llegado a constituir un riesgo auténtico, porque nunca hasta entonces había estado tan cerca de no ser nada. Después llegó a acostumbrarse a la fuerza de sus manos y a la resistencia de su nuca, reconoció la ansiedad en la desmesurada violencia de todos sus gestos, y adivinó que ella conservaba la sinceridad brutal y despiadada de las bestias, el instinto egoísta de la propia aniquilación y el resurgir constante. Descartó entonces cualquier resistencia y se dejó mecer, inerme entre los brazos de la buena hidra, despojándose uno a uno de todos sus vestidos a la espera de la nada, que le conquistó dulcemente, arrebatándole por un instante la existencia para devolvérsela después, más pura que nunca.

Ahora, mientras recuperaba sin pretenderlo la posesión de sus brazos y de sus piernas, cuando volvía a sentir que sus ojos eran blandos y húmedos, cuando podía pensar de nuevo, temió por un momento que ella no compartiera su sorpresa, su aturdimiento, y que la vesania a la que se había abandonado por completo y sin condiciones hasta apenas unos minutos antes, arrastrándole junto con ella al resbaladizo vértice de la locura, formara siempre parte de su manera de amar. Abrió los ojos y la miró. Ella, sudorosa y desmadejada, enrojecida y embellecida aún por el esfuerzo, le sonrió con sus labios y sus ojos entornados, y entonces él lo supo, supo que siempre sería así, y afrontó el pánico.

Encendió un cigarrillo y aspiró profundamente el humo, como si necesitara convencerse a sí mismo de que poseía la plena autoridad sobre sus propios gestos. Estaba muy cansado. Alargó una mano hacia ella y la deslizó con cuidado debajo de su nuca, impulsando su cabeza hacia arriba apenas un instante, el preciso para liberar los largos cabellos de la presión de su cuerpo. Advirtió en sus yemas la resistencia de aquella desordenada y suave maraña, pero no escuchó queja alguna, y siguió maniobrando con delicadeza hasta contener en el puño todo el volumen de una larga melena oscura. Ella acercó la cabeza mientras él abría la mano para que su contenido se desparramara sobre su cuerpo. Sintió el débil peso de aquella espesa manta sobre su vientre y se encontró mejor. El pelo de Manuela daba calor.

Angelito tenía las pestañas largas y rizadas, y la cara redonda, como su madre. Angelito le amaba, con el amor absoluto, total, que transtorna a los niños y a algunas mujeres locas. Nunca podría recordar con exactitud cuándo comenzó a seguir tímidamente sus pasos, pero llegó a acostumbrarse a llevarlo siempre con él, como una menguada sombra. Un día se le ocurrió mandarle a por tabaco y el crío no hizo preguntas, aunque sabía que a Benito no le dejaban fumar en casa. Salió corriendo y regresó en un par de minutos con una cajetilla de rubio americano entre las manos. No quiso aceptar la diferencia de precio con el negro canario que él le había encargado, he cobrado la paga, dijo, yo invito. Agradeció el regalo con una sonrisa y él se la devolvió, parecía muy contento. Fue entonces cuando se lo dijo, cuando le preguntó si podía ir con él. Benito contestó con un vago gesto de aceptación, moviendo la cabeza, y aquello pareció bastarle.

Aquella amistad le proporcionaría un inaudito prestigio entre los miembros de su propia familia. Hay que ver, este chico, cómo se ocupa de su primo el pequeño, siempre pendiente de él, y eso que le saca más de tres años, su abuela, sus tías, las vecinas de la calle parecían encontrar algo heroico en su actitud, pero sus amigos no demostraron tanta benevolencia. La elección fue complicada, trabajosa. Cuando ya estaba decidido a rechazarle, cambió repentinamente de opinión y se quedó con Angelito.

Angelito bebía con los ojos como platos todas las mentiras que él quería contarle. Y llevaba la cuenta de las novias que no tuvo, de las peleas que nunca ganó, de los suspensos que jamás registró su impoluto libro escolar. Angelito se sabía de memoria los títulos de sus libros, sus películas, sus canciones favoritas, y le acompañaba sin hacer preguntas a mirar los girasoles. Se alegraba más que él mismo de las buenas noticias y se dolía más que él de cualquier contratiempo. Pagaba el privilegio de acompañarle invitándole a botellines de cerveza y, cuando él se lo pedía, se marchaba sin rechistar. Era útil y cómodo, dócil y sencillo de complacer. No se quejaba jamás, y valoraba su complicidad por encima de cualquier otro bien.

Por aquel entonces Benito era muy joven todavía, por eso nunca se paró a analizar los motivos que impulsaban a su primo a buscar su amistad a toda costa. Llegó a encontrar natural aquella situación pese a que en la turbia mirada de Angelito no le costaba trabajo reconocer la suya propia, la servil disponibilidad que él mismo mostraba en otros lugares, haré lo que queráis pero dejad que me quede, el último recurso, la humillación cotidiana preferible a la soledad completa que quedaba atrás al llegar el verano, unos pocos meses al año, cuando el planeta se retorcía sobre sí mismo para que él emitiera las órdenes en lugar de recibirlas.

Angelito creció, y su voz se hizo profunda, afiladas aristas deformaron el círculo perfecto de su rostro, que ya nunca se parecería tanto al de su madre, y los atributos de la edad adulta se apoderaron bruscamente de su cuerpo para hacer de él un hombre grande y hermoso. Un buen día, Benito miró a su derecha y comprobó que su primo era más alto que él. Empezó a temer por su autoridad, pero aún fue en vano, Angel, porque ya no aceptaba el diminutivo, le quería, le respetaba todavía. Entonces se le ocurrió pensar por primera vez, sin dejar de sorprenderse a sí mismo, que tal vez su primo estuviera objetivamente enamorado de él y, aunque los rostros y los cuerpos, las risas de las mujeres que no tenía, le atormentaban ya en la cintura y en las sienes con la rítmica constancia de las arpías, aunque esa mera idea le hacía sentirse incómodo dentro de su propio cuerpo, no dejó de valorar las ventajas que de tal situación podrían derivarse, y se resignó con cierta serenidad a esperar la revelación del fantasmagórico amor que jamás existió.

En los primeros días del verano siguiente, le echó inmediatamente de menos. Sentado en el porche de su casa, solo, dejó pasar largas tardes de inactividad y calor a la espera de la tradicional visita de cortesía, la anual ceremonia de presentación de un vasallo que siempre hasta entonces había acatado sin pesar y sin tardanza los trabajosos ritos propios de su condición. Pero Angelito no fue a verle. Se decidió al fin a preguntar por él, imaginando cualquier catástrofe de rango natural, una enfermedad, un accidente, cualquier inocente excusa para su ausencia, pero la abuela le informó de que su primo gozaba de un excelente estado de salud. Si no le has visto todavía, dijo, es porque estás todo el día metido en casa, quieto como una momia, o perdido por esos campos, que no quiero ni saber lo que tienes que hacer tú, merodeando siempre solo por ahí, pero yo me lo cruzo en el pueblo todas las tardes... Va con una chica de Madrid, añadió finalmente, una compañera del instituto, creo, la ha invitado a pasar unos días en su casa...

A mediados de julio, él mismo fue a ver a Angelito. La chica de Madrid, una adolescente baja y maciza, guapa de cara y globalmente atractiva, aun sin estridencias, estaba con él, tomando el sol detrás de la casa con un bañador negro muy escotado. Benito cruzó el patio sin hablar, y se sentó en el brocal del pozo con aire solemne, a tiempo de comprobar cómo el rojo teñía de sorpresa y de vergüenza las mejillas de su primo. Podías presentarme a tu amiga, dijo entonces. El susurró tres o cuatro palabras ininteligibles ayudándose con los movimientos de una mano fofa, y no quiso mirarle. Hablaron del tiempo, de los exámenes y del pésimo sabor del agua del pueblo durante unos tres cuartos de hora. Luego, cuando Benito se levantó para anunciar su partida, Angel se incorporó como impulsado por un resorte y salió detrás de él. Aquélla sería la última vez.

—Me has defraudado —le dijo—. Yo te admiraba, quería ser como tú, un tipo duro, inteligente, pero tú no has sido legal conmigo. No has hecho más que engañarme, ahora ya sé que todo lo que me contabas era mentira. Me encontré con tu hermana pequeña en una fiesta, este invierno, iba con dos tipos que te conocían, y se rieron todos de ti, dijeron que eras un empollón, un siniestro y un pesado, y que no te comías una rosca. Yo lo pasé muy mal, pero me di cuenta de que era verdad y entonces...

Las carcajadas de Benito interrumpieron bruscamente aquella ridícula confesión, oscureciendo pronto el débil brillo, tímida luz de rabia, que por un instante había llegado a iluminar los hermosos, bovinos ojos azules de su primo.

—Angelito, hijo, tú eres gilipollas. En serio, gilipollas perdido, y sin remedio... Llevaba años preguntándome qué querías de mí, por qué te me pegabas como una lapa, hasta llegué a pensar que a lo mejor te iban los tíos y que estabas encoñado conmigo, yo qué sé... Y ahora resulta que me habías escogido como modelo para tu madurez. A mí. Que soy feo, y estoy contrahecho, y tengo caspa, y no me pego con nadie porque me da miedo hacerme sangre, y soy incapaz de subir una cuesta en bicicleta, y siempre estoy enfermo, y asusto a las tías con preguntarles la hora... Ahora resulta que te lo creías todo y que querías ser como yo, un tipo duro, desde luego, hay que joderse...

Se dio media vuelta y se volvió a su casa sin decir nada más, riéndose todavía, temblando de ira al mismo tiempo, incapaz de definir una única reacción, el desprecio que le inspiraba su primo o la rabia que había brotado en él al escuchar sus propias palabras. A la mañana siguiente, cuando aún estaba en la cama, su abuela le comunicó que tenía visita, su primo había venido a verle. La echó de su cuarto con cajas destempladas, no quería ver a nadie, y a aquel imbécil menos que a nadie, y lo gritó, con la puerta abierta, para asegurarse de que el mensaje llegaba nítidamente a los oídos de su destinatario. Luego volvió a la cama. Y no se levantó hasta bien entrada la tarde.

Le encontró sin buscarle un par de días después, con su amiga, en la plaza del pueblo, engalanada con banderitas y guirnaldas de colores en el día de su santo patrón. Una orquesta instalada en el pórtico del Ayuntamiento destrozaba rítmicamente viejos pasodobles para que las mujeres bailaran solas, emparejadas casi siempre por volúmenes, las gordas con las gordas, las flacas entre sí. Los niños encendían petardos y tiraban garbanzos de pega a los pies de los mayores. Los hombres bebían. Benito bebía con ellos. Estaba ya bastante borracho cuando presenció la discusión. Angel quería bailar, ella no, me da vergüenza y además no me apetece, decía. El le tiraba del brazo, trataba de agarrarla por sorpresa, la acariciaba y besuqueaba toscamente para intentar convencerla por las buenas, pero todo fue inútil. Al final, como era gilipollas, le contó la verdad. Señalando con el dedo a un grupito de mujeres asomadas a un balcón, las identificó como unas parientes lejanas, recién llegadas, que querían conocerla, saber cómo era. El había prometido sacarla a bailar para que pudieran contemplarla a distancia. Ahora no puedes defraudarlas, me dejarías en mal lugar, añadió al final, titubeando, progresivamente encogido ante la cólera que distorsionaba por momentos el rostro de su acompañante, revelando salientes imposibles, ángulos inéditos en su redonda cara de niña.

Ella no consideró necesario contestar. Se zafó bruscamente de unos brazos que siempre serían demasiado blandos, giró sobre sus talones y echó a andar hacia la oscuridad de una estrecha calleja, alejándose rápidamente del humo y del ruido, pisando el suelo como si pretendiera machacar la piedra con sólo rozarla. Angelito salió tras ella. Benito les siguió por puro instinto, y descalzándose para no hacer ruido, buscó el amparo de una tapia alta. Confiaba en ver sin ser visto, pero apenas llegó a presenciar escena alguna. Aquella adolescente que parecía tímida y no hablaba mucho, despidió a su compañero y eventual anfitrión con un juramento de tal potencia que éste ni siquiera se atrevió a acercarse al reborde de la fuente que ella había escogido como asiento, y casi sin detenerse, dio la vuelta y regresó a la plaza sobre sus propios pasos, con la cabeza gacha.

Benito abandonó su escondrijo sin meditar apenas, tan estrecho sabía el margen, pero ella no pareció sorprenderse por su aparición, y escuchó sin pestañear su breve discurso.

—Puedes probar conmigo, si quieres... —le dijo sin mirarla—. Al fin y al cabo somos primos, y yo no tengo otra cosa que hacer.

No obtuvo respuesta, pero cuando giró la cabeza para buscarla en su rostro, todavía dispuso de una fracción de segundo para adivinar que ella se le venía encima, que se desplomaba entera sobre su cuerpo, buscando su boca con la suya, los párpados fruncidos, los dedos tanteándole para encontrar sus manos y apretar las palmas contra sus pechos. El, desbordado por el imprevisto desenlace de aquella madrugada, más allá del alcohol y la charanga, se levantó deprisa y la llevó consigo, aludiendo vagamente a lo impropio del escenario por ella elegido para desencadenar el arriesgado romance del despecho, pero no fueron muy lejos. La poseyó casi sin darse cuenta a las afueras del pueblo, en un prado vallado donde algunas dispersas matas de hierba maloliente no llegarían nunca a colonizar el suelo pedregoso, duro y frío como una cuna de granito.

Apenas había tenido tiempo para empezar a moverse dentro de un cuerpo que no veía, que no conocía, cuando sus alaridos se le incrustaron en el cerebro y se detuvo, pero ella le increpó entonces con furia auténtica, tan indiferente a su propio dolor como al desconcierto de quien no llegaba a felicitarse por su condición de improvisado amante y, siempre quieta, como soldada a la tierra, lanzó sus puños cerrados contra la débil espalda que la cubría, gritándole, sigue, sigue. Fue una triste ceremonia. Luego, ambos se cubrieron enseguida y un cielo opaco comenzó a tronar.

Caminaban despacio, de vuelta a la plaza, sin hacer nada para protegerse de la lluvia de verano, húmeda bendición de noches muy diferentes a aquella, y ninguno hablaba. El, ensimismado aún en la naturaleza neutra, incómoda, casi desagradable en el recuerdo, de las breves sacudidas que no habían llegado a absorberle siquiera un instante, se adelantó unos pasos y siguió avanzando sin volver la vista, como si nunca la hubiera conocido. Ella mantenía la lentitud de su marcha y abstraída en la monótona mecánica de su labor, sonreía mientras despojaba pacientemente de pajitas de color tostado un jersey de lana azul marino. Pero el tufo de la pesada grasa recalentada donde aún nadarían algunos churros póstumos, los últimos supervivientes de la noche de fiesta, creció en el aire, y el atronador eco metálico de un sintetizador mal ajustado pareció despertarla de pronto. Agitando en la mano el jersey como una oscura bandera, le llamó por su nombre y corrió para reunirse con él. Cuando la muchedumbre se hizo visible y sus integrantes adquirieron caras y cuerpos reconocibles, bien definidos, le pasó un brazo por la cintura y le abrazó estrechamente. Entonces él ya no sentía curiosidad, pero preguntó de todas formas.

—Eras virgen ¿verdad?

—Sí, pero no te preocupes. He venido aquí solamente para eso.

Angelito los vio y no dijo nada. Le encontraron apoyado en la fachada de una casa, la frente exageradamente alta, rígido más que erguido, tratando de comportarse como un tipo duro, inteligente, aunque un leve tintineo, hielos que chocaban contra las paredes de cristal, la última copa que nunca debería haber pedido, delataba el temblor de su mano. Benito se acercó a él, arrastrando consigo a la chica, que repetía que no quería verle.

—Ten —murmuró, empujándola casi hacia sus brazos—. Yo ya no la quiero para nada.

Se marchó a casa sonriendo, y sin embargo no estaba contento. Se había permitido el torpe lujo de dar conscientemente ejemplo a su primo por una vez, y sentía vergüenza por el gesto manido, la frase hecha. No había buscado la venganza, pero ahora lamentaba la debilidad de su sabor. En realidad, no tenía nada contra Angelito, aunque fuese gilipollas, y presentía que no lo echaría de menos.

Pero nadie volvió nunca a amarle así.

—Vístete.

Manuela no se movió.

—Vístete y vete —repitió él, claramente—. No me apetece dormir contigo.

Entonces ella se incorporó para volverse y mirarle, y él sintió primero el frío, la brusca huida del pelo tibio que desnudó su vientre en un instante, y luego la agresión de unos ojos que le miraban despacio, girando trabajosamente para animar una mirada vieja, transparente, el signo imaginado, vehementemente deseado, nunca hasta entonces obtenido, y se mantuvo impasible, cerrando su rostro al regocijo que le brotaba por dentro mientras la reconocía, mientras reconocía el color de su piel progresivamente opaca, y no renunció al placer de repetirse, y procuró que su voz sonara oscura.

—Vístete.

Estaba dispuesto a encajar protestas, excusas, preguntas, nuevas lágrimas, pero ella derrochó su inteligencia antigua y no movió los labios, no entornó los ojos, no le miró siquiera. Se levantó de un salto, como bendecida por un ajeno soplo de agilidad, y sus movimientos fueron casi gráciles. De pie al borde de la cama, negándose siempre a sus ojos, se retorció el pelo con las manos y lo anudó hábilmente sobre sí mismo para fabricar un extraño moño, antes de recoger del suelo un sujetador negro de encaje barato rematado por una fina tira que abrochó por delante, dejando flotar el resto en el vacío, colgando sobre su cintura. La estructura parecía tan endeble que él no creyó poder llegar a verla nunca sobre sus pechos, pero ella hizo girar sin esfuerzo aquel breve artilugio entre sus dedos y los tirantes treparon armoniosamente hasta sus hombros. Entonces, al contemplar cómo el diminuto broche de plástico se hundía en la gruesa superficie de su espalda invertebrada, cómo la tela, retorcida sobre sí misma para transformarse en un duro cordón, segaba la carne de sus flancos, estrangulando sus perfiles con la cruel constancia de un cilicio contemporáneo, él olvidó por un instante la estética de su tiempo y se abandonó al placer de mirarla, dejó que sus ojos se perdieran en la blandura de aquella cálida grasa y sintió de nuevo el cuerpo de aquella mujer como un lugar acogedor.

Las ropas la cubrieron por completo y él dudaba todavía acerca de la calidad de su carne.

—Perdóname, he sido demasiado brusco, no debería haberte hablado así...

Ella terminó de alisarse el pelo con los dedos, y sin haberle mirado una sola vez, abrió la puerta y abandonó la habitación sin volverse. El reaccionó instantáneamente. Se embutió como pudo en sus pantalones, recogió la camisa y salió detrás de ella. No tenía sentido proseguir con aquel juego porque ahora ya la conocía, ya sabía todo lo que deseaba saber, pero recordando todavía a Angelito, las ventajas de su amor y su inevitable pérdida, levantó la voz para increparla con palabras duras y afiladas, dispuesto a no cometer errores.

—Espera un momento —y apenas comprobó que ella adelantaba una pierna para continuar andando, bramó de nuevo—. He dicho que esperes un momento.

Entonces se detuvo en medio del pasillo, pero no se movió, dándole siempre la espalda. El hubo de rodear su cuerpo, rígido como el embalaje de un objeto muy frágil, para encontrar sus párpados sobre unos ojos húmedos.

—Es que..., no me encuentro muy bien. Debo de estar incubando algo... —sonrió para proseguir, con voz dulce, pero firme todavía—. Yo casi siempre estoy enfermo, soy muy débil, ya te darás cuenta...

No obtuvo otra respuesta que la de contemplar su rostro, erguido sólo a medias, y avanzó un poco más.

—Me gustaría tener tu teléfono. Podríamos volver a vernos, si te parece bien... Te llamaré cuando esté mejor.

—No tenemos teléfono en casa...

—¡Oh! —su expresión de fastidio era auténtica, y ella se dio cuenta.

—Pero puedo darte el del bar de abajo. Llama y deja el recado, tu nombre, simplemente. Voy por allí todos los días. Yo te llamaré.

Luego la acompañó hasta la puerta, procurando mostrarse cortés en todos sus gestos. La besó en los labios y buscó para ella una fórmula gratificante y fácil de recordar que borrara el mal sabor de aquella precipitada despedida, pero no anduvo rápido y terminó por sucumbir a la eterna tentación de la vulgaridad.

—Ha sido estupendo, en serio...

Ella le sonrió abiertamente. Parecía contenta. El le devolvió la sonrisa, satisfecho al comprobar que para ella la vulgaridad era bastante. Volvió a besarla, pero, cuando ya la invitaba a salir sosteniendo la puerta con la mano, se le escurrió hacia dentro explicando que se había dejado el bolso en el salón. Entonces llegó a lamentar haberla echado antes de su cama, y se preguntó si tanta brusquedad habría tenido algún sentido. Apenas había dejado de dormir solo unas pocas noches en toda su vida, y la mujer de amarillo se había desdibujado deprisa, como un remoto paisaje, un boceto gris y frío, desprovisto de nombre y de carne, dejando solamente tras ella la desazón de los recuerdos ingratos, los retazos de un pasado vivido en solitario, con tristeza y sin placer. Manuela regresó al vestíbulo canturreando, pero se paró en seco antes de llegar a su lado. Permaneció un instante inmóvil, sonriendo, los ojos desorbitados, clavados en la pared, y él no fue capaz de adivinar el origen de su sorpresa hasta que escuchó un leve tintineo metálico. Había descubierto a la mujer impresa, y acariciaba los pendientes ensartados en sus orejas de papel. Cuando le miró por fin, sus ojos resplandecían, pero no dijo nada. Se encajó el bolso en el hombro, le besó ligeramente en los labios y siguió su camino.

A la mañana siguiente, despertó bajo los efectos de algo parecido a una resaca brutal. Consciente sólo a medias, advertía sin embargo con nitidez que no estaba satisfecho consigo mismo, que había algo, entre los acontecimientos transcurridos en el pasado inmediato, que le aconsejaba volver a dormirse, no levantarse aquella mañana, cebar durante horas y horas ese impreciso sentimiento, la vergüenza íntima que suele acechar tras una desazón aparentemente física en momentos como aquel, hasta que estallara de una vez, incapaz de absorber su volumen por más tiempo. Recapituló brevemente y se asustó, al comprobar la larga lista de causas a las que era posible atribuir tal sensación. Se arrebujó otra vez entre las sábanas y trató de mirarse con ojos ajenos, para comprender finalmente que era su propia ingenuidad lo que no le gustaba, el resorte que le impulsaba a rechazarse tan tajantemente a sí mismo.

Años atrás, cuando era más joven, le gustaba imaginar qué hubiera ocurrido si él, cara granujienta, pelo graso, esternón saliente, piernas casi torcidas, hubiera nacido en la Edad Media, hijo de rey, o rey desde la cuna. Entonces le recorrían violentas sacudidas de placer, al imaginar que todos le amarían, y todos le temerían, aunque fuese igual que ahora, feo, casi insignificante, vulgar y corriente. Luego se sentía mal por pensar esas cosas y abominaba de su imaginación porque era peligrosa, pero el vértigo de la piel incomprensiblemente macilenta se regía por mecanismos semejantes a los del altanero príncipe medieval, y se alimentaba de los mismos sentimientos. A veces tenía la sensación de que había evolucionado directamente del ojalá te mueras que, durante un par de cursos, solía dirigir entre dientes, casi cada mañana, a un compañero de clase pelirrojo, muy chulo, una cabeza más alto que él, cuando le excluía, sin razón y sin más explicaciones, de los dos equipos que jugaban al fútbol en el patio del colegio, durante el recreo. El pelirrojo no se había muerto y a él le había dado lo mismo. Con las mujeres nunca le había ocurrido algo muy distinto. A la larga, todas terminaban por darle lo mismo, no había motivo, por tanto, para desmontar su pequeño ejército doméstico de virginales siervas magulladas y llorosas. Pero la noche anterior se había dejado ir y eso le resultaba intolerablemente ridículo.

Vístete, vístete y vete, no me apetece dormir contigo, quiso volver a pronunciar estas palabras claramente, en voz alta, para sentirse ya casi enfermo, moribundo de ingenuidad. Luego se levantó y se fue a la cocina a preparar un desayuno de varios platos, estaba hambriento, no había cenado la noche anterior. Se quemó con una gota de aceite hirviendo y fue corriendo al baño para ponerse pasta de dientes encima de la herida. Se miró en el espejo y se sonrió a sí mismo durante un rato, mientras registraba con placer el delicioso olor de los huevos recién fritos. La sonrisa perdió pronto su cotidiana condición de obligado rictus, y se sostuvo sola, autónoma entre sus labios. No había ocurrido ningún desastre en realidad, al contrario, todo había ido bien. Se prometió a sí mismo no volver a verla nunca más, pero necesitaba comer, quería comer, tenía mucha hambre. El apetito le devolvió la dignidad en un instante. Los huevos fritos fríos son un manjar dudoso.

Regresó a la cocina, dispuso con cuidado platos y vasos sobre una bandeja y ganó el cuarto de estar sin tropezar ni derramar nada. El sol entraba hasta el centro de la habitación. Se colocó a su sombra, tras una mesa camilla. Los huevos aún estaban calientes y después del primer sorbo de café consiguió ya empezar a sentirse bien dentro de su propio cuerpo.

Solamente varias etapas más tarde, cuando estaba a

punto de apagar su segundo pitillo, envuelto de nuevo en una vaga y placentera bruma, la artificial somnolencia que generan las digestiones largas y trabajosas, logró identificar la naturaleza del pedacito de papel que asomaba entre las patas de un sillón, en la otra punta de la habitación. Lo miró con extrañeza unos segundos. No podía ser suya, él las guardaba cuidadosamente, apiladas por orden cronológico, pero luego recordó que Manuela estaba buscando piso, y dedujo que antes de marcharse se había acordado de recoger su bolso pero había dejado la revista allí, en el suelo. Se levantó para recogerla con la intención de tirarla a la basura. No era un maniático del orden pero no soportaba la insinuación de los desórdenes pequeños. Si aquel cuadernillo hubiera estado en medio de la habitación, posiblemente no lo hubiera tocado durante días, se habría limitado a sortearlo hasta la siguiente visita de la asistenta, pero sabía bien que la visión de una sola esquinita debajo de un mueble podría llegar a ponerle muy nervioso.

Cuando la tuvo en las manos observó que los picos de algunas páginas estaban doblados y se decidió a curiosear un poco, pero el ejercicio del pecado resultó esta vez francamente decepcionante, sólo encontró un grueso trazo de rotulador malva en torno a algunos anuncios, en la sección de los alquileres baratos. Quería vivir en el centro, preferiblemente en Latina, al parecer, y disponía de muy poco dinero, una información en conjunto despreciable. Fue tal vez para compensar su falta de interés por lo que abrió de nuevo la revista por el final cuando ya la había cerrado, hasta seleccionar la sección en la que colaboraba con tanta asiduidad. Sus ojos recorrieron deprisa las columnas de letras apretadas, buscando instintivamente la A de amo, la E de esclava y la M de mensaje. Sólo quería divertirse un rato, así que pasó por encima de las primeras palabras del anuncio sin reparar del todo en su sentido. Luego volvió sobre sus pasos, confiando en haber cometido algún error, pero no era así, y lo leyó todavía una tercera vez, antes de que la perplejidad congelara hasta el más insignificante de sus músculos.

Pero él la había visto, llevaba una gabardina azul marino y flores de tela en el pelo, la había visto, sentada en un banco, esperando con la actitud de quien espera el advenimiento de un dios, un ídolo traidor, él mismo, y entonces todo había terminado, él lo había decidido así, caso cerrado, otra mujer inédita, por eso no entendía, no podía descifrar qué estaba pasando, por qué ella le mentía ahora desde las letras de molde, tinta que se hinchaba y deformaba al penetrar en el papel poroso, ficción fabulosa, veneno impreso. La edición era del día anterior, el día de la cita, y sin embargo allí estaba, *mensaje para amo, no podré ir esta tarde a la Plaza de España, lo nuestro parece amor imposible, pero insisto por última vez, tengo apartado, mi marido también lo usa, escríbeme, sin remite por favor, cuéntame algo de ti, Aptdo. 11029, 28080 Madrid.*

En algo estaba de acuerdo, después de no haber sido capaz de reconocerla su amor ya le parecía imposible, pero le escribiría de todas formas, se levantó para coger papel y lápiz, miró el reloj para averiguar la fecha, luego pensó que no era en absoluto necesario consignarla, *querida esclava:*, pero era absurdo empezar así, tachó estas palabras con un trazo rotundo y arrancó la hoja del cuaderno, no se quiere a las esclavas, ¿o sí?, imposible adivinarlo, nunca había poseído ninguna, meditó unos instantes, decidió por fin que es posible quererlas pero ellas nunca deben llegar a saberlo, *esclava:*, horrible, tachó de nuevo y arrancó otra hoja, mejor no encabezar, no llamarla con ningún nombre, pero cómo empezar, entonces una vieja oración le asaltó de repente, ¿hasta cuando, Catilina, seguirás abusando de nuestra paciencia?, Benito Marín González ocupaba el número 23 en la lista del grupo sexto A (letras), y el latín era una lengua hermosa, *mi paciencia se está agotando*, eso estaba mucho mejor, *comprenderás que esto no es lo que se dice un buen comien-*

zo, demasiado coloquial, pero le daba tanta pereza regresar otra vez al principio que prefirió enderezarlo sobre la marcha, *lo que espero de ti es una obediencia ciega,* se detuvo al comprobar que sus mejillas estaban ardiendo, *una sumisión absoluta,* pero tenía que llegar hasta el final, *una disponibilidad total frente a mis deseos más nimios,* una cuestión técnica se le impuso de repente, enfriando su piel y serenando su mano, releyó con cuidado y pensó que no merecía la pena cambiar nimio por insignificante, no era tan complicado, ella lo entendería de sobra y, si no, que se fuera a mirar el diccionario, *espero que estés de acuerdo en todo esto,* pero no quería ser demasiado duro, *y creo que en rigor es lo único que deberías saber de mí,* porque ella solamente había sucumbido al pánico una vez, *pero te contaré algo más,* igual que él se había derrumbado antes, *tengo treinta y siete años,* y se conformó con esto, *ni tengo pareja ni la busco,* y podía entenderlo todo, *vivo solo en un piso bastante grande,* se sentía tan cerca de ella que ya pudo confesarse a sí mismo el auténtico motivo de aquella carta, *en el centro,* porque ella existía verdaderamente, *soy funcionario y trabajo en una oficina municipal,* era una mujer de carne y hueso, *tengo solamente un amigo y me sobra con él,* la había visto aunque ella hubiera preferido no darse a conocer, *tengo un carácter muy dominante y cierta experiencia con mujeres como tú,* sintió de nuevo el sonrojo pero tenía que llegar hasta el final a toda costa, *ignoro si ése es también tu caso,* para poder prolongar la vida de ella, *de todas formas no me importa,* que existía verdaderamente, *mientras estés conmigo no tendrás pasado,* y con su vida la esperanza, *ni tendrás futuro,* porque mientras el delgado hilo que les unía conservara alguna tensión, *existirás solamente en función de mí mismo,* él podría seguir cobijándose bajo su sombra, *de mi propio presente,* mecerse en su lejano ensueño de hada anónima y frágil, *y te amaré apasionadamente,* transferir su miserable vida auténtica a un brillante universo imaginario, *y te castigaré implacablemente,* del que extraer las fuerzas últimas, *y te poseeré absolutamente,* el aliento preciso para enfrentarse a la realidad tibia y pavorosa, *y te haré feliz,* y regresar a la orilla del mar verdadero, *me gustaría poder decirte que te quiero,* para confundir en sus ojos los tejados con la silueta blanda y amorfa de las olas y escuchar otra vez el canto torpe de palabras repetidas, *espero hacerlo,* tu boca, me muero, niña morena, *y espero saber pronto de ti,* abrazar de nuevo la nada y recuperarlo todo en sus luminosos zarpazos blancos, *adiós,* traicionarse por fin gozosamente a sí mismo, *el que será tu amo,* volver a Manuela.

Dobló la hoja en tres, procurando que los pliegues coincidieran exactamente entre sí, la introdujo en un sobre alargado y lo cerró sin volver a mirar su contenido, lamiendo despacio la lengüeta adhesiva del remite como si apurara el gusto amargo del papel. Luego abandonó su casa. Comió un plato de arroz pasado con frijoles negros y plátano frito en el restaurante de la esquina y se encontró sin nada que hacer a las tres y media de la tarde. Se metió en el Metro sin un plan preconcebido. Había recorrido ya cuatro estaciones de una línea escogida casi al azar, sólo porque terminaba en un barrio de la periferia del que no había oído hablar jamás, cuando por fin pudo elaborar un proyecto coherente. Tuvo que transbordar tres veces para llegar al punto de partida del suburbano. Encontró asiento junto a una ventanilla, el tren iba casi vacío. Pasó toda la tarde en el zoológico, empachando a los mandriles con un par de docenas de paquetes de pienso, hasta que en sus bolsillos quedó el dinero exacto para comprar el billete de vuelta al centro. Cuando desembarcó en Sol ya estaba anocheciendo. Regresó a su barrio caminando despacio. No tenía hambre, y se fue directamente al bar. Polibio no parecía muy locuaz, pero accedió a emprender lo que ambos denominaban una partida didáctica de ajedrez. Mantuvieron la farsa del juego durante un par de horas. Polibio movía las piezas de los dos bandos, explicándole las jugadas que realizaba en su nombre, explicando las suyas también, casi sin darse cuenta, mientras él asentía distraídamente de tanto en tanto, convocando ansiosamente un sueño que no llegaba para poner fin a un día que habría querido mucho más corto. Su amigo estaba ya a punto de enfadarse, desesperado como siempre por su tenaz indiferencia ante la liturgia del tablero arlequinado, cuando tres individuas de edad incierta, encanto e inteligencia algo menos que inciertos, sexo lamentablemente cierto a cambio, hicieron una aparatosa entrada en el local, risas desbocadas entre chillidos histéricos. Se sentaron en sendos taburetes, frente a la barra, y él no pudo evitar un gesto de desaliento al reparar en la gruesa bola redonda que coronaba las escuálidas pantorrillas de la que quedó situada a su lado. Su amigo sirvió las copas con una sonrisa previsora y luego se acercó, hasta rozar con los labios uno de sus oídos, para preguntarle con sigilo si él también opinaba que la del centro era un hombre. No, contestó en un tono demasiado alto a juzgar por los aspavientos que pudo contemplar al otro lado de la barra, y bajó la voz para completar su juicio, es solamente la más fea. Polibio se frotó las manos con un gesto discreto. No cuentes conmigo, advirtió él inmediatamente, y siguieron cuchicheando un buen rato, como dos conspiradores inexpertos en una catedral, pues no están tan mal, no me jodas tío, que no están tan mal en serio, pues para ti todas, si es que no las has mirado bien, que me olvides, bueno pero por lo menos no te vayas, vale, estás tú muy exigente últimamente, ya ves... Las tres eran profesoras de educación física. Después de informarles de esto, y comunicarles además los nombres de los colegios donde trabajaban, su dirección completa, el número de alumnas de cada una, y los problemas que plantea la práctica colectiva de la gimnasia con las niñas que atraviesan por el difícil momento de la pubertad, confesaron que estaban un poco bebidas porque tenían algo que celebrar. Venían de una asamblea nacional de educadores y técnicos deportivos que había aprobado por unanimidad elevar una propuesta al Ministerio para que la asignatura de educación física fuera obligatoria en los cursos de preescolar y en la formación profesional de tercer grado, ¿secretarias bilingües incluidas?, preguntó Polibio, por supuesto, contestaron, ¡ah!, pues muy bien, remachó luego, como si alguna vez en su vida fuera a tener una secretaria bilingüe. Al cabo de un rato, él consiguió ya mirarlas y escucharlas con auténtico interés, intentando convencerse de que la gente como ellas reunía méritos bastantes para ocupar un lugar en un mundo abarrotado. Entonces, como si estuviera ansiosa por contradecir su buena voluntad, la más desmesurada de las tres se tiró al suelo, se pegó un puñetazo en el estómago y le llamó a chillidos, eh, tú, súbete aquí, ya verás cómo soporto perfectamente tu peso. La miró un momento, desde la altura del taburete en el que permanecía encaramado. La falda se le había levantado y a través del espacio abierto entre dos muslos delgados, que al juntarse debían dejar un amplio hueco en su camino hacia las rodillas, pudo contemplar un fragmento de su braga de algodón blanco, y estampada en ella, la inconfundible silueta de los zapatos de Minnie Mouse. Bostezó, y se felicitó a sí mismo por el bostezo. Luego, mientras Polibio derrochaba arrojo poniendo a prueba la musculatura ofrecida, se levantó despacio para dirigirse hacia la puerta, desviándose generosamente para rodear el improvisado número de circo. Polibio parecía divertirse. Con un pie ya en la calle, se volvió para despedirse de él agitando la mano, y murmuró para sí mismo que solamente le gustaban las mujeres en cuyo cuerpo podía hundirse, y las que saben estar calladas. Estuvo a punto de levantar la voz para advertir a su amigo, ten cuidado si al final te acuestas con ella, no vaya a ser que rebotes, pero escuchó su risa y se calló, porque Polibio se estaba divirtiendo. Nadie le había escuchado, nadie le miraba. Bostezó varias veces mientras volvía a casa. No se lavó los dientes, intuyendo que a la mañana siguiente no se arrepentiría de no haberlo hecho. Estaba muy cansado y apenas tuvo tiempo de arroparse bien antes de quedarse dormido.

Se pellizcó las yemas de los dedos con el afilado bisel de aquella boca abierta en un buzón flamante, y se dijo que ya estaba todo hecho. Las restantes etapas del plan le parecían ahora un trámite tan poco arriesgado que se preguntó a sí mismo y no pudo llegar a explicarse satisfactoriamente por qué se había impuesto un margen de veinticuatro horas para actuar. Ya no tenía miedo, y no entendía de qué había tenido miedo alguna vez.

Sería más divertido llamar desde un teléfono público. Mientras repasaba mentalmente las posibilidades de que disponía, inclinándose por el quiosco de la plaza, donde podría aprovechar la ocasión para desayunar, una muchacha pasó deprisa a su lado, saludándole con un hola ronco y perezoso, indeciso. No llegó a responder, y tardó demasiado en volver la cabeza, pero cuando lo hizo estaba ya seguro de haber vislumbrado por un instante el rostro de Conchi, la hija de la portera del número nueve. La encontró bastante rara, había cambiado mucho. Sin dejar de caminar miró el reloj, las once y media. No entendía por qué le había saludado. Giró de nuevo sobre sí mismo para medir la velocidad del paso de los tacones altos que ella, sólo ella, sabía combinar tan armoniosamente con unos vaqueros corrientes, y calculó la posibilidad de correr para alcanzarla, pero la desechó casi inmediatamente. No llegó a preguntarse por qué ni siquiera su forma de andar con tacones parecía ya capaz de impresionarle, no tenía tiempo para hacerse preguntas. Eran las once y media y no debía entretenerse mucho más.

En torno a una mesa apartada, un grupo de ancianos había apiñado las sillas para compartir el sol tras la pared de cristal. Jugaban al dominó. Se acercó a la barra y pidió dos raciones de tostadas para alejar al camarero. Miró a su alrededor, no encontró ningún otro cliente. Introdujo más monedas de las necesarias en la ranura del teléfono y no supo qué decir cuando un hombre contestó, ¿sí?, al otro lado de la línea. ¿Eso es un bar?, dijo al fin y, cuando recibió una respuesta afirmativa, recitó el resto del mensaje sin titubear, querría dejarle un recado a una chica que se llama Iris, creo que ustedes la conocen, sí, la actriz, bueno, pues dígale por favor cuando la vea que he llamado, me llamo Aristarco, sí, Aristarco, con t, ¿quiere que se lo deletree?, ¿no?, vale, pues cuéntele que estoy mal, pero muy mal, tengo una bronquitis terrible, no puedo levantarme de la cama, ¿lo hará?, muy bien, pues no era nada más que eso, muchas gracias.

Coronó la escalera y las tostadas seguían horadando su estómago como una piedra afilada. Entonces sospechó que tal vez ella estaría ocupada todo el día en la venta callejera o en el método de Strasberg, y podría no llamar hasta la noche. Eso sería terrible. Miró nuevamente el reloj, las doce y diez. Se dijo que lo más sensato sería concederse un plazo corto, esperarla hasta después de comer, no más, pero esta decisión no llegó a relajarle en absoluto, porque a pesar de sus razonables propósitos sabía de sobra que no volvería a salir a la calle en todo el día.

Desplazó un sillón hasta el centro de la habitación y situó a su lado una mesita baja. Depositó en ella el tabaco, un cenicero, y el teléfono. Esperaría. Echaría a perder el día, un día de vacaciones. Miró el reloj, las doce y diecisiete, desesperante. En la pared, una mancha blanca, limpia, regular, se abría en la superficie amarillenta de pintura vieja, atrayendo sus ojos.

Le había abordado a pie, por sorpresa, cuando todavía era de día, mientras él caminaba tranquilamente por la acera, en una calle estrecha y flanqueada por flamantes edificios de oficinas de alto standing, entre Capitán Haya y la Castellana. Iba solo. Casi siempre iba solo, pero eso ella no podía saberlo.

—Oye..., espera tío. ¿Vas a recoger tu coche?

—No tengo coche.

—¡Vaya hombre, pues qué bien! Llevo una tarde...

Se detuvo para mirarla. No era guapa, tampoco fea, era muy joven. Llevaba una minifalda vaquera y una cazadora a juego sobre una camisa blanca de manga larga. Calcetines y zapatillas de deporte con tacón. Sobre la frente, un pañuelo rojo, enrollado y anudado en la parte posterior del cráneo. No le sentaba bien. Tenía la cabeza demasiado grande.

—¿Qué quieres?

Ella se limitó a sonreír, arqueando luego las cejas y recorriendo con la punta de la lengua el labio superior, los ojos en blanco, un gesto de obscenidad insoportable que él se negó a contemplar, desviando la mirada.

—¿Dónde vives?

—En Getafe, pero allí están mis viejos, no po...

—¿Cuántos años tienes?

—Diecinueve. ¿Cuántos me...?

—¿En qué trabajas?

Ella le miró con una expresión de intensa sorpresa. El se explicó mejor.

—Quiero decir, ¿qué haces aparte de esto?

—¡Ah! Nada. Estoy parada.

—¿Has estudiado algo?

—Sí, tengo el graduado, pero mira, tío, si lo que buscas es una asistenta, estás muy equivocado, yo no...

—¿Cuánto cobras?

—Diez talegos..., pero el completo no lo hago.

—¿Qué haces entonces?

—Pues... cosas, cositas de las que se hacen en los coches, lo que tú quieras...

—Te doy cuatro talegos y pago el taxi hasta mi casa. Tú luego te marchas por tus medios. Vivo en el centro.

—No. Cuatro son demasiado poco.

—Cinco.

—Seis.

—Cinco.

Ella fingió dudar unos segundos, antes de aceptar con la cabeza. No había tenido una buena tarde. El tampoco la tendría, pero no fue capaz de adivinarlo en el color de sus palabras, la exclamación de sorpresa cuyo origen atribuyó sin dudar a los pocos juguetes antiguos que decoraban el salón de su casa.

—¡Pero, tío...! ¿Qué haces tú con esto tan antiguo aquí?

Sonrió para sus adentros mientras tiraba de la puerta. Estaba contento. Ella había resultado ser una chica leal, trabajadora. Le había desvelado algunas de sus armas ya en el asiento trasero del taxi y lo había hecho suavemente, sin hablar, el silencio que él había agradecido tanto en su interior, porque las putas extrovertidas y habladoras, las que se apoyan en las palabras, le solían poner muy mal cuerpo, un doloroso nudo en el estómago, la vergüenza que a veces le atenazaba aún antes de empezar.

—Me gusta coleccionarlos.

—¿El qué...? ¿Esto?

Su acento, a medio camino entre el asombro y la burla, le sacó bruscamente del error. Ella le miraba, perpleja, señalando todavía la pared con el dedo. A él le costó trabajo contestar.

—¡Ah, no! Creí que te referías a los coches de hojalata...

—En casa también teníamos uno. Lo puso mi padre, que es mecánico fresador. Trabajaba en una fábrica de ascensores, escaleras mecánicas y cosas así... A mí nunca me ha gustado, pero él, como estuvo en el maco después de la guerra, pues eso... Se lo regaló un amigo suyo del Comité, un tío muy joven, de esos tan leídos que se han salido de curas, y él siempre estaba igual, que el *Guernica* no se toca, hasta que a mi madre se le inflaron las narices hace un par de años y se compró un mural de ésos de madera, muy bonito, que ella tenía muchas ganas de tener uno, con bar y todo, y estantes para poner la televisión, y ahora también el vídeo, y lo plantó encima del *Guernica*, y aquí paz y después gloria... El viejo no abrió la boca, pobre, como se acababa de jubilar... Luego mi hermano le regaló un cartel de ésos del Novecento, que es mucho más bonito, pero él, como ya chochea y además no ha visto la película, pues dice que no es lo mismo...

—Yo lo tengo desde hace muchos años, de cuando hacía la carrera. Ya se me había olvidado casi.

—Pues es como para perderlo de vista, el cuadrito...

El procuró mirarlo como si no lo hubiera visto antes. No le gustaba, nunca le había gustado. Recordó los afilados dientes de aquella nieve antigua que mataba despacio a los hombres envueltos en capotes blancos y enloquecía a un perro flaco que ladraba al aire, el firmamento blanco, cruel y luminoso, que sabía extraer todo el dolor del fraudulento color de la inocencia, como si sólo el blanco pudiera obligar al blanco a revelar su auténtica naturaleza, su siniestra condición de señal de la muerte. Ella le esperaba en el centro de la habitación. Como no sabía qué decir, se acercó para besarla. Mientras lo hacía, retornó con los ojos abiertos a la pintura. Sus blancos eran patéticos sin haber sido nunca dramáticos, el fondo negro un truco demasiado pobre.

Se reafirmaba sin esfuerzo en este juicio cuando su pareja, juzgando que ya había malgastado un período de tiempo suficiente en los prolegómenos, le embistió suavemente para obligarle a caer en el sofá. El se dejó hacer, intentando desesperadamente poner su mente en blanco, abandonarse a ella, a la impersonal eficacia de sus caricias, y cerró los ojos, pero ni siquiera así consiguió desprender de su mirada ciega la imagen nítida, repentinamente potente, de aquel tranvía amarillo brillante, la chapa intacta, sin un rasguño, que había comprado tan barato aquella mañana de domingo, como si no se atreviera a regresar a casa de vacío, sólo con el *Guernica* bajo el brazo. Dónde guardaría yo aquel tranvía, se interrogaba en silencio, mientras reconocía el progresivo desaliento de ella en el ritmo casi frenético de su trabajo, el chasquido constante de la lengua contra el paladar, pero no podía poner su mente en blanco, y abrió los ojos para clavarlos de nuevo en la lámina vieja, antigua ya, y comprender que ella tenía razón, los bordes estaban maltrechos, las chinchetas habían impreso en cada esquina un halo circular de herrumbre, ya no le servía de nada, y nunca le había gustado, Teresa jamás lo había visto, no había conseguido llevarla a su casa ni una sola vez a lo largo de los absurdos años de su militancia amorosa, porque él militaba en Teresa, pero ella nunca había querido darse cuenta y le trataba como a los demás, codo con codo, jamás de frente, tres veces habían ido a pegar carteles juntos pero ni siquiera solos, y eso era todo lo que había sacado en limpio de la sangría de las cuotas, y las reuniones interminables, y el trabajo gratis, la revolución que mantendría una eterna cuenta pendiente con él. Nunca había sido capaz de creer en nada, pero entonces todavía esperaba, por eso había comprado esa lámina que no le gustaba, el símbolo público de su fe, el íntimo símbolo de su impostura, y tiraba los panfletos a las papeleras de cincuenta en cincuenta, compraba todos los periódicos que le asignaban para eludir la tortura de vocearlos por la calle, hacía donaciones espontáneas del dinero que le sisaba a su padre para hacerse perdonar las ausencias, las reuniones a las que nunca iba si sabía que allí no iba a estar Teresa, pero tenía el *Guernica* colgado en la pared, simulaba tener un sitio, se castigaba a sí mismo por carecer del valor necesario para convertirse siquiera en un traidor, ¿y por qué no?, se había dicho, si era solamente un cuadro, nunca había sido otra cosa, un cuadro más, la gente decoraba su casa con ellos, y entonces eran otros tiempos, tiempos de borrachera y de delirio, malos para él, para todos los tibios, por no ser frío ni caliente te vomitaré de mi boca, la apocalíptica divisa de aquel país nuevo que se había vuelto tan viejo ya, de repente, tan antiguo como aquel pedazo de papel recubierto de polvo que no le había servido de nada, para nada, porque era solamente un cuadro, la gente decoraba su casa con ellos...

—Déjalo, anda, no vas a conseguir nada.

—Pero..., no entiendo. ¿Qué te ha pasado? Antes, en el taxi...

—No sé, da igual, no importa.

Ella apoyó las manos sobre las rodillas para levantarse. Tenía las pantorrillas cubiertas de polvo. Luego se volvió lentamente y dirigió una mirada hacia la puerta. El ya le había pagado, antes. No tenían nada más de qué hablar, pero quiso despedirse.

—Bueno, tío, pues hasta otra. Lo siento.

—¿Sabe tu padre que estás en esto?

—No... Ellos creen que vengo a echar horas a una casa.

—¿Y tu novio? ¿Lo sabe?

Le sonrió. Se sentía inclinada a la benevolencia. El no paraba de preguntar, pero por lo demás le había dado muy poca guerra.

—¿Por qué sabes que tengo novio?

—No sé. Porque no haces el completo...

—Bueno, él... Supongo que se lo figura, aunque no dice nada. Una asistenta no se levanta más de cien papeles al mes.

—No, claro. ¿Estáis pagando un piso?

—Ya lo tenemos pagado. Ahora queremos ahorrar para los muebles. Y luego, cuando me case, lo dejo todo y me quedo en mi casa, allí en Getafe.

El no quería saber nada más. Ella le dijo adiós desde la puerta y luego se marchó. Si le hubiera preguntado su nombre, quizás le habría contestado que se llamaba Paquita, pero no lo hizo, y creyó que nunca más volvería a verla.

Permaneció sentado en el sofá todavía un buen rato, bajo los abrumadores efectos de tanta sordidez, la naturalidad con la que ella se expresaba. Cuando se levantó, sus ademanes fueron decididos, firmes y pausados. Se hizo daño en los dedos, al filo de las uñas, porque las chinchetas habían hecho carne con el muro, tuvo que recurrir a un destornillador para arrancarlas. La lámina se quedó pegada a la pared unos instantes antes de resbalar con suavidad para posarse en el suelo, a sus píes. Se agachó para recogerla y la rajó por la mitad, con las manos. Repitió esta operación varias veces, sobre fragmentos cada vez más pequeños. Luego los colocó todos en un cenicero grande y arrimó una cerilla. El papel ardió bien, pero dejó en el aire un olor acre y sucio, a tinta quemada. Abrió el balcón y regresó a su asiento para contemplar el rastro del *Guernica* sobre la pared. Entonces se dio cuenta de que podía mirar por él como se mira a través de una ventana.

Eso ocurrió cuando la izquierda acababa de tomar legítimamente el poder. Ahora ya no había derecha, pero la huella del *Guernica* permanecía intacta sobre la pared, porque cuando amenazó con desvanecerse, ensuciándose deprisa para perderse casi en la monótona uniformidad del resto, él volvió a pintarla de blanco con mucho cuidado, respetando escrupulosamente los márgenes, cargando la mano. Repitió el proceso varias veces, luchando tontamente contra el tiempo, cultivando el rastro de un símbolo ausente. Le gustaba mirarlo. Intentaba calibrar cuánto tiempo aguantaría el último remiendo cuando le sacudió un sonido metálico muy agudo. Sintió que las paredes de su estómago se acercaban bruscamente hasta confundirse en un solo tejido, anulando el espacio para siempre, y descolgó el teléfono con ansiedad para percibir solamente un pitido apagado, regular. Tardó algún tiempo en comprender que había escuchado el timbre de la puerta, y tuvo que pararse a pensar si atendería o no a su reclamo. Porque podía ser Polibio con ganas de contarle el fatal desenlace de su aventura con tres profesoras de educación física, y eso era lo último que necesitba. Pero si ella no llamaba, la compañía le vendría bien. El timbre sonó de nuevo con insistencia. Polibio. Miró el reloj, la una menos diez. Al comenzar la tercera tanda de timbrazos, se dio por vencido.

Abrió la puerta, y lo primero que pudo ver fue la estropajosa melena rubia de un puerro enorme cuya cabeza sobresalía generosamente entre las asas de una bolsa de plástico blanco.

—Pero, bueno... ¿Qué haces levantado?

Manuela le miraba con expresión preocupada desde el

umbral. Sin decidirse a entrar, dejó caer la bolsa en el suelo y alargó la mano izquierda para sostener su nuca mientras aplastaba la palma de la derecha sobre su frente fresca.

—No tienes fiebre, pero deberías estar en la cama... Desde luego, yo que me he asustado tanto con lo que me han contado en el bar, y ahora vengo y te encuentro así...

El sonrió a la sonrisa que apareció lentamente entre los labios de ella. Luego alargó un brazo para tomarla de la cintura y la atrajo bruscamente hacía sí, cerrando la puerta con la mano libre. La empujó contra la hoja desplazando suavemente su cabeza hacia un lado para que no se hiciera daño con la mirilla, y la besó, y se sintió satisfecho porque todo había salido bien, y luego ya olvidó que todo iba bien, y se sintió satisfecho, simplemente.

Les separó el sonido del timbre de la puerta, ruido agotador, repetición intolerable. El pensó con horror que ya solamente podía ser Polibio y se decidió firmemente a no abrir, pero ella se dio la vuelta con naturalidad y giró el pestillo, y él no supo cómo detenerla. La vecina de enfrente, una mujer mayor, muy amable, señalaba el suelo del descansillo con el dedo.

—Se han dejado la compra fuera.

—¡Ay, claro! —contestó Manuela, con un sincero acento de culpa—. ¡Qué despiste!

—Me he decidido a llamar porque si se queda aquí se la podría llevar cualquiera...

—Por supuesto, muchísimas gracias.

—No hay de qué.

Manuela cerró la puerta y se volvió hacia él esgrimiendo la bolsa con el brazo levantado.

—¡Qué simpática!, ¿verdad? Y no parece nada cotilla.

—No lo es —confirmó, y entonces, divertido porque aquélla era la primera vez que, goteras aparte, no sabía lo que estaba ocurriendo dentro de su propia casa, indagó acerca del contenido de la bolsa.

—Tu comida —respondió ella con decisión—. Supongo que la cocina está al final del pasillo...

—Tengo frío.

Manuela levantó despacio los ojos de una revista ilustrada para mirarle. El llevó el embozo más allá de su labio superior para apurar golosamente la farsa. Llevaba más de veinticuatro horas en la cama, perfectamente sano. El puré de verduras, cocidas con una punta de jamón serrano muy curado, estaba delicioso, y delicioso había sido el contacto con ella, su carne fresca, cuando la tarde anterior le había cabalgado lentamente, cubriendo su pecho enfermo con el vuelo de una cálida falda de lana, el pelo de la Magdalena desparramándose sin control sobre los blandos hombros redondos donde aún se advertía el surco abierto por la presión de unos tirantes inclementes, admirable acción de un sujetador de encaje barato y talla menor de la debida, la piel marcada que desaparecía de vez en cuando bajo las sábanas que ella sujetaba con la punta de los dedos para que él no se enfriara, su cabeza tocada por un severo velo blanco mientras se movía con la delicadeza de un hada de revista pornográfica y le rogaba que se dejara hacer, que no se fatigara, para colonizar su cuerpo poco a poco, anticipándose a la más insignificante de las indicaciones que él llegara a esbozar con la punta de sus dedos tímidos, dándose y recuperándose sin cesar, tan sabia y tan antigua su cintura, tan infantil su secreto, el misterio de ese cuerpo que sabía abrirse como una esponja empapada de sangre caliente, la boca absoluta que le devoraba otra vez, con otros dientes distintos, lentos y saciados, más crueles, y su vientre inmenso se proyectaba rítmicamente hacia delante y era hermoso, su carne cansada se agitaba para derrumbar en un

temblor salvaje la máscara inocente de la ternura nueva y
desvelaba por fin la verdad vieja, profunda, el hambre de
muerte breve, el instinto de la bestia, la única alma auténtica
de esa mujer amable que le cabalgaba lentamente, pendiente
en todo de él, del placer que llegó despacio y le devolvió
a los exactos límites de sí mismo al desvanecerse agotado
entre los labios de ella, en las indescifrables fronteras de su
sonrisa exhausta.

—No lo entiendo. La ventana está bien cerrada...

Luego se había marchado a ver, así lo dijo, la actuación
de una amiga que tocaba la batería en un grupo de salsa.
También canta, aclaró, y le preguntó si no le importaba quedarse solo. El la tranquilizó, no le importaba, estaría muy
bien, pero ella transportó de todas formas la televisión hasta
su cuarto, y arrancó del periódico la hoja de la programa-
ción para dejarla sobre la mesilla. Prometió llamar pero no
lo hizo. Cuando, bien entrada la madrugada, estuvo ya seguro de no decepcionarla, se vistió y salió a la calle, a dar
una vuelta para estirar las piernas. Le dolía la garganta de
obligarse a toser y tenía los músculos entumecidos, pero aún
se sentía satisfecho. Se acostó muy tarde, y a la mañana
siguiente tardó mucho tiempo en reaccionar ante el rítmico aluvión de sonidos que logró finalmente arrancarle de
un sueño tenaz, pero cuando abrió la puerta no encontró a
nadie. El teléfono sonó una media hora después. Manuela
le explicó que había supuesto que estaba dormido y se había
bajado a la calle a tomar un café para hacer tiempo.

—...y el radiador está a tope.

—Pues yo sigo teniendo frío.

Se acercó para tocarle la frente, un gesto que había repetido con frecuencia casi enfermiza desde que aceptó interpretar su papel en la función de la bronquitis fantasma.

—¡Estás ardiendo...!

El asintió con la cabeza. Digería una cena demasiado
copiosa bajo dos mantas, en pleno octubre, con un pijama
de invierno y la calefacción al máximo. Debía de estar necesariamente ardiendo, aunque su temperatura oscilara en

torno a los treinta y seis grados y medio, treinta y siete a lo sumo. Ella le dio la espalda para bajar la persiana y se descalzó en la penumbra. Se quitó la ropa lentamente, sin hablar. Luego se reunió con él bajo las sábanas, y como si le diera vergüenza haberse acostado a su lado sin anunciarlo antes, frunció las cejas para simular un gesto de preocupación y le limpió mecánicamente el sudor con la palma de la mano diestra, estirando su flequillo hacia atrás. El cerró los ojos para tranquilizarla. Apreció la caricia de sus dedos y adivinó el sosiego recobrado en sus palabras.

—Qué feo eres...

—No deberías haberte metido en la cama conmigo, te lo puedo pegar.

—Ya lo sé, pero no me importa... Estoy bien.

Le abrazó con fuerza y él se dejó estrujar, emborrachándose con los débiles residuos de aire viciado que apenas llegaba a capturar su nariz entre los recovecos del cuerpo ajeno que le atraía como si pretendiera absorberlo entero a su contacto, ósmosis deseable que sólo al resultar fallida generó una asfixia insoportable. Se zafó como pudo de ella y se dijo que no debía hacerlo. Se repetía que no debía hacerlo cuando atrapó uno de sus pezones entre los labios y mantuvo su boca firme contra él, y lo sintió crecer, como si la carne fuera a estallar entre sus dientes, y aplastó toda la nariz contra el pecho del cuerpo propio ya, uno, y pudo respirar aire limpio a través del escote transparente. Entonces advirtió que una de las manos de ella se deslizaba como por descuido entre sus piernas y rozaba su sexo para comprobar su estado, y arqueó el vientre para decidir a los dedos que dudaban, y los sintió por fin en torno a sí mismo, titubeantes al principio, firmes e indecisos a un tiempo, y pudo ya mover los labios, hablar sin soltar del todo su presa.

—Cuéntame un cuento...

—¿Qué?

—Que me cuentes un cuento —y tomando con su mano la de ella, definió suavemente la frecuencia de su movimiento.

—Pero... ¿a qué te refieres? Quiero decir... ¿un cuento de los que se cuentan a los niños?

—Exacto, un cuento de hadas...

Ella frunció el ceño, como si le costara trabajo recordar. No se rió, no se burló de él, no demostró sorpresa alguna, intentaba recordar, nada más, y él se sintió otro, un hombre distinto, hermoso, un ser elegido, enfermo de buena suerte.

—El caso es que de hadas no me sé ninguno. En cambio, me acuerdo muy bien de uno de brujas, que era mi favorito cuando yo era pequeña. ¿Te vale ése?

—Me tendrá que valer...

—Muy bien —comenzó ella, y se recostó de lado cuidando de no hacerse daño con sus dientes, cuidando también de mantenerlos apretados contra su pecho, y apoyó la cabeza en una mano mientras le cobijaba siempre con la otra, disfrutando plenamente del extraño juego, la pequeña esquizofrenia que él había propuesto, la memoria en su propia infancia, el pezón en su boca de niño, la mano en su sexo crecido de hombre lactante, adivinando que para él todo aquello era casi perfecto—. Se llama el cuento de la lentejita... Esto érase una vez una vieja muy mala que vivía sola a las afueras de un pueblo. Para que nadie adivinara que era bruja, iba todos los días a misa, y echaba una moneda en el cepillo de los pobres. Una mañana, cuando escuchó las campanas, llevaba una lenteja en la mano y se dijo, ¿cómo voy a entrar en misa con esta lentejita? Parecería una falta de respeto... ¿Está bien así?

—Sí, muy bien... —y para corregir su vulgar veleidad de mujer adulta más allá del juego, se separó de su pecho para mirarla y prosiguió con el neutro tono de la curiosidad, pronunciando claramente palabras enteras—. Lo que no entiendo es por qué llevaba la lenteja...

—Es que, si no, no hay cuento.

—Ya —murmuró, satisfecho de la infantil construcción de su respuesta, y seguro de ir a escuchar la historia completa, pudo abandonarse de nuevo sobre ella, a su mano, y su cuerpo, y su boca, y su voz.

—Bueno, pues entonces llamó a la puerta de una casa que estaba enfrente de la iglesia, y cuando le abrió una señora le pidió un favor, buenos días, dijo, mire usted, es que están tocando a misa y no puedo entrar con esta lentejita. ¿Me la podría guardar usted un ratito? Yo se la recogeré a la vuelta... La señora dijo que sí, y la vieja se fue a misa, y allí se santigüó con agua bendita, y comulgó, y echó una moneda en el cepillo de los pobres. Y volvió a la casa, a buscar la lenteja, pero no la encontró. Este pollito la ha picoteado sin querer, explicó la señora, está tan acostumbrado a comerse todo lo que pilla por el jardín... ¿Cómo?, gritó la vieja, ¿quiere decir que su pollito se ha comido mi lentejita?

—¡Qué bien la imitas! —la interrumpió él, admirado de la facilidad con la que ella modulaba la personalidad de los protagonistas de su historia.

—Claro —y ella le miró sonriendo—. Es que soy actriz.

—Por supuesto, se me había olvidado...

—¿Sigo? Bueno... Pues sí, contestó la señora muy asustada, pero yo le daré otra, o, si no, mire, mejor le regalo este paquete, un kilo de lentejas... ¿Le parece bien? No, chilló la vieja, no quiero sus lentejas, quiero mi lentejita, así que usted elige, o mi lentejita o su pollito, o mi lentejita o su pollito, o mi lentejita o su pollito... La señora trató de hacerle razonar, intentó explicarle que no era justo, que un pollo vale mucho más que una lenteja, pero fue inútil. Se puso tan pesada que, al final, le dio el pollo para perderla de vista de una vez. Así que la vieja salió tan contenta con su pollo, pero mientras paseaba, escuchó que tocaban a misa las campanas de otra iglesia...

—No me digas que la historia se repite...

—Pues sí.

—Y ¿qué es esta vez?

—Una gallina.

—El pollito o la gallinita, ¿no?

—Exacto, y luego un cerdo se comió la gallina.

—La gallinita o el cerdito.

—Muy bien. Y una vaca se comió al cerdo.

—El cerdito o la vaquita.

—Bingo. Y aquí cambian ligeramente las cosas...

Se detuvo un instante, advertida seguramente por la debilidad de su voz, y por el progresivo aumento del período de tiempo que él parecía precisar para encontrar la respuesta acertada y, como si fuera incapaz de continuar interpretando papeles diferentes mientras él exigía de ella cada vez más, se concentró en sí misma y en silencio le condujo hasta donde quería llegar, aguantando sin un reproche sus agudas dentelladas. Luego, derrochando una intuición que llegó a estremecerle a través de su propio aturdimiento, se inclinó sobre su cabeza y le besó muchas veces, posando sus labios brevemente sobre su frente y sus mejillas y su barbilla y sus párpados y su nariz, mientras le acariciaba la cara con las yemas de los dedos de una mano forzada por la postura, la otra siempre firme contra su vientre. Y ninguno de los dos se movió. El se apretó un poco más contra ella con la vaga mala conciencia de no haberla poseído, de haberse comportado como un pequeño egoísta, y esperó la llegada del frío, la previsible ausencia de su mano, que no soportaría por mucho más tiempo el gélido contacto del semen viejo, inútil, pero ella no se retiró, y desde allí recuperó con serenidad el hilo de su historia.

—La vieja dejó la vaca en la casa de una familia muy, muy pobre, donde había un niño muy enfermo, que necesitaba comer carne. Se fue a misa y la madre se dijo, mi hijo está tan malito y esta señora que está siempre en la iglesia debe de ser tan buena, que seguro que no le importa que le corte a la vaca un filetito para dárselo al crío, que se me ponga fuerte. Y eso hizo, pero cuando la vieja volvió de misa se puso furiosa. ¿Qué le han hecho a mi vaca? chilló, ya no está entera, ¿quién la ha malherido? He sido yo, pero lo he hecho sin mala intención, explicó la mujer, es que mi hijo pequeño está enfermo, mírelo ahí, en la cama, y sólo he cortado un filete, para darle de comer...

—¡No me digas ahora que la vieja reclamó al niño!

—Desde luego, ya sabes, el filetito o el niño, el filetito o el niño, el filetito o el niño. Y, claro, la madre no podía devolverle el filete, así que ella metió al niño en un saco y se lo llevó. Estaba muy contenta, porque los niños pequeños eran su comida favorita, y pensó que había tenido mucha suerte, porque siempre había cambiado para mejor. En esto escuchó que tocaban a misa. Dejó el saco en una casa cercana a la iglesia, pero dio la casualidad de que su dueña era esta vez una tía del niño que estaba haciendo galletas para su hija, y el crío reconoció su voz, y cada vez que la señora le ofrecía una galleta a la niña, él contestaba al mismo tiempo, yo también quiero, tía, y así la mujer terminó por abrir el saco y rescatar a su sobrino.

—Y colorín, colorado...

—No, no, nada de eso. La tía llevó al niño con su madre, y luego regresó a su casa para llenar el saco de sapos, culebras y gatos monteses. Lo cerró muy bien con una cuerda y se lo dió a la vieja cuando volvió a reclamarlo. Entonces ella se marchó a su casa...

—¿Se habían acabado las misas?

—Sí, debía de haber hecho ya la ronda completa. Bueno, pues el caso es que subía una cuesta muy empinada, y lo que ella creía que era el crío no paraba de molestarla, le daba patadas, pellizcos y hasta mordiscos, y aunque le amenazaba todo el rato con ir a comérselo crudo allí mismo, no quería dejarla en paz, así que, al llegar a un recodo, en el borde de un precipicio, dejó la bolsa en el suelo y desató el cordel. Las culebras saltaron entonces a su cuello, asfixiándola, mientras los gatos monteses le clavaban las zarpas y los sapos croaban sobre ella, pringándola de babas. Cuando intentaba librarse de todos ellos, perdió pie y se despeñó. Murió instantáneamente, claro, y ahora sí que, colorín, colorado, este cuento se ha acabado.

Ella esperó, sonriente, una reacción que no se produjo. Su amante, los labios aún firmes en torno a su pecho, permanecía inmóvil. Había cerrado los ojos.

—¿No te ha gustado? —preguntó, casi con ansiedad. El

se despegó entonces lentamente de ella y se alejó un poco, apoyando su propia cabeza en una de sus manos para constituir un reflejo perfectamente simétrico del cuerpo a cuya protección acababa de renunciar.

—Es un cuento terrible —dijo.

—Sí —admitió ella, bajando los ojos—. Pero así es un poco la vida ¿no...?

—Casualidad y venganza.

—Bueno... —su cuerpo entero pareció adelgazar en pos de su voz mientras se daba cuenta de que estaba haciéndose pequeña tratando en vano de escapar a su mirada y, sólo tras una larga pausa, en un esfuerzo supremo por recuperarse, por afirmarse ante sí misma, la lentejita y todo lo demás, se esforzó por sonreír y le habló de nuevo—. Cuéntame tú un cuento, anda...

—Casualidad y venganza —repitió—. Está bien. Te contaré un cuento, uno muy viejo, muy corto, el único que me sé. A los nueve años me dijeron que mi madre había muerto, y no era verdad. Se marchó de casa y no quiso llevarme con ella. Nunca la volví a ver.

Pero eso tampoco era cierto, porque sí la había visto, muchos años después, aquella tarde que era ya casi una noche, volvían del pabellón de la República Democrática Alemana, donde el pringado de Luisito hacía jornadas laborales gratuitas de diez horas vendiendo libros, discos, llaveros y vino del Mosela variedad uva socialista, habían ido a verle, como todos los años, y le habían saludado efusivamente, armando el máximo escándalo posible, ¿no vas a saludar a tus amigos de verdad, cerdo revisionista?, con eso le sacaron dos botellas, ¡mira que como te hagas el estrecho rompemos tu solicitud de admisión y te quedas en esta mierda de partido burgués toda tu puta vida!, y les regaló dos botellas más, tratando de alejarlos de sí a empujones, pero aún tuvo que soportar una última dosis de bochorno, ¡desde luego, cada año que pasa esto se parece más a la Demostración Sindical!, y el pobre Luis, que era tan poca cosa, ya había colocado sobre el mostrador un litro de vodka polaco de su exclusiva propiedad cuando él mismo le dio la puntilla, ¿qué, tenéis ya una sección de Coros y Danzas?, y todos, Teresa a la cabeza, le rieron la gracia, y tuvo que aguantar la mirada de odio intenso que le dirigía el más débil, que sabía de sobra que la idea del requisado anual de vino del Mosela por el procedimiento de la vergüenza ajena era sólo suya, una de esas crueles genialidades que se le ocurrían de vez en cuando y que practicaba con más saña que nadie, para remontar su propia debilidad, para hacerse admirar de vez en cuando, y cuando alargó la mano para recoger el puñado de llaveros metálicos que Luis les ofrecía como tributo último, se sintió mal, malo, miserable, como todos los años, y se volvió para mirarle mientras se alejaba con los suyos, en sus brazos la parte del botín que le correspondía, y no sabía que aquella vez sería la última, que nunca más volvería a la fiesta, pero intuyó que nunca podría pedir perdón a Luis, que arrastraría la culpa de tanto abuso durante años, y así fue, hasta que un día se encontró su nombre en una lista que no votó, y un par de meses después, su rostro sonriente de buen chico guapo, flamante subsecretario progresista, en un periódico, y entonces pensó que bien poco le habían hecho para lo que se merecía, y se olvidó de él, pero aquella noche el sonrojo calentaba también sus mejillas mientras se emborrachaba con el vodka rapiñado y andaba despacio, un par de pasos detrás de los demás, que no sufrían, y por eso al principio no prestó mucha atención al hombrecillo gordo, en su cabeza una calva con forma de trébol extrañamente familiar, que bailaba solo en el centro de la placita donde por fin se sentaron, y escuchó las risotadas de sus amigos como si resonaran desde muy lejos, percibiendo apenas el eco de las palmas con las que acompañaban los torpes movimientos del imprevisto oso amaestrado, el bufón con corbata estampada y americana de franela gris que se afanaba en solitario ante sus ojos, marcando torpemente el ritmo de una rumba con sus bracitos cortos y gruesos, sacando el culo, levantando con la punta de dos dedos una esquina de su chaqueta para imprimir un giro grotesco a todo su cuerpo, la mano opuesta abanicando estúpidamente el aire, su equilibrio en un compromiso constante, su rostro en llamas, a punto de estallar de congestión, y su aspecto al mismo tiempo triste y frío, como el de todos los borrachos de vino malo, y él también bebía demasiado, vodka excelente, cuando el hombrecillo se detuvo, tambaleándose con los dos pies firmes en el suelo, y él presintió su naúsea en la piel lívida, en la presión anormal de los labios gruesos, en el gesto infantil de sujetarse el estómago para prevenir el vómito, y contempló impertérrito el final de la función mientras registraba con indiferencia el asco de los demás, un espeso puré de color granate manaba sin control de su boca torcida y la voz de Teresa proclamaba airadamente su repugnancia, pues no le mires, dijo alguien, vámonos ya, propuso otro, y él estaba a punto de secundar esta última iniciativa cuando el fracasado bailarín levantó la mano derecha para limpiarse la cara, diminutas partículas brillantes de líquido rojizo entre los cabos entrecanos de una barba mal afeitada, y entonces cualquier reflejo de cualquiera de los focos instalados en el tejado del chiringuito arrancó una chispa dorada al enorme anillo que adornaba su dedo índice, y ésa fue la primera señal, sus amigos se marchaban pero él se quedó quieto, sin moverse del sitio, vaciando sus ojos en la horrorosa joya conocida, tratando de reconocerla, de asignarla a una mano determinada, y el hombre se movió imperceptiblemente, o se movió la luz, y él pudo distinguir una confusa mancha amarilla sobre la superficie oscura del ostentoso sello montado en oro cuyo límite superior llegaba casi a cubrir la falange, y cuando le dio por fin la espalda ya había recordado, el oro de Toledo y aquella calva vegetal le habían devuelto ya a un Paseo del Prado que conducía al mar, y habían puesto de nuevo entre sus manos el espadín de metal auténtico que él mismo escogiera en las vitrinas de una tienda de artesanía española para turistas, entonces sintió curiosidad por el destino del viejo amante de su madre, y le siguió con la vista hasta una mesa lejana en torno a la cual, platos y vasos repletos, se afanaba un grupo de diez o doce personas que seguramente no habían advertido el brusco desenlace de la danza, y se acodó en la barra, y pidió una copa, buscando una excusa para observarles de cerca, y apenas había tenido tiempo para contar a los comensales cuando su espalda recibió un débil empellón, y se volvió para encontrar allí a una niña larguirucha, muy flaca, doce o trece años mal disimulados por un vestido infantil que le quedaba pequeño y muy corto, como si acabara de dar un gran mordisco a la galleta equivocada, pero era fea y tenía voz de canario cebado, chillona y aguda, mientras exigía del camarero, jefe, le llamaba, un helado y un puñado de servilletas de papel, es que mi pápa acaba de echar la pota, aclaró, cargando el acento en la primera sílaba, pápa, una criatura desagradable en general, pensó él, mientras deducía que aquel hombre debía haberse casado, y se preguntaba cuándo, y con quién, y trataba de recordar si las visitas a su tienda habían cesado mucho tiempo antes de la muerte de su madre o si se habían prolongado hasta aquel momento, y no conseguía establecerlo, porque al margen de su naturaleza de raro privilegio, nunca había concedido ninguna importancia a aquellas excursiones, era tan pequeño todavía, y no lo comprendió hasta mucho tiempo después, un día cualquiera, cuando no pensaba en ello, entonces escuchó de nuevo la voz de la niña, y recibió la contrapartida previsible, hablaba con su madre, a quien, oculta por otros comensales, él no lograba ver aún, no fastidies máma, decía, ya no tengo más hambre, pero su esfuerzo fue inútil, la disposición de la mesa se alteró en un instante para dejar un asiento libre y la niña se desplomó sobre él lloriqueando, y a su pesar siguió comiendo, su madre llevaba unas sandalias de tiras doradas y tacón alto, el empeine casi desnudo adornado por grandes piedras brillantes, redondas, falsas, las uñas impecablemente pintadas de color rojo oscuro con una media luna blanca, y él dedujo con naturalidad que el gusto por ese tipo de zapatos encajaba con la escandalosa afición de su madre a las chinelas con plumas, y sonrió ante la debilidad fetichista del tendero turístico que ahora recuperaba el aliento poco a poco, mientras engullía un enorme pincho de morcilla frita, y no pasó mucho tiempo antes de que la niña comenzara a protestar de nuevo, anda máma, por favor máma, hasta que obtuvo permiso para levantarse, y él pensó que debía de ser muy difícil educar correctamente a una cría tan insoportable, y sintió cierta absurda compasión por la mujer gorda con sandalias brillantes de la que sólo podía atisbar un forzado perfil mientras registraba las rápidas acciones de sus manos voraces sobre el contenido de las fuentes de parafina, elevando siempre hacia su boca un enorme trozo de pan tras cada bocado, llevaba el pelo teñido de rubio y muchas pulseras de bisutería, fumaba tabaco mentolado en una boquilla de carey y metal, se reía ruidosamente, lo estaba pasando bien, y él tuvo tiempo de acabarse la copa antes de llegar a verle la cara, dudaba ya entre pedir otra o irse a buscar a sus amigos cuando aquel hombre miró el reloj e improvisó una expresión de fastidio, y ella se volvió pesadamente, dirigió un par de ojeadas en todas las direcciones y luego comenzó a llamar a gritos a su hija, que se llamaba Paloma, igual que ella, Paloma, habían pasado muchos años, casi quince, y la identificó con facilidad, pero no pudo reconocerla, porque las plumas se habían vuelto piedras y todo le era ajeno en aquel cuerpo gordo e indolente, abandonado, rendido al tiempo, porque la estaba perdiendo para siempre y ahora podía distinguir el nítido embrutecimiento de la papada, el grosor inaudito de los tobillos, las arrugas profundas que recorrían las sienes, la piel enrojecida de las manos, desnudas de aquellos guantes granates de piel tan fina que parecía tela, y la voz de su hija, ¿nos vamos ya, máma?, que penetraba como una aguja curva por sus oídos y trepaba hábilmente entre las escurridizas paredes del cerebro para perforarlo después en su centro más débil e instalarse allí, doliendo como una terrible herida, ya voy máma, y sintió que se mareaba, y tuvo que apoyar los dos codos en la barra, y el camarero le ofreció inmediatamente ayuda, y él la rechazó con la cabeza, murmurando en voz baja, mamá mamá mamá mamá mamá, el acento agudo, luminoso, que evocaba una bata ligera, suave como el raso, sobre la cintura fina de una mujer muy distinta a aquel grotesco animal que ahora se alisaba con las manos la falda sin conseguir evitar que asomara siempre una punta de la combinación blanca rematada con encajes, y mamá estaba muerta, murió cuando él tenía nueve años, la Reina de las Nieves se la llevó a un palacio bello y frío, y tenía una voz muy bonita, cantaba bien, y le quería, era caliente y dulce, hermosa y redonda, su barbilla proyectaba una nítida sombra sobre el dorso de su cuello blanco, terso, y le encantaba olerla, y a ella le gustaba que él oliera a goma arábiga, entonces aquella mujer cogió un bolso muy grande, de plástico, con una gruesa boquilla dorada, y lo abrió para sacar dos guantes negros de piel muy desgastada, y se lo colgó de un brazo rodeando con el otro el hombro de su hija, y hundió la nariz en sus cabellos, y puso cara de asco, ahora hueles a pincho moruno, dijo, y las dos se rieron mucho, y ella la besó en el pelo, pero yo te quiero igual, y se fueron, le dieron la espalda y se fueron sin más, y él se puso a llorar como un niño pequeño, lloraba sin parar, haciendo ruido, los ojos abiertos, los labios fruncidos en una mueca forzada, dolorida, las lágrimas casi placenteras quemándole la cara, la vergüenza ausente, y la niña se volvió y tiró del brazo de su madre, hala máma, fíjate en ese hombre, y su madre le miró un instante con gesto indiferente y se dirigió a la menor de sus hijos para regañarla en voz baja, pero audible, no le mires Palomita, que es de mala educación, él iba a cumplir veinticuatro años y se parecía en tan pocas cosas a su padre, un hombre guapo, que le pareció natural que ella tampoco le reconociera, pero fíjate máma, si es que no para, y la cría tenía razón, no podía parar, estará borracho hija, vámonos ya, papá nos está esperando, ella también se mostraba perspicaz, porque se sentía agonizar de borrachera, seguramente agonizaba ya, y

227

no podía dejar de llorar, se fijó en que ella había dicho papá, obedeciendo a la vieja servidumbre del acento agudo, y se sintió peor, las perdió completamente de vista y siguió llorando, se dejó resbalar contra la barra y, sentado en el suelo, sacó la botella de vodka polaco del bolsillo y lo notó arder contra su garganta, un único trago eterno, y el ruido del cristal estallando sobre el suelo, y luego aquellos dos individuos absurdos, servicio de orden, y no podía levantarse, no puedo, balbució, sintiendo la baba resbalar por su barbilla y sintiéndose incapaz de hacer nada para atajarla, estoy llorando, y el llanto era un trabajo infinitamente pesado, una ocupación absolutamente absorbente, lloraba y era bastante, pero ellos no le entendieron, y llegaron a provocarle con su monótono discurso, entonces la rabia resucitó un instante entre sus labios muertos, ¿qué pasa, que no os gusta la gente que llora?, y sintió primero la aguda punta de sus botas, le machacaron a patadas, pero todavía no pudo levantarse, ellos mismos tuvieron que hacerlo, izándole por las axilas, clavándole los dedos, y el dolor le devolvió la lucidez, y echó por fin a andar solo, tambaleándose con los dos pies firmes en el suelo, como el despreciable bailarín del primer acto, y perdidas todas las referencias caminó sin saber adónde iba, tratando de mantenerse paralelo al seto sin conseguirlo nunca, y ya no lloraba, y eso era peor, porque tras la saciedad del llanto experimentaba la tortura de una presión inconcebiblemente atroz en el interior del estómago, víscera desconocida, como una bola compacta, dura y pesada, y se alejó por completo de las luces y de la música, y ya no veía nada, no oía nada, y no sabía por qué ella no le había llevado consigo, escuchó el amortiguado estrépito constante que señalaba la existencia de una carretera y se dirigió hacia allí, y pensó en matar a su padre, porque su padre era alto y hermoso, y la había dejado ir, y había permitido durante tantos años que él siguiera queriéndola, desmenuzando su recuerdo para buscarla en todas partes, en los objetos y en los olores y en los sabores y en los gestos y en la gente, en las mujeres a las que maltrataba en sueños como si presintiera que debía vengarse en ellas de algún daño remoto e impreciso, en las mismas mujeres a las que amaba lealmente y sin resultado cuando estaba despierto, y ahora la había visto otra vez y se sentía más pequeño, más humillado, más insignificante que nunca, y sentía dolor en cada uno de los extremos de su cuerpo, en las yemas de los dedos, en la planta de los pies, en la nuca y en los dientes, porque no le había llevado consigo, porque había conseguido olvidarle tan deprisa como en la letra de un tango viejo, mohoso ya, y cursi, un auténtico río de coches abandonaba la ciudad en dirección a Extremadura, y él llegó al arcén, y guiñó los ojos para entrever las luces veloces como delgados ríos eléctricos, brillantes y neutros, tranquilizadores, y pensó que no tendría ningún sentido suicidarse ahora que ya no era nada, y recuperó sin querer la imagen de su padre, y disfrutó intentando reconstruir el sufrimiento original de aquel hombre alto y hermoso pero en definitiva tan abandonado como él, más no, su piel encrespada comenzó a temblar, hacía mucho frío, alguna vez debería cruzar la carretera o volver atrás, y no quería regresar, así que se concentró y esperó un hueco, y corrió con todas sus fuerzas, y llegó jadeando a la otra orilla, escuchando apenas sus propios respiros entrecortados bajo los ecos de algunas bocinas furiosas, la violenta expresión de algunos prudentes conductores excitados por su imprudente actitud, y se sintió mejor porque se había cansado, y caminó todavía un rato más, junto a la carretera, hasta toparse con una estación de metro que jamás había visto, y consiguió colarse por un extremo de la reja metálica que un empleado con mono azul se disponía a cerrar entre bostezos, y la taquillera le advirtió que el próximo tren sería el último, pero tuvo suerte, no le dejó muy lejos de su casa, cuando abrió el portal miró hacia el balcón del cuarto de estar y vio la luz encendida, la abuela padecería una de sus célebres crisis de insomnio, y subió las escaleras muy despacio, planteándose la duda definitiva, la única elección que le restaba, la cuestión que había postergado sin cesar desde el mismo momento en que comprendió que la mujer que tenía delante era su madre y no otra, preguntar o no, querer o no saber, intentar comprender o renunciar del todo, y abrió la puerta para tropezarse con su padre en el pasillo, y entonces se decidió en un instante, y todo resultó muy fácil, he visto a mamá esta tarde en la fiesta del PCE, dijo solamente, mañana me voy de casa.

—Voy a lavarme las manos.

Se destapó con decisión, y desnuda saltó al suelo y salió al pasillo. Un instante después, él pudo escuchar ya el ruido del agua, un grifo que chirriaba al abrirse y al cerrarse. La recuperó enseguida y, al sentir contra su piel la de ella, fría tras la carrera, se sintió algo más tranquilo.

—¿Y nunca más la has vuelto a ver?

—Nunca.

—¿No sabes dónde vive?

—No.

—¿Y no has vuelto a hablar de ella con tu padre?

—No.

—¿Y él tampoco ha intentado hablar contigo?

—No, le da vergüenza.

—¿Pero no sientes curiosidad por saber qué pasó, cómo se fue?

—Sí.

—Y ¿entonces?

—Prefiero seguir suponiendo que mi padre no le permitió marcharse con nosotros.

—¡Pues claro! Seguro que fue así, porque si no...

—Si no, ella se largó sin más, y me dejó tirado para tener otra hija, con otro hombre, en otra parte.

—No digas eso.

—¿Por qué no?

—Porque no debes decir eso...

El, que había permanecido todo el tiempo boca arriba, con el cuerpo estirado, rígido, y los ojos muertos en el techo, giró lentamente la cabeza para mirarla. Ella detectó su curiosidad y se dio cuenta de que él esperaba. Sin sostener su mirada, empezó a juguetear con los dedos sobre el extremo del embozo, y dejó escapar las palabras lentamente, como si no estuviera muy segura de su sentido auténtico, vacilando en cada sílaba apenas se escuchaba a sí misma pronunciar la anterior.

—Ella te quería... Seguro que te quería, las madres siempre quieren a sus hijos. Pero, fíjate, si estaba enamorada de ese hombre, pero muy muy enamorada de él, pues... Cuando uno está enamorado hace cualquier cosa, cualquiera, la estupidez más gorda, lo que haga falta, y no se lo piensa dos veces... Además, en aquella época, ya sabes, no era fácil largarse de casa del marido de una con tres niños... Vamos, digo yo que no sería fácil, con Franco, y la censura, y todo eso. Y ella pensaba volver, seguro, volver a por vosotros, pero luego, bueno..., la vida de una mujer es más complicada, ¿sabes? Si se quedó pronto embarazada, y le iba bien con aquel tío, y nació la niña..., yo qué sé, igual pasó el tiempo y empezó a pensar que estaríais mejor solos que con ella..., con ella y con el tío y con su hija, claro... Y a lo mejor tenía razón, vete a saber, no se puede dar marcha atrás en una historia así... Hombre, no digo que hiciera bien, tampoco es eso, por supuesto que fue una putada, una putada gordísima, y sobre todo para ti, que eres tío, pero en fin, ella también lo habrá pasado mal, porque te quería muchísimo, te quería, estoy segura, era tu madre ¿no...?

—Es decir, que tú tambien opinas que se largó de casa y me dejó allí porque le dio la gana.

—Yo no he dicho eso.

—Sí lo has dicho.

—No... Es que... Bueno, es sólo un suponer, pero si hubiera querido llevarte con ella y no hubiera podido, que seguramente fue lo que pasó, pues...

—Habría vuelto a verme, o me habría escrito, o habría llamado alguna vez.

—No sé... Supongo que sí, aunque a lo mejor, hasta que-

231

riendo, no se atrevía, o igual no podía, a lo mejor tuvo un
accidente, o se puso enferma, o sencillamente no tenía dinero para manteneros...

—O tuvo amnesia, o se fue a vivir al extranjero, o la
partió un rayo.

—Pues sí... Puede ser ¿no?

—No.

—¿Por qué?

—Porque no.

—Y si ya lo sabes tú todo, ¿para qué me preguntas? ¿Y
por qué me has contado todo esto?

—No lo sé.

—Me gustaría quedarme a dormir aquí.

—Quédate.

Y sus ojos brillaron, relampaguearon de puro placer antes
de cerrarse un instante para sonreírse a sí misma hacia dentro, desde detrás de los párpados, y él se asombró de nuevo
por lo fácil que le resultaba hacerla feliz, ponerla contenta
al menos, y adivinó que en aquel momento, y gracias a
un acto de condescendencia tan barato, acababa de trepar un
peldaño más, trascendental, en el rígido código amoroso que
ella cultivaba con la convicción de una virgen adolescente,
porque follar es follar, uno puede follar casi con cualquiera, pero quedarse a dormir es otra cosa, y se preguntó en
silencio, lo haría todavía muchas más veces, acerca de la
escurridiza naturaleza de los lazos que le ligaban a aquella
mujer extraña de puro sabida, impenetrable en su clásica
vulgaridad previsible, más allá del desconcierto, más allá de
la risa y hasta del sarcasmo inevitable, y de la compasión
que a veces, cuando estaba con ella, le permitía descansar
por unas horas de la agotadora tarea de consolarse siempre
a sí mismo, un sentimiento que ni siquiera se explicaba satisfactoriamente porque ella en realidad no daba pena, porque ella sabía aguantar, y aguantaba, y si hacía falta creer,
ella creía que a las madres que abandonan a sus hijos las

232

parte un rayo, y tras el accidente sobreviene la amnesia que impide recordar teléfonos, direcciones, nombres y ciudades, sin afectar nunca el amor limpio y constante del que no se debe dudar jamás, porque existe, ella estaba segura y él, anclado en una confusión que amenazaba con tornarse un estado placentero, consintió en delegar su odiosa certidumbre en la falsa seguridad ajena, y habló de otras cosas, y bebieron juntos de la misma copa sin salir de la cama, y la besó, y la abrazó, y le acarició la piel de los párpados con la punta de los dedos hasta que se quedó dormida, y dormida estaba más guapa, como los niños pequeños, y, mirándola, él envidió su bienestar y renunció a levantarse para estirar las piernas entumecidas, resignado a prolongar la vigencia del mal inexistente, y se estiró entero bajo las mantas para encogerse después contra ella, todo su cuerpo pegado al cuerpo que enlazó con un brazo firme, como si temiera que su carne sólida pudiera escurrirse y desvanecerse al tocar el suelo, preso de nuevo en el absurdo presentimiento de una fragilidad que todos los acontecimientos desmentían tan tajantemente, e intentó imitarla, y procuró no pensar en nada, pero su mente se resistió a vaciarse y proyectó en cambio una incomprensible avalancha de imágenes y palabras sobre su conciencia, y él sólo quería dormir, para que el sueño le hiciera tan hermoso como a ella, pero una vieja se despeñaba por un barranco, ajusticiada por un puñado de alimañas repugnantes, y la muerte le privaba del festín que codiciaba en el débil cuerpo de un niño enfermo encerrado en un saco, y ése era el cuento favorito de una niña de pueblo que apreciaba los finales felices, y el demonio fabricó un espejo que hacía feo todo lo hermoso, y reflejaba el mal en las cosas mejores, y, cuando lo acercó al cielo para divertirse un poco con los estúpidos ángeles, el espejo se rompió, incapaz de absorber una tensión semejante, y cayó a tierra roto en mil pedazos, y ése era el cuento favorito de un niño feliz, pero a su madre no le gustaba porque no comprendía bien la moraleja, el sentido de la remota fábula del norte donde las viejas escribían cartas sobre la piel dura de un bacalao seco, y al emperador le gustaba mucho comer fuera de casa y la ropa de diseño, y obedecía ciegamente las fraudulentas directrices de los diseñadores que poblaban su corte y vivían a su costa, hasta que un día él y su mujer salieron a la calle completamente desnudos y una pequeña terrorista, sagaz y jacobina como la pobre voluntariosa narradora, les ofreció la última oportunidad envuelta en feroces carcajadas, y ellos no supieron interpretar su risa y se hundieron para siempre en el fango helado del más cruel de los ridículos, y éste era el cuento favorito de una niña infeliz, pero a su hijo no le gustaba porque era de risa y sin embargo no tenía gracia, y porque en el fondo los supuestos bufones seguían siendo ricos, y poderosos, y reyes, y entonces, en la inclemente duermevela del insomnio, él construyó esta secuencia con natural precisión, y pronto pudo elaborar axiomas colaterales, pequeñas verdades despreciables en sí mismas que convenientemente trabajadas e interconectadas entre sí daban lugar a una revelación de potencia deslumbradora, Teresa vivía con su hijo solamente porque todavía no se había echado un novio fijo al que no le gustaran los niños, Manuela defendía solapadamente a su madre —la vida de una mujer es más complicada ¿sabes?—, porque no se sentía capaz de asegurar que ella misma llegara a comportarse de una manera distinta en una situación semejante, su madre le había abandonado porque no comprendía la moraleja de su cuento favorito, Teresa y Manuela serían capaces de comprender a su madre, su madre comprendería sin dificultad el sentido exacto de los cuentos favoritos de Teresa y de Manuela, y las tres vivirían felices en el mundo de la lentejita para siempre jamás, ésa fue su conclusión, y que en los dominios de la lentejita nunca habría sitio para él, porque a él siempre le había dado miedo hacerse sangre, ésa era la última verdad, y se sintió satisfecho aunque presentía que no era justo con la mujer que dormía a su lado, pero estaba muy cansado, agotado por la terquedad del destino repetido, tan aburrido, tan pobre, porque llevaba toda la vida sacando la misma bola de la bolsa, ahora se daba cuenta, siempre la misma mujer, distintas personas de un único ser, una mística grosera y descabellada, como la que inflama la devoción del sacristán que extiende la mano en el camarín de cualquiera de esas vírgenes milagrosas, un trozo de madera que es igual pero no es lo mismo que todos los demás, un misterio podrido que huele rancio, y en eso se le había ido el tiempo a él, en repetir una y otra vez el mismo confuso discurso piadoso, en amar siempre a la misma mujer, con edades y rostros y vestidos diferentes, y en propiciarlas con auténticos ríos de esa sangre que detestaba derramar, y la blanda insensibilidad física previa al sueño le fue envolviendo suavemente mientras recordaba con un suspiro de alivio que aún no se había cerrado el último lazo tendido a la suerte, y abrazaba otra vez a Manuela para encontrarse bien otra vez junto a ella, y por eso la sombra de su anónima corresponsal, una mujer sensata, razonable, que guardaba de sí, para sí misma, al menos tanto como lo que daba, ya no le protegía lo suficiente, no le bastaba ya, porque Manuela era dulce, pero no sabía jugar, y no quería, su vientre inmenso se proyectaba rítmicamente hacia delante y era hermoso, pero no estaba jugando, y el remoto escudo que se había fabricado con la sombra de una mujer remota e igual, ansiosa por simular el destrozo de unas falsas venas limpias y elegantes, repletas de un bello líquido fluido de consistencia acuosa, como un jarabe para la tos de color rosa claro, horchata sabiamente coloreada, se partía en pedazos al contacto con la carne maciza e indudable tras la que latía la sangre espesa, oscura y grumosa, de la gente de verdad, y se estaba durmiendo, y se preguntó si él era de verdad, y si era cierto el terror que le inspiraba un puré de verduras delicioso, y si alguna vez encontraría una paz diferente entre los fríos brazos de una mujer de mentira, y los párpados cayeron pesadamente sobre sus ojos, y la vida era como una lenteja redonda y pequeñita, y a ratos le gustaba, pero nunca se le había dado muy bien.

—Buenos días.

—Hola.

—Usted dirá...

—Quiero una soga gorda, como así... —y dibujó un círculo considerable enroscando el dedo índice contra el pulgar de su mano derecha.

—¿Cuántos metros?

—Pues, no sé... Ocho, por ejemplo.

—¿Ocho?

—Sí. ¿Le parecen muchos?

—Hombre, depende... ¿Para qué la quiere?

—¿Y a usted qué le importa?

El dependiente, un muchacho flaco y hasta entonces sonriente que no llegaría a los veinte años, le dirigió una mirada torva antes de alejarse unos pasos. Tras rebuscar unos segundos en un gran cajón situado debajo del mostrador, regresó con un muestrario integrado por diez o doce cabos de sogas de diferentes trenzados y grosores, sujetas en el centro por una goma. Seleccionando una de las más gruesas, le tendió un extremo.

—¿Esta le parece bien?

—Sí, muy bien.

Sólo entonces, mientras el dependiente acometía la lúgubre escalera del almacén en busca del pedido que, por alguna desconocida razón, le había parecido tan sorprendente, reparó en que había adoptado el cuerpo de Manuela como única referencia. La recordó tal y como la había visto por última vez, lo repitió para sí mismo en un murmullo firme, la última vez, aquella misma mañana, cuando ya había decidido que ella tenía que salir de su vida, que no podía quedarse allí, agazapada tras su melena de santa barroca, y sus purés de verduras, y su nombre de diosa menor, y su inteligencia antigua, tan insoportablemente exacta y poderosa.

—Así que ocho metros ¿eh?

—Justo. Ocho metros.

Le hubiera gustado echarla, como la primera vez, pero no le había dado tiempo. Se había vestido corriendo y no había querido desayunar, porque si no corría volvería a llegar tarde a un ensayo. A este paso me van a echar del grupo, le susurró al oído, la mano en el pestillo de la puerta, antes de besarle con un detenimiento que desmentía todas sus prisas. Luego le miró raro, y bajando los ojos le confesó que le había mentido. Por supuesto que no ensayamos a estas horas, dijo, como si él se hubiera mostrado alguna vez interesado en los horarios que regían su vocación teatral, la verdad es que voy a clase de sociología, y sin querer mirarle de nuevo, le preguntó si le parecía ridículo. El no supo qué decir exactamente. La sociología es buena, explicó ella, porque nos sirve para entender al público, e incluso a los autores contemporáneos, el auténtico sentido de su teatro, prosiguió, y preguntó de nuevo, ¿te parece ridículo? El contestó que sí. Tal vez lo sea, admitió ella, y volvió a mirarle, y le besó otra vez, y se fue.

—¿Quiere algo más?

—Sí. Necesito algunos clavos gordos y cortos, de cabeza plana.

—¿Para qué los...?

—Voy a colgar una vaca.

—¿Qué?

—Que todo esto es para colgar una vaca.

—Ya...

El muchacho empezó a rebuscar en los cajones de la estantería situada detrás de la barra. El llegó a preguntarse si debería comprar algo más, pero concluyó que, aun presumiendo su bajo precio, dos clases de cosas inútiles eran ya bastantes.

—¿Cuántos quiere?

—¿Los venden por peso o por unidades?

—Por unidades.

—Déme... dos docenas.

—¿Dos docenas?

—Sí. Veinticuatro clavos.

—Muy bien.

Contó los clavos sobre el mostrador y los envolvió en un papelito, colocándolos luego en el hueco que quedaba en el centro del rollo de soga, que envolvió a su vez y puso en una bolsa de plástico. No se quiso despedir y a él le pareció correcto. Ya había hablado demasiado. Pagó y salió a la calle, a una tarde deliciosa, con sol y nubes dibujadas, pocas, blancas, redondas. Tenía ocho metros de soga y veinticuatro clavos gordos escogidos para el cuerpo de Manuela, la vaca que jamás colgaría de ellos. Lo repitió para sí mismo en un murmullo firme, jamás colgará de ellos. Confiaba absolutamente en la mujer de amarillo.

Mientras aún estaba fuera de su propia casa, buscando las llaves en el descansillo de la escalera, nada le parecía extraño, pero apenas abrió la puerta tuvo la sensación de que brillaba el aire. Entonces, sin motivo alguno, se sentó en el suelo del vestíbulo, la espalda contra la hoja, las rodillas juntas y apretadas en el pecho, los brazos, entrelazados, abrazándolas estrechamente, y miró hacia arriba. Cuando pudo recordar que el aire era transparente, mate como la realidad, y que no podía brillar, nunca brillaba, un instantáneo fogonazo dorado le quemó los ojos. Levantó despacio los párpados heridos. Las luces bailaban en el aire.

Vivo en una casa construida sobre el fondo del mar, pensó entonces, soy un pez, y las luces tan sólo el reflejo del plancton que me alimenta. Era un pez con piernas, así que se incorporó sobre ellas para acuclillarse, balanceándose sobre los tobillos. Era un pez con brazos, así que alargó el derecho con la mano abierta y la mantuvo inmóvil hasta que una de esas breves llamas se puso a su alcance. Cerró el puño sobre ella, rápida, certeramente, y comprobó la potencia del pequeño sol que atravesaba su carne para brillar bajo la piel translúcida. Acercó a su boca la prodigiosa antorcha nacida de sí mismo, pero cuando despegaba con cuidado las yemas de los dedos, la luz, progresivamente blanca, enferma, se fue apagando sobre su palma. Murió deprisa, sin dejar rastro alguno tras de sí.

Sus pestañas tropezaron con algunas lágrimas gordas y absurdas. No lamentaba la muerte de la luz. El aire brillaba todavía como un mar vivo, y millones de estrellas diurnas, diminutas, surgían y desaparecían sin cesar sobre un firmamento improvisado, encendiendo sus ojos. No se veía el agua, sin embargo. Extendió los brazos ante sí y luego los frotó contra sus mejillas. La piel estaba seca. Sacó la lengua e intentó probar la sal. No la halló, el aire sabía dulce. Entonces no puedo ser un pez, concluyó, palpándose el pecho, el estómago, el vientre con las manos. Era humano, seguía siendo un hombre. Se sintió mejor, ya que no sabía capturar el plancton.

El aire brillaba. El lo miraba sonriendo, incapaz de comprenderlo. Luego intuyó la verdad como un golpe, como una brutal presión sobre la frente. Supo que las baldosas estaban hechas de luz aun antes de mirarlas. La intensa y efímera vida que brillaba en el aire era apenas un opaco reflejo del milagro que alentaba más allá del suelo.

Se levantó, pero no había emprendido todavía el camino cuando se detuvo de repente, estremecido por el miedo, un terror impreciso, la sombra de la oscuridad completa. Adelantó la punta de un pie con cuidado, y su zapato se tornó un fuego resplandeciente de llamas amables, agudas e indoloras. Apretó con fuerza, y nada cambió. Lo mantuvo allí durante mucho tiempo, firme avanzadilla del resto de su cuerpo, y la luz lo atravesó con su calor como una tibia espada, brillando a través de él, entera. Sólo cuando estuvo seguro de que sus pasos nunca podrían apagar los luminosos latidos del prodigio, cuando adivinó que el pasillo no agonizaría bajo su peso como había muerto antes, asfixiado en su mano, el poder del destello que atrapara en el aire, siguió caminando de puntillas, sintiendo el color y el calor de la luz dorada como su propia piel.

La puerta de la cocina se perfilaba ya contra el aire brillante, espeso de brillos, cuando la luz creció de pronto, asaltando los muros con lenguas de oro, breves e infinitas, cegando sus ojos, que se cerraron solos, impotentes. Fue entonces, mientras permanecía inmóvil, a merced del oculto sol subterráneo, cuando su olfato pudo atrapar por fin, nítidamente, la esencia misteriosa, resbaladiza casi, de un bienestar ajeno al resplandor que ahora le absorbía, luz también él, hecho ya de luz, como las cálidas baldosas. Al principio había creído que todo se resolvía en el brillo de las llamas que iluminaban el aire, que a nada debía el plácido placer que le mecía sino a su reflejo, pero ahora distinguía una bendición nueva, distinta. Olía a comida, comida recién hecha.

Sintió la humilde dulzura de aquel aroma que inundó su nariz, ascendiendo después, suavemente, por desconocidos senderos labrados contra el hueso, más allá de su frente, hasta alcanzar el cerebro blando y tibio, aturdido por el imprevisto desenlace de aquella ceremonia de luces y de brillos. El olor rellenó los surcos, acarició los nervios, ocupó hasta el último resquicio de su inteligencia, y él obedeció, dócil, al impulso que se desencadenó desde su nuca, abandonándose pronto a la presión de unas manos firmes, garras inexistentes luego sobre su indecisa piel temblorosa. Se precipitó hacia delante, levantando en su carrera nubes de polvo dorado, y cuando asió por fin el picaporte con la mano diestra, comprendió que había llegado al final. Abrió la puerta sin adivinar qué encontraría detrás, en sus gestos bruscos, tajantes, la ansiedad de un demente. La cocina apenas había cambiado. La luz había muerto, si es que nació alguna vez sobre las baldosas del suelo, y una simple bombilla se balanceaba desde el techo como el cadáver de un viejo ahorcado, un muerto solitario, abandonado de todos

240

en su rama, pero el aroma a comida recién hecha alcanzó la intensidad de un perfume mil veces destilado, un olor puro, exquisito, insoportable. Cerró los ojos y lo aspiró profundamente durante mucho tiempo, hasta que sus resecas mucosas dejaron de arder. Solamente entonces la vio, de espaldas a sus ojos, plantada como un árbol joven en el centro de la habitación.

Una mujer hecha de tierra trajinaba ante el fogón. La limpieza de las líneas que perfilaban sus cortas piernas, y sus brazos tostados, pulidos, suaves, revelaban que su piel había sido modelada con arena de playa, fina y brillante, húmeda al contacto con el agua de la última ola que aún esponjaba su superficie. La melena, en cambio, larga y alborotada, era un campo recién labrado. Entre sus rizos rojizos, profundos, corrían gusanos diminutos, su presencia apenas un hilo transparente, y malvivían algunos hierbajos secos. Sus pies, enfundados en unas chinelas de tacón alto con plumas teñidas de azul celeste que no significaban nada, eran dos toscos pegotes de barro, pero sus manos parecían perfectas, y hasta creyó distinguir sobre sus dedos, largos y ágiles, la huella blanquecina de unas uñas transparentes. Vestía una bata de raso muy usada, deshilachada ya por los bordes, abrillantada por el desgaste, que dejaba adivinar la bella sombra oscura de un sujetador negro de tirantes sutiles e inconcebiblemente tensos, y los extremos de un delantal blanco ceñían vagamente su cintura. La mujer de tierra cocinaba, removiendo el contenido de una gran sartén con una tosca cuchara de madera, hechizándole a distancia con su carne fértil.

Sobre la tabla de mármol gris que servía de encimera resplandecían los frutos de su sabiduría, cazuelas de barro y de aluminio, fuentes de loza, cuencos de cristal, salsas de colores, negras, amarillas, rojas, blancas, carne y pescado, misterios salados y dulces que ahora, cuando ya no era tiempo, le devolvían a un código de olores y sabores olvidados, cálidas claves de su infancia, una lluvia de sal sobre el aceite espeso, casi verde, que empapaba la gruesa miga de pan

241

recién tostada, para empezar a vivir cada día, y una yema de huevo cruda, redonda y lisa, batida en un mar de azúcar, antes de irse a la cama por la noche. Recordaba, e intentaba comprender, pero no sabía, excepto que no había otra salida, el presentimiento de que no la había le sacudió con la potencia del miedo ciego antes de transformarse en certeza. No podía huir, escapar a aquella emoción turbia que le estrujaba las vísceras y le escocía en los ojos, no sabría hallar el camino de vuelta, porque la luz moriría bajo sus pies si regresaba entero, de vacío, y las baldosas del pasillo serían sólo una frontera yerma, y más allá, la oscuridad y el frío. Quiso dudar aún, pero ya sabía que no había otra salida sino aceptar el desafío de la mujer de tierra, vencerse a sí mismo, un miedo más profundo, y adelantó un pie hacia la oscura figura, y aun antes de que llegara a posarse en el suelo intuyó que ese simple movimiento le delataría ante ella, que apartó la sartén del fuego y comenzó a volverse lentamente, empuñando todavía la cuchara de madera con el gesto inerme de un soldado débil. Luego corrió, al margen ya de todas las reglas, agotándose en cada zancada, ahogándose en su propia prisa, y apenas pudo entrever unos brazos abiertos, un refugio salado, la carne de tierra muelle que soportó la brutal embestida de sus despojos. Quería disolverse allí, enterrarse vivo, ofrecerse a los gusanos que la recorrían entera, pero sintió una tibia presión en torno al cuello, la caricia de unos dedos frescos y húmedos sobre su frente, la huella de la arena en su rostro, diminutas partículas doradas que antes fueron roca, dureza incorruptible, y comprendió que ella había sido de piedra antes de aceptar al mar. Se recuperó pronto entre sus brazos, y sólo entonces se atrevió a mirarla a la cara. Un alarido de pánico creció en su garganta, pero no llegó a escapar de sus labios, sellados por el miedo y el asombro, un escalofrío helado.

Ella tenía el rostro de carne y hueso de una mujer de verdad, como los viejos monstruos clásicos.

Reconoció la piel áspera, la sonrisa torpe entre los labios siempre fruncidos, y los ojos de color avellana grandes y hermosos, ahora más brillantes, y no quiso creer en su emoción, no se la explicaba, y se limitó a reírse de sí mismo, la boca ácida, por no haber sido capaz de descifrar antes aquel sencillo enigma, una trampa tan transparente, porque ahora ya no había salida, ése había sido su único acierto, y, al recostarse de nuevo sobre ella, rendido y solo, se acopló sin dificultad a los huecos que el relieve de su propio cuerpo imprimiera antes sobre la anónima arena húmeda que ahora se había tornado de repente un paisaje conocido, y los brazos de tierra le estrecharon más fuerte y no sucedió nada más, sólo el calor que envolvió poco a poco sus tobillos desnudos para apoderarse después del resto de su cuerpo, disipando el miedo, venciendo la conciencia, quemando de placer su piel bajo la ropa, haciéndole verano, y se descalzó para sentir arder el suelo bajo sus plantas, y elevó un instante la mirada, forzando los ojos sin girar la cabeza, como si le doliera desprenderse de su blando caparazón de playa, a tiempo sin embargo de contemplar cómo un sol pequeño, tímido aún, nacía de la bombilla suspendida del techo y en un aire nuevo florecían los brillos.

Cuando volvía a sentir que era luz, que estaba hecho de luz, unas gotas de salsa, caliente y espesa, se desprendieron de la cuchara que ella sostenía entre los dedos, y resbalaron sobre su sonrisa.

Sentía todavía el efecto de aquellas gotas, el modesto fuego que ardía sobre sus mejillas, cuando alargó instintivamente un brazo para coger el teléfono, un gesto que se había prohibido realizar a sí mismo a lo largo de los tres últimos días, desde la mañana del vano sacrificio de las compras inútiles, la soga y los veinticuatro clavos gordos que seguían viviendo intactos dentro de su envoltorio original, en el último cajón de la cómoda del vestíbulo.

—¿Benito?

Alguna vez tenía que ser, se consoló a sí mismo sin decidirse a contestar, sintiéndose aún profundamente dormido pese a haber reconocido de inmediato la voz nasal de Polibio al otro lado de la línea.

—Oye tío, ¿estás bien?

—Sí...

—¿Te pasa algo?

—No. Que me has despertado.

—Lo siento. Es que, no sé... por la voz..., parece que estás llorando.

Sólo entonces, cuando ya había distinguido exactamente las fronteras del sueño y había logrado situarse fuera de ellas, cuando ya no podía permitirse dudar por más tiempo acerca de la auténtica naturaleza de esas gotas de salsa caliente y espesa que le tiraban de la piel y le picaban en la comisura de los párpados, recorrió todo su rostro con las yemas de los dedos para hallar en ellas después el débil rastro de un líquido sutil y transparente.

—Bueno, era una pesadilla, supongo que estoy bastante agitado todavía...

—¡Ah! En ese caso, ya me puedes agradecer la llamada...

Se llevó los dedos a la boca para confirmar un regusto salado, y sonrió para nadie, porque tras los placeres soñados del pan con aceite y la yema batida con azúcar, recobraba ahora el sabor de las lágrimas, otro sabor de la infancia.

—Pues sí, pero supongo que no te habrás vuelto vidente...

—¿Qué?

—Que por algo más llamarás.

—Pues claro. Porque me tienes muy preocupado. No sé dónde te has metido, hace casi una semana que no te veo, y no estás nunca en casa... Si te has ido de viaje, podías haber avisado, vamos, digo yo...

—He estado enfermo.

—¿Sí?

—Sí. Una bronquitis. Horrible. Lo he pasado fatal, he dejado de fumar y todo... Tenía el teléfono descolgado. Me molestaba, y no pensé que nadie fuera a preocuparse por mí.

—No te hagas la vedette...

—Lo digo en serio.

—¿Y estabas solo?

—Sí.

—¿Y qué comías?

—Findus.

—¡Qué horror! Mira, me voy a verte. Tardo un cuarto de hora, poco más, no te muevas...

Colgó el teléfono con un gesto parsimonioso y clavó los ojos en la foto del célebre maníaco francés, obseso sexual y empalador de mujeres, a quien no debía agradecer nada porque renegaba de la fábula recién soñada. Ni siquiera se concedió el alivio de sorprenderse por el descomunal espacio que Manuela, una mujer de trayectoria en definitiva tan breve en relación a sí mismo, parecía capaz de acaparar en el reducido ámbito de todas sus vidas. No quería pensar en ella, no tenía sentido, y a cambio se entregó durante unos minutos al equívoco placer de la hipótesis sentimental, el juego malsano en el que había invertido sus ratos libres, todos sus ratos, en las últimas cuarenta y ocho horas. Miró el reloj y, tras un cálculo elemental, estableció que estaba a punto de cumplirse el sexto día. Según la información que había recopilado en sucesivas llamadas a la oficina postal de atención al cliente, su carta no habría tardado en ningún caso más de tres días en llegar a las manos de su destinataria. Si ella había contestado inmediatamente, y teniendo en cuenta el retraso acumulado por sus respectivas espantadas, no había ningún motivo para suponer lo contrario, debería ya tener noticias suyas, pero a menudo los servicios públicos funcionan de manera deficiente, él lo sabía mejor que nadie, a menudo se había contado entre los culpables de tales deficiencias, y ella, con una casa y tres hijos, debía de tener mucho trabajo y poca intimidad, así que probablemente no le había escrito hasta la mañana siguiente al día en que recibió su carta, cuando los niños estaban en el colegio. Le gustaba mucho esta última posibilidad. Parecía muy natural y ampliaba sus márgenes de confianza. Animándose por tanto a no desesperar en el caso de que sus dos próximas expediciones al buzón arrojaran el desolador balance de las precedentes, se levantó para cumplir con el inexcusable rito de sonreír a sus dientes blancos, sanos, perfectos. Se estaba poniendo los pantalones cuando el timbre de la puerta anunció la llegada de Polibio, siempre severamente puntual.

—A ver... —le dijo, antes siquiera de llegar a saludarle, precipitándose sobre él para acercarle a la luz mientras le tomaba la cabeza con ambas manos y le escrutaba atentamente—. Pues no tienes mala cara.

—Es que ya estoy bien.

Al cerrar la puerta se fijó en el paquete de forma rectangular y volumen casi plano, rodeado por un inconfundible cordón blanco que delataba su origen tanto como la leyenda impresa en el envoltorio, que su invitado sostenía suspendiendo el lazo con la punta de los dedos índice y pulgar de su mano derecha, llamativamente separada del cuerpo, y no pudo reprimir una carcajada.

—¿De qué te ríes?

—De la forma en que sostienes ese paquete.

—¿Y qué tiene de gracioso?

—Nada, pero me recuerdas a mi abuela cuando compraba pasteles para el postre, los domingos, a la salida de misa. Una señora muy fina, mi abuela...

—¿Y cómo lo llevarías tú?

—Trae... —y tomando el paquete, encajó dos dedos justo debajo de la intersección del cordel—. Así. ¿Lo ves?

—Sí, lo veo, pero sigo sin entender por qué...

—¡Bah, da igual! No te enfades, es una bobada. ¿Vas a comer en casa de tu madre?

—No. Es para ti.

—¿Qué, los pasteles?

—No son pasteles. Es una empanada de bonito. Masa de hojaldre. Está recién hecha.

—¿Y para qué quiero yo una empanada de bonito, de hojaldre, recién hecha?

—Es mejor que Findus —imprimió a esta última frase el

tono de una sentencia inapelable y sin pronunciar una sola palabra más, le dio la espalda para entrar en el cuarto de estar. Los rígidos movimientos de su torso, excesivamente erguido, le asemejaron por un instante a los soldados que disfrutan con los desfiles. Benito comprendió que estaba ofendido.

—Estoy haciendo café. ¿Quieres una taza?

—Si no es mucha molestia...

—Por supuesto que no. Ahora lo traigo.

Cuando regresó con el desayuno, en poco más de cinco minutos, le encontró tal y como lo había dejado. No se había movido ni un milímetro. Antes de sentarse, cruzó la habitación para coger una botella de coñac que situó frente a él junto con una taza, un bote de leche condensada y la cafetera.

—Es por si quieres hacerte un belmonte...

Polibio negó con la cabeza y se sirvió un simple café con leche. Benito aceptó con un suspiro el fracaso de su primer plan de emergencia. El enfado de su interlocutor resultaba más profundo que la tentación del dulce jarabe murciano —café solo, leche condensada y coñac—, al que se se había aficionado tan profundamente en el curso de su desastroso servicio militar, cuando tras conseguir que su influyente familia movilizara todas las influencias precisas para obtener un destino en San Javier, comprobó con un escalofrío que volar le daba vértigo. Se tiró un año y medio engrasando aviones. Los belmontes, que sabían dulce aunque le producían un terrible ardor de estómago, habían sido entonces la única audacia y el único placer que frecuentaba, y su renuncia resultaba aún tan significativa que Benito, aun lamentándolo sinceramente en su interior, se decidió a poner en marcha el segundo y definitivo plan de emergencia.

—¿Qué tal con las tías del otro día?

Polibio continuó removiendo lentamente el contenido de su taza con la cucharilla, complaciéndose en hacerla chocar periódicamente con las paredes de loza para producir una monótona melodía.

—¿Qué tías? —preguntó después de un rato.

—Pues aquéllas, la que parecía un travesti y las otras dos... Las que hacían gimnasia.

—¡Ah, ya...! —y alcanzando a mantener sus aires de imperturbabilidad apenas un instante más, levantó la cara para mirarle con una sonrisa inmensa entre los labios—. ¡Joder, tío, no sabes cómo fue, estoy vivo de milagro...!

El le devolvió la sonrisa, y se arrellanó en el sofá dispuesto a escuchar, y escuchó, escuchó durante más de media hora el fantástico relato de una proeza descomunal, hazaña gloriosa, mentira descarada, todo mentira, tratando al principio de seguir estrechamente el sentido de la narración para no aburrirse, esforzándose por no perder ni una palabra, por involucrarse a sí mismo en la fantasía ajena y recomponer cada uno de los lances, de las situaciones que Polibio le transmitía progresivamente excitado, imparablemente eufórico, risueño y feliz, moviendo mucho las manos, retorciéndose violentamente sobre el sillón para proporcionar un soporte gráfico a su entrecortado discurso, dibujando con el dedo sobre el cristal de la mesa, y él se propuso creerle, creer todo lo que le contaba, y pudo hacerlo durante algún tiempo, el pintoresco detalle de que todas, las tres, tuvieran muy desarrollados los músculos de las tetas ya le costó un poco, pero siguió adelante tras apuntar tímidamente su perplejidad, pero si las tías no tienen músculos en las tetas, se limitó a insinuar, ¡no van a tener!, recibió como respuesta, qué sabrás tú, lo que pasa es que la mayoría de ellas no hace nunca ejercicio, bueno, si tú lo dices, y ya no le interrumpió durante un buen rato, le dejó seguir, complacerse en la insólita memoria personal que tan precariamente construía al mismo tiempo que hablaba sin reparar demasiado en los detalles, esos brazos que surgían y desaparecían como por ensalmo, bocas que se multiplicaban misteriosamente, mujeres que se desdoblaban sin esfuerzo aparente, y hasta penetraciones simultáneas, ahí empezó a perder el hilo, pero ¿cuántos tíos había?, preguntaba, pues ¿cuántos iba a haber?, yo solo, precisaba su interlocutor, entonces no puede ser, ¿el qué?, pues lo que me estás contando, qué no, tío, que es que no te enteras, verás, yo estaba..., y entonces empezaba otra vez a contar un cuento completamente distinto, y conseguía mantener la coherencia de su historia durante unos minutos, antes de resbalar de nuevo por la pendiente del entusiasmo traidor para crear en un instante criaturas de tres piernas, pequeños monstruos amables y serviciales bendecidos con el divino don de la ubicuidad y lastrados a cambio por un primario mecanismo de reproducción, la pura y simple división de sí mismos en varios seres completos, incluso parciales cuando hacía falta, y él intentaba transfigurarse en un espejo donde su amigo pudiera mirarse, y quererse en lo que veía, pero de vez en cuando perdía la paciencia, venga ya, le interrumpía entonces bruscamente, acabo de contar siete piernas, ¿y qué?, respondía el otro, muy ofendido por su tono, éramos cuatro ¿no?, ¿pero no habíamos quedado en que la más alta estaba sentada en un sillón, mirando?, insistía él pacientemente, sí, pero justo en ese momento se levantó, no irás a pretender que te lo cuente absolutamente todo hasta el último detalle, vamos, digo yo, no, claro que no, se rendía al fin, perdóname, bueno ¿sigo?, sí, por favor, sigue, y seguía, continuaba desenredando una madeja perpetuamente confusa, y disfrutando con ello, hasta que comprendió que había llegado al último límite de la exacerbación razonable y, cuando caminaba con acento inseguro hacia el milagroso estallido de su sexta eyaculación consecutiva, se le quedó mirando con una sonrisa en los labios y le preguntó en voz más baja, ¿no estarás creyéndotelo todo, verdad?, él soltó una carcajada, y tras ella la verdad, no, concretamente no me he creído nada, haces bien, respondió Polibio uniéndose a su risa, porque es todo mentira...

—Así que ni una rosca ¿eh? —preguntó directamente, cuando logró serenarse al fin.

—Hombre, tanto como eso... —Polibio reía aún.

—¿Entonces?

—Bueno, me levanté a una.

—¿La que parecía un tío?

—Justo. ¿Cómo lo has adivinado?

—Intuición. Y ¿qué tal?

—Se llamaba Carlota —y las risas comenzaron de nuevo sin que ninguno de los dos llegara a comprender exactamente de qué se reían.

—¡Ah! Muy aristocrático...

—Sí.

—¿Tenía cepo?

—No, pero era frígida.

—Bueno, en peores plazas he toreado...

—No estés tan seguro.

Las carcajadas les impidieron proseguir la conversación durante un buen rato, hasta que ambos comenzaron a sentir dolor en los músculos de la zona superior del estómago. Apenas habían cesado cuando Polibio, levantándose del sillón, recogió su chaqueta del respaldo y se la puso.

—Bueno, ahora que ya he hecho mi buena obra del día, y a la vista de lo sanísimo que estás, me voy a ir, que el camión de la cerveza debe de estar a punto de llegar de un momento a otro... ¡Ah!, se me olvidaba, si prefieres comer la empanada caliente, métela en el horno, pero ponlo bajito, porque si no, se arrebatará la masa y el relleno seguirá estando frío.

—Sí, mamá.

—Bueno, tú búrlate de mí, que seguro que al final se te quemará y todo.

—Espera un momento, me bajo contigo... Voy a mirar el buzón.

Entonces, Polibio, que ya había ganado el vestíbulo, se volvió bruscamente hacia él y rebuscó en uno de sus bolsillos para extraer un puñado de papeles.

—¡Uy! Ten... Ya se me olvidaba, es que estoy hecho polvo... Me he encontrado con el cartero en el portal. Llevaba esto para ti y, de paso, te lo he subido...

Sintió el tacto rugoso de aquel sobre de papel caro, y contempló los picos afilados de aquella letra artificiosa, forzadamente cursiva, una precaución tan incomprensible en una carta anónima, y el universo se contrajo repentinamente para caber de sobra en los estrechos límites de un folio blanco, superficie suficiente para el ansiado mapa dibujado entre las líneas de letras azules que subían y bajaban sin orden y sin motivo alguno, aproximándose y distanciándose caprichosamente entre sí, y escuchó desde muy lejos la voz de Polibio, que se despedía, y no fue capaz de acompañarle hasta la puerta, y se dijo que debería sentarse, prepararse una copa, mirar siquiera el remite de la correspondencia restante, y pellizcar las esquinas del sobre con cuidado para no rasgar su interior, pero destrozó nerviosamente la envoltura de papel en un momento, y allí mismo, de pie en el vestíbulo, extrajo el mundo de su débil cáscara blanca y comenzó a leer con avidez, sin terminar todas las frases, saltando con los ojos de una palabra a otra, y aún quería esperar, aún esperaba, pero el naipe de arriba del todo, la clave de la incierta cúpula que coronaba el desproporcionado edificio de su tonto amor, comenzó a tambalearse muy pronto, resbalando contra el filo del ladrillo sucesivo, igualmente frágil, igualmente pérfido y blando, que cayó a su vez, provocando el desplome de la siguiente hilada, y antes de terminar de leer miró a su alrededor, y miró dentro, y miró fuera de sí, y ya no había nada, y desde allí, *mi querido amo,* comenzó de nuevo, *ante todo quiero pedirte perdón por lo del otro día,* imponiéndose a sí mismo una ilusión de serenidad, *esto empieza a parecerse a una película de cine mudo,* queriendo desconfiar de su excelente memoria, *de ésas donde el chico corre sin parar detrás de la chica,* para desterrar el desconcierto, *y la chica también le busca,* culpando de todo a sus nervios, *pero jamás se encuentran,* y se negó a cotejar el papel que tenía entre las manos con la carta anterior, *lo que pasó es que mi hijo pequeño se puso muy mal,* una precaución infinitamente vana, *ya te conté que estaba enfermo,* porque su memoria era excelente, *cuando era bebé pasó la poliomelitis,* y se acordaba perfectamente de la espina bífida de su hijo más pequeño, *no me atreví a dejarle solo con los otros tres,* y de que ella antes tenía sólo tres hijos, *porque la asistenta se fue a las cinco a su casa,* y una muchacha interna, *ahora que ya está mejor,* sentía que la ingenuidad le atenazaba otra vez, *espero contar todavía con una oportunidad,* que ataba sus pies y sus manos, *y que podamos encontrarnos al fin,* para asfixiarle por dentro como una enfermedad irresoluble, *y que todo salga bien,* y se sentía cada vez más miserable, *haré todo lo posible para que salga bien,* luego se resignó ya a aceptar su fracaso, *me da un poco de cosa citarte en el mismo sitio,* aunque la esperanza malgastada le dolía como una llaga infecta, *pero es que como vivo fuera,* y aunque no entendía por qué ella le mentía en algo tan estúpido como su vida privada, *la Plaza de España me viene muy bien,* que a él no le importaba nada, *y por tu dirección veo que a ti también,* y no entendía cómo podía ser tan torpe, *así que si te parece quedamos igual,* a no ser, *el próximo martes,* a no ser que esa mujer, *a las siete de la tarde,* la mujer vestida de amarillo, *ya no puedo soportar las ganas de conocerte,* que era su refugio y su argumento y su escudo y su coartada, *hasta pronto,* no existiera, *un beso,* a no ser que la mujer de amarillo, *tu esclava,* no hubiera existido jamás.

El primer bocado de la empanada de bonito, masa de hojaldre, recién hecha muchas horas antes, le supo estrictamente a gasolina. El sabor del segundo no resultó muy distinto, pero siguió comiendo, masticando continuada y sistemáticamente para alimentarse, a pesar de que aún no había llegado a sentir hambre. Al principio, durante las horas inmediatamente sucesivas al descubrimiento, no fue capaz de sentir gran cosa, sólo el tabaco, el humo que resbalaba incesantemente por la pendiente del paladar en dirección a sus pulmones, resecando armoniosamente sus mucosas, generando el futuro sabor a gasolina. Luego se durmió. Los disgustos siempre le habían dado mucho sueño.

Ahora estaba anocheciendo y ya había analizado la cuestión desde todos los puntos de vista posibles, empezando por eliminar radicalmente a la mujer de la gabardina azul, solamente una entre los miles de mujeres que aquella tarde, en todos los barrios de Madrid, habrían decidido vestirse de amarillo. Todas las soluciones eran aproximadamente igual de absurdas, pero terminó inclinádose por la hipótesis de una simple broma, un juego ridículo tras el que era posible intuir a un grupo de tres o cuatro adolescentes deseosas de reírse en común, ese espíritu tribal que tan profundamente le había disgustado incluso cuando él mismo era un adolescente. Seguramente no habían llegado a ponerse de acuerdo en todos los detalles, y así, las discrepancias coyunturales entre ambas cartas se deberían, simplemente, a que habían sido redactadas por manos distintas. El premio, suponía, sería haberle visto aparecer en la Plaza de España con el atuendo indicado y su inmensa cara de imbécil, estudiarle, provocarle quizás, y luego salir corriendo. En ese punto se resolvía todo. La desolación se extendía ante sus ojos como un horizonte concreto, inabarcable. Su vida era una broma tonta. La vida era una broma, ni siquiera ingeniosa, pérfida o cruel, sino simplemente tonta. Y él era un gilipollas, igual que Angelito. Aún disponía de casi tres semanas de vacaciones. Pensó en marcharse, abandonar la ciudad que le cercaba, buscar el mar, que era azul y no tenía final. Pero con el mar no dejaría de estar solo.

Descolgó el teléfono y apretó el auricular contra su regazo, como si pretendiera calentarlo. Siempre había estado conforme con la soledad, la había buscado, la había mimado incluso durante largas épocas, la conocía bien, y se fiaba de ella. Marcó un número, comunicaba, colgó de nuevo con expresión de fastidio. Pero se estaba haciendo viejo, y el frío era cada vez más intenso. Descolgó de nuevo y pulsó una tecla. La memoria del teléfono repitió automáticamente el último número insertado. Contestó una voz vagamente conocida, Iris está aquí, ahora mismo se pone.

Dejó de hablar para mirarla a los ojos, interrumpiendo el estúpido discurso que había pronunciado hasta entonces con la mirada perdida en la opaca ventana de pintura blanca que se abría en la pared amarillenta. Estaba completamente borracho, como en todas las grandes ocasiones. La miró y ella sonreía.

—¿No te crees nada de lo que te estoy diciendo, verdad?

—Sí —sus labios permanecían dulcemente curvados—. Me lo he creído todo.

—¿Y te parece divertido?

—Hombre, divertido... Digamos que me parece interesante.

El se sintió sin fuerzas para seguir. Durante el breve período de tiempo que había transcurrido entre su conversación telefónica —ven aquí inmediatamente, quiero verte, de acuerdo, no tardo nada— y su llegada, casi media botella de ginebra, se había preparado para todo menos para estrellarse contra una sonrisa tan inconcebiblemente brutal. Esperaba un auténtico escándalo, una escena terrible, una bronca descomunal, cualquier pretexto para romper los muebles, para pegarle una paliza, para hacerle sangre, para sangrar él mismo, sólo una excusa para abandonar de una vez, una conmoción suficiente para obligarle a golpear tres veces la lona y escuchar cómo le contaban hasta diez, y no levantarse, eso deseaba, y ella simplemente sonreía para obligarle a llegar hasta el final. Ahora estaba desnudo y era ella quien le miraba. Se lo había contado todo, casi toda la verdad, una historia asquerosa, el balance de una memoria repugnante que rezumaba pus y una tristeza densa y oscura como la envidia.

—Eres horrorosa —había empezado por ahí—, una mujer muy fea, con un cuerpo feo, y no es porque estés gorda, tu cuerpo tampoco sería bonito si pesaras lo que deberías pesar, porque tu esqueleto está mal hecho, tienes los hombros muy estrechos y las caderas demasiado grandes, la cintura se te junta con la clavícula y tus muslos son enormes en comparación con tus pantorrillas, que están bien, eso sí, pero no bastan, porque también tu carne es fea, tan blanda, estás llena de estrías por todas partes, tía, te cuelgan las tetas como si hubieras tenido catorce hijos, y tu piel es áspera, con ese vello duro y tan negro, supongo que es el precio que debes de pagar por tu pelo, que sí me gusta, me gusta mucho, ya lo sabes, pero la melena y los ojos son las dos únicas cosas que merecen la pena de ti, y seguramente te preguntarás por qué te cuento todo esto, por qué me estoy comportando como un hijo de puta contigo, que no me has hecho nada, pero tengo mis razones, quiero que sepas lo que pienso para que entiendas cómo van a ser las cosas entre nosotros a partir de ahora, si es que después de esto queda algo, no sé si te imaginas por dónde voy porque todavía no he logrado decidir si eres lista o tonta de remate, pero lo que sí sé es que por algún oscuro motivo estás encoñada conmigo y eso no me había pasado nunca hasta ahora, porque yo también soy muy feo, te lo digo por si estás pensando en devolverme los insultos, en ese caso ya puedes ir cambiando de opinión, no vas a conseguir molestarme, me conozco de sobra y sé que no soy mucho mejor que tú, aunque ahora esté en una posición infinitamente más airosa, porque tú me admiras y yo te desprecio, eso es lo único que de verdad me atrae de ti, que haces todo lo que yo te digo, que me sigues sin hacer preguntas, pegada a mis talones como una perra, y sé que éste es un sentimiento miserable, y seguramente en estos momentos te estoy empezando a dar asco, pero me da igual, porque la mujer de mi vida, la última mujer de mi vida, quiero decir, me acaba de fallar, ¿sabes? El caso es que en eso todas son iguales, todas menos tú, que eres fea y gorda y estúpida, porque no puedo aspirar a algo mucho mejor, pero en el fondo eso también me da igual, porque eres una tía después de todo, tienes un coño, y me admiras, y con eso me basta, no puedo decir que llevaba toda la vida esperando este momento porque siempre quise imaginar que quien me escuchara hablar así sería una mujer guapa, pero, en fin, la vida no da para más, y sin embargo tiene gracia... Te he dicho que te iba a contar la verdad y lo voy a hacer, aunque después de lo que viene a continuación salga peor parado, así te darás cuenta de que voy en serio y reaccionarás de una vez, en un sentido o en otro, lo que tiene gracia es que no es la primera vez que digo todo esto aunque antes nunca me haya escuchado pronunciar estas palabras, quiero decir que todo esto lo he repetido para mí mismo muchas veces, porque me excita enormemente esta situación, aunque tu fealdad me moleste, con las otras, que existen sólo dentro de mi cabeza porque jamás han estado ahí, sentadas en el suelo como estás tú ahora, se me pone dura antes, y más dura, pero supongo que también cuenta la costumbre, y me tendré que ir acostumbrando a ti, poco a poco, porque eres lo único que puedo esperar, y aunque no seas atractiva, eres de verdad, y sirves para pagar por todas las demás, yo lo siento, pero esto es lo que hay, o lo tomas o lo dejas, y estoy hablando en serio, te juro que estoy hablando en serio, la verdad es que te tengo cariño, eres graciosa y te enrollas bien en la cama, pero no tengo ningún interés en ti más allá de tu admiración y mi desprecio, porque me han humillado ya demasiadas veces, y ahora no amo a nadie, no puedo amar a nadie, no hay peligro...

En ese instante se detuvo para mirarla, y ella sonreía, y confesó después que le creía al pie de la letra, y que encontraba interesante todo lo que decía, y él se sentía sin fuerzas para seguir, pero siguió, apuró más de media copa de un solo trago y siguió hablando, rehuyendo su mirada, regresando al blanco, que era neutro y desagradable y tranquilizador al mismo tiempo, y empezó otra copa, y retomó pesadamente el tono artificial del desahuciado que era.

—Debo suponer entonces que estás de acuerdo, que por alguna razón te apetece jugar a este juego, que es un juego tonto, y ridículo, y absurdo, y falso, y lamentable, pero es también el juego al que debo jugar alguna vez antes de morirme, porque los cuchillos me atormentan desde que era un niño, tú eso no lo entiendes pero todo tiene que ver, todo es lo mismo, aquel cuadro ¿te acuerdas?, Madrid, los cuchillos y mamá, no tengo sitio, eso es todo, siempre estoy en el lugar apropiado pero ese lugar nunca es el que me corresponde, y me dan miedo las cosas más inofensivas, los girasoles por ejemplo, también te hablaré de los girasoles, que me hacen vomitar, porque no entiendo bien las cosas que me pasan, y las mujeres a las que amo me desprecian, y no sé por qué, no lo entiendo... ¿Qué te pasa? No me pongas esa cara, tía, que no soy un psicópata, no estoy más loco que tú con tus clases de sociología teatral, y no te voy a hacer daño, no me interesa hacerte daño, es demasiado fácil y no conduce a nada, la sangre me da asco, el olor de los cañones chamuscados de las patas de los pollos, cuando se pasan por el fuego antes de meterlos en el horno, siempre me ha dado náuseas, no es eso, no se trata de eso, si sólo soy un miserable, ya deberías haberte dado cuenta, solamente un miserable, y lo único que quiero es vivir en sueños por una vez, aunque para eso no te tenga más que a ti, que eres tan fea, pero graciosa, seguro que te mereces algo mejor, pero yo no lo tengo y no puedo dártelo, así que piénsatelo bien porque esto es lo que hay, ya te lo he dicho antes, y si me preguntas qué pienso hacer contigo, pues no sabré qué decirte, porque no lo sé exactamente, no lo tengo preparado pero soy muy inteligente ¿no?, ya improvisaré algo, algún estúpido código de comportamiento, un puñado de normas que huelan a rancio, como un manual de seducción decimonónico, a las tías os suelen poner mucho esas cosas ¿no?, eso viene en los libros por lo menos, a mí me da igual, yo sólo quiero que vengas cuando te llamo, y que te marches cuando te lo pida, y que me hagas purés de verduras, y que me cuentes cuentos, y no me preguntes por qué me he montado todo este número si eso, exactamente eso, es lo que has estado haciendo hasta ahora, no me preguntes por qué te he dicho todo esto porque no lo sé, sólo sé que así me vale y de la otra forma no, porque no quiero que te comportes como si me amaras, no quiero que me ames, detesto la espontaneidad, es peligrosa. Prefiero que todo esté hablado, bien pactado, así sabré a qué atenerme, y todo será más fácil, no habrá malentendidos entre nosotros, que somos feos, escasamente brillantes, estamos solos, follamos juntos, y punto, no hay nada más, excepto el desequilibrio que hará de la nuestra una relación equilibrada, porque tú me admiras y yo te desprecio, y por eso yo doy órdenes y tú las obedeces, y los dos tan contentos hasta que uno de los dos se canse, y presiento que yo me cansaré antes, así que nada de dame una llave, me voy a traer aquí algunas cosas, préstame diez talegos, vámonos juntos de vacaciones, y todo lo demás, cuando yo diga que esto se acaba, se acabó, ¿está claro? Ya sé que lo que se lleva ahora es la castidad, y los alimentos naturales, que todo esto está pasado de moda, y además supongo que no es un trato justo para ti, porque lo que tú pretendes debe de ser otra cosa, una vida en común, te deben encantar los niños y eso, pero por ahí no hay nada que hacer, contigo no, ya puedes estar segura, por eso prefiero que pienses bien lo que me vas a contestar, medítalo con calma, no tienes por qué decirme nada ahora, prefiero que estés segura, y te advierto que luego las lágrimas me ponen burro, así que tú decides, ahí está la puerta.

Terminó de hablar y aspiró profundamente, como si necesitara extraer fuerzas de alguna parte antes de mirarla. Ella seguía sentada en el suelo, en el mismo lugar que antes, y ya no sonreía, pero sus ojos le parecieron mucho más grandes.

—No tengo nada que decidir.

Su acento era fuerte y claro. El sintió que las piernas le empezaban a temblar y se dijo que debería hablar de nuevo, decir algo, afirmarse ante ella ahora que teóricamente era por fin un ganador, disimular el pánico que no se había disipado, que no se disiparía jamás mientras ella siguiera estando allí, pero fue físicamente incapaz de mover los labios. Ella lo hizo por él, sonriendo de nuevo.

—¿Quieres que te llame Señor?

El se acostumbró a llamarlas fantasías para no enfurecer a su padre, pero no eran más que pesadillas, malos sueños que le despertaban bruscamente en la mitad de la noche, convocando el sudor frío y un terror que no se disipaba hasta que ella, sus palabras resonando desde el pasillo como un sereno anticipo, entraba en su cuarto y encendía la luz. Luego se sentaba en el borde de la cama, y le secaba la frente, y las lágrimas cuando las había, y le acariciaba hasta que se quedaba dormido o, en las noches peores, se acostaba a su lado para inducir el sueño con el simple calor de su cuerpo. El sabía que a su padre le disgustaba profundamente su alianza nocturna porque le escuchaba bramar por la mañana, cuando al entrever las arrugas que fruncían su frente tras la taza del desayuno, volvía a experimentar un terror igualmente puro, apenas aliviado por la certeza de su brevedad, y abrevaba ruidosamente la leche con cacao para ponerse en pie, coger la mochila y salir corriendo, escapando del alud de amenazas paternas que perseguían sus oídos hasta la puerta de la calle y seguían acompañándole allí, mientras encogido y lloroso aguardaba a su madre, la mano que le conduciría sano y salvo hasta el colegio como todas las mañanas. Ella tampoco escapaba a la furia del déspota que le recriminaba ácidamente su comprensión, que él llamaba ignorancia, o blandura, o a veces las dos cosas juntas, esgrimiendo con violencia el argumento básico, principio y final de todos los discursos, está hecho un maricón y todo por tu culpa, luego chillaba que necesitaba dormir, que tenía que levantarse pronto por las mañanas y que el maldito crío le desvelaba todas las noches, que nadie en la casa se preocupaba por él aunque él solito mantenía la casa y a todos sus ocupantes, gritaba estas y otras cosas, pero siempre para recalar después en la misma queja, siempre el mismo lamento, con idéntico sonido a provocación, me lo estás amariconando y no te lo pienso consentir, te advierto que esto va a acabar mal. El desconocía el significado de aquella palabra, maricón. Sabía solamente que su padre le daba miedo, y que en cambio no le costaba ningún trabajo amar a su madre.

Aquella noche no fue muy distinta a las demás. Se despertó tan asustado que el hecho de comprobar que estaba despierto no bastó para sosegarle en absoluto, y aunque el simple recuerdo del rostro de su padre, congestionado por la ira hasta la deformidad, le había persuadido en las últimas ocasiones a renunciar al consuelo de la visita materna, la angustia pudo otra vez a la sensatez, y abrió la boca y chilló, mamá, ven mamá, tengo fantasías... Escuchó enseguida el sonido revelador de unos pasos más pesados de lo habitual, y se tapó la cabeza con la sábana. No era la primera vez que él irrumpía en su cuarto tras la llamada, y creía saber ya lo que le esperaba, gritos y algún que otro empellón antes de que ella consiguiera tomar apaciblemente el relevo, pero se equivocaba. Su padre encendió la luz y se acercó a la cama, y aferrando con fuerza uno de sus brazos para incorporarle, le obligó a levantarse y a salir al pasillo, caminando siempre detrás de él mientras murmuraba que ya estaba bien, y que se iba a enterar de una vez por todas. El, medio dormido en definitiva, no entendía lo que estaba ocurriendo, pero aunque tuvo tiempo para llegar a temerse lo peor, jamás supuso que fuera a ocurrir algo así. Cuando llegaron hasta la puerta de la calle, su padre la abrió, le empujó fuera y la volvió a cerrar.

El descansillo estaba absolutamente a oscuras. Hacía frío. Tardó algún tiempo en reaccionar, porque no conseguía creer del todo que él estuviera verdaderamente allí, fuera de su casa, vestido sólo con un pijama, en plena noche. Luego, recuperando brutalmente la cordura, se abalanzó sobre el timbre de la puerta y lo empujó con el dedo como si pretendiera hundir el botón blanco en su redondo marco de baquelita. La reconfortante compañía del sonido agudo no se prolongó por mucho tiempo. A través del estruendo llegó a escuchar nuevamente el eco de unos pasos que se acercaban a la carrera, y distinguió un clic metálico, y luego dejó de percibir cualquier ruido, excepto la voz de su padre, que le anunciaba que acababa de conmutar el mecanismo y que el timbre ya no sonaría más. Los pasos se alejaron y él se quedó solo, absolutamente solo en el descansillo de la escalera, preguntándose por qué no había reaccionado su madre, dónde estaba, qué hacía, a qué esperaba para ir a buscarle. Esperó en vano durante algún tiempo, el oído pegado a la hoja de la puerta, anhelando tan vehementemente el repiqueteo de los tacones azules sobre los baldosines que creyó escucharlo varias veces, aunque nunca se produjo. Al cabo de un rato, desvanecido por completo el desconcierto, invencible el desamparo, se sentó en el suelo y, apoyando la cabeza en el muro, se echó a llorar.

Se emborrachó de llanto y se quedó dormido, pero la pesadilla le ocupó de nuevo, idéntico el horror, y el resultado. Se despertó bañado en sudor y dolorido por la postura, los huesos entumecidos, la piel erizada de frío, y se propuso seguir despierto tanto tiempo como hiciera falta, esperar el día despierto para escapar a los dientes que ese perro negro hincaba en su mano con una fuerza tal que le resultaba fácil agitarle entero, sacudiendo el brazo con energía hasta que le dolía, pero sin conseguir jamás desprenderlo de sí. Y trató de pensar en cosas agradables para distraerse, y cantó algunas canciones en voz baja, pero era un crío pequeño, no tendría más de seis o siete años, y el sueño le asaltaba en oleadas cada vez más consistentes, como una tentación irresistible. Dio algunas cabezadas sin control, y estaba a punto de dormirse otra vez cuando el sonido de unos tacones altos consiguió al fin espabilarlo. Se puso de pie y se acercó a la puerta, pero no oyó nada. El sonido se reprodujo para que sus oídos lo localizaran cada vez más cerca. Alguien estaba subiendo la escalera. El terror le reconquistó una vez más en la noche terrible, y todo un ejército integrado por bandoleros armados, asesinos con la ropa empapada de sangre, marcianos verdes, burbujeantes brujas vestidas de negro entre brumas de azufre amarillo y fantasmas clásicos, clásicamente invisibles bajo su sábana blanca, desfilaron en un instante ante sus ojos, mientras una voz familiar emitía un risueño susurro a sólo unos pocos metros de él.

—¡Ay, Carlitos, déjame, y no hagas tanto ruido, que me vas a buscar una ruina...!

Adela, la vecina de arriba y la mejor amiga de su madre, se quitó los zapatos para subir corriendo un tramo de escalera, y recostándose en el descansillo intermedio, a su vista, apoyarse en la pared para esperar a su acompañante, más lento. El llegó jadeando y se desplomó sobre ella, aplastándola con su cuerpo contra la pared, pero él tuvo tiempo de vislumbrar su cara y de reconocerle. Era Carlos, el dependiente del ultramarinos de la calle Ruiz donde también compraba su madre, un tío muy simpático, que casi siempre le regalaba un caramelo, y de vez en cuando, hasta pinchitos de escabeche prendidos con un palillo en un trozo de pan tierno. Le caía bien, Carlitos. Adela no tanto, porque era muy seca, no tenía niños y no le gustaban, pero parecía de fiar, y en cualquier caso, ellos dos eran su única oportunidad. Meditó un instante acerca de qué sería mejor, si esperar a que le vieran o interrumpirles él mismo. Les miró mientras tanto sin hacer ruido, un tanto sorprendido por lo que veía, sobre todo porque ella estaba bastante gorda, su padre la llamaba Adelo el ballenato, y sin embargo Carlitos la había cogido en brazos sin aparente dificultad, y ahora se aplastaba contra ella soportando sus piernas abiertas entre los brazos, las manos firmes en la pared. Entonces escuchó el ruido de una tela que se rajaba y Adela protestó, y repitió lo de la ruina, aunque no parecía muy enfadada. El sin embargo pensó que aquél sería un buen momento, y bajó los escalones corriendo. Seguían haciendo lo mismo, como si no se hubieran dado cuenta de su llegada, y él se quedó de pie, inmóvil, a unos pasos de aquel desconcertante blanco móvil, sin saber muy bien qué hacer, hasta que sus ojos, habituados a la oscuridad, distinguieron de pronto una sombra oscura que no fue capaz de identificar, y decidió acercarse. Estaba a punto de alargar la mano para tocar, cuando un potente chillido de alarma pareció propulsarle hacia atrás. Adela le había visto.

—¿Qué pasa aquí? ¿Quién eres tú?

—Soy Benito —dijo, y acercándose de nuevo, posó un instante los dedos en la mano de Carlos para llamar su atención. No consiguió que volviera la cabeza, hundida en el cuello de Adela, pero preguntó de todas formas—. Oye ¿tú por qué tienes pelos en la cola? Yo no tengo...

—¿Qué haces tú aquí a estas horas? —la brusquedad con la que ella le interpelaba de nuevo le convenció de que no obtendría respuesta alguna para el enigma.

—Es que mi padre me ha echado de casa.

—¿Qué? —y ahora Carlos sí le miraba, fijamente, a la cara—. ¿Que te ha echado de casa?

—Sí. Es que por las noches tengo fantasías, y entonces me despierto, y llamo a mi madre, y él se enfada, porque dice que estoy maricón y que no le dejo dormir... Hoy, en vez de regañarme, me ha sacado de la cama y me ha traído aquí.

—¡Será cabrón...!

—Anda, lucero, date la vuelta un momentito... —el tono de Adela daba a entender que sería ella quien dirigiría las operaciones. Benito se dio la vuelta. Escuchó un ay apagado, masculino, y luego, entre un rumor de cremalleras, la voz de Adela nuevamente—. El teléfono del cuarto de tus padres sigue estando del lado de mamá ¿verdad?

—Sí.

—Muy bien, cariño, ya puedes volver a mirar —él obedeció para descubrir una sonrisa en los labios de ella, quien, desconocida de puro simpática, le besó en la frente y, tomándole de la mano, le condujo escalones arriba hasta la puerta de casa—. Verás lo que vamos a hacer... Tú quédate

263

aquí, al lado de la puerta, yo me voy a subir a casa y llamaré a tu madre por teléfono, para que venga a buscarte —entonces se volvió hacia su acompañante, que estaba como atontado, aún en el descansillo—. Y tú ¿a qué esperas, a que las vacas den peras? ¡Aligera, leche, que es para hoy! Te subes hasta arriba y me esperas en la puerta de la azotea. El teléfono está en el pasillo y voy a procurar no hacer ruido, pero si ves que tardo, es que Fidel se ha despertado, y entonces, ya sabes, ajo y agua, porque lo que se dice tonto, es tonto como la madre que le parió, pero cuando se despierta le cuesta un sino volver a dormirse... Dame un beso, anda, por si acaso...

Carlos coronó la escalera y la besó durante mucho tiempo, mientras ella le tenía aún cogida la mano, que apretaba entre la suya de forma intermitente, siguiendo los torvos vaivenes de la pasión. Cuando se separaron, él se acercó, y sacando dos caramelos del bolsillo se los tendió como gesto de despedida.

—Son Saci..., de los que te gustan.

—Gracias.

—De nada, chaval. Y no le consientas a nadie que te vuelva a echar de casa. Nunca. ¿Vale?

—Vale.

Desapareció escalera arriba, camino de la azotea, y Adela le siguió con los ojos murmurando en voz baja.

—Anda que también, el mamón de tu padre, para una alegría que se marca una, es que hay que joderse... —y luego, como si sólo en ese instante se acabara de dar cuenta de que él tenía oídos para oír, y boca para repetir, le miró a los ojos y prosiguió en un tono afectadamente distante—. Es que venimos de una fiesta, Carlos y yo ¿sabes? Doña Elisa, la mujer del dueño de la tienda, que ya ha salido de la clínica y se ha traído a la niña a casa. Porque tuvo una hija la semana pasada, ¿ya te habrás enterado, no?

—Sí, me lo contó mamá.

—Es preciosa, preciosa, tan chiquitita... En fin, pues eso, que ya de paso, Carlos se ha ofrecido a venir conmigo a ver si me arregla una persiana..., no, no, espera, la persiana no, que está muy visto, bueno, la placa de la cocina, que se me estropeó el otro día, ¿sabes? Total, que me voy para arriba. Tú espera aquí. ¿Estamos?

—Claro.

—Muy bien. Adiós, tesoro, y a ver si te vienes a merendar un día a casa... Ahora mismito saldrá mamá. Un beso...

Tomó su cabeza entre las manos y le revolvió el pelo con los dedos ensortijados, acorazados de oro falso, mientras le llenaba la cara de besos ruidosos, sus labios presionando su frente y sus mejillas con una avidez casi molesta, como si el contacto con su piel de niño pequeño pudiera compensarla de algo, aliviar en algo su inquietud. Luego se quitó los zapatos, dejó caer en el bolso una ruidosa pulsera adornada con monedas, y acometió la travesía de la escalera con un aire sigiloso y digno a la vez, poco compatible con el desgarro de la costura posterior de su vestido, que se había rajado hasta la cintura para dejar ver una combinación de nylon negro, corta y estrecha, que se tensaba aparatosamente sobre su culo, una prominencia verdaderamente digna de un ballenato. Pero él ya había decidido que la quería. La siguió con la vista mientras pudo, y llegó a distinguir el sonido de una puerta que se abría y no se cerraba después. Transcurrieron un par de segundos en silencio absoluto, hasta que por fin resonaron unos pasos en el pasillo de su propia casa. Se acercó ansiosamente a la puerta y esperó, extrañado de que su madre anduviera descalza. Entonces la hoja se corrió muy despacio, dejándole entrever las rayas azules del pijama de su padre antes de que pudiera escuchar su voz, tranquila.

—Entra, ya ha pasado un cuarto de hora.

Pero él no se movió. Recorrió con la vista todos los muebles del recibidor más allá de la silueta paterna, pero hasta la familiaridad del paisaje le resultó inquietante, y se preguntó si no estaría soñando todo aquello, porque no podía haber transcurrido solamente un cuarto de hora desde que él le echara de casa, no era posible, habían pasado demasiadas cosas entre medias. Su padre insistió.

—¿Qué pasa, que prefieres dormir ahí?

Adelantó lentamente un pie sin saber muy bien hacia dónde dirigirlo y sólo entonces se produjo el signo tan fervientemente esperado, los tacones azules se acercaban a toda prisa, y la figura de su madre, el rostro alterado, las manos hurgando nerviosamente el cinturón de la bata como si fueran incapaces de anudar sus extremos, todos los gestos alarmados y veloces, apareció por fin ante sus ojos. Tropezando violentamente con el cuerpo de su padre, que la miraba con ojos incrédulos, ella se abalanzó sobre él con un gesto de angustia, y de rodillas en el suelo le abrazó estrechamente.

—¡Ay, Dios mío! Me lo contaba Adela y no me lo creía. ¡Hijo mío, pero si estás helado! Y qué horror, qué miedo habrás pasado, ahí, tan oscuro, y tú solo, desde luego... —las lágrimas descendían lentamente sobre su rostro, enturbiando su voz—, desde luego, a esto le llaman educar a un niño, qué barbaridad, pobrecito... Pero no volverá a pasar, te prometo que nunca más volverá a pasar esto ¿de acuerdo? Ahora vamos a la cama, rey, te llevo yo, en brazos, como cuando eras pequeño, ¿vale? —le levantó con esfuerzo, porque ya era un niño muy grande, y sólo al pasar a su lado, se volvió contra su marido que seguía de pie, apoyado en la pared, sujetándose la frente con una mano—. ¡Ya estarás contento, animal! Esto es lo que querías, ¿no? ¡Pues ha aguantado como un macho, ya lo has visto, imbécil, que eres una bestia! Ahora que ya hablaremos, ya hablaremos tú y yo bien de todo esto...

El pasillo se le hizo infinitamente corto, y la cama, las sábanas abandonadas tanto tiempo atrás, le parecieron insólitamente cálidas, aunque no pudo controlar un par de escalofríos que alarmaron a su madre todavía más. Aún permanecía sentada a su lado, acariciándole la cara casi mecánicamente, cuando se acordó de repente de Adela y Carlitos, sus primeros y genuinos salvadores.

—Oye mamá... ¿haces una cosa?

—¿Qué?

—Abre la ventana y asómate un momento, anda...

—Pero ¿para qué?

—Tú hazlo...

Su madre se levantó y siguió sus instrucciones. De pie junto a la ventana entornada, se volvió para mirarle.

—Ya está. ¿Qué quieres?

—Asómate a ver si hay luz en la azotea. ¿Puedes?

—Pues... malamente. A ver... Sí, la luz está encendida.

—Me alegro —murmuró.

Recibió una mirada de extrañeza y fingió un bostezo para evitarse una explicación que no era capaz de dar.

—Tengo sueño —dijo luego. Ella se acercó y apagó la lamparita de la mesilla. Le dio un último beso, el beso corriente de todas las noches, se despidió suavemente y se fue.

Invocó el sueño con decisión, lo esperó durante algún tiempo, luego se resignó ya a la vigilia de un cuerpo que sentía distinto, como si hubiera crecido años enteros en tan breve período, el cuarto de hora transcurrido en la oscura soledad del descansillo oscuro. Ahora ya, de nuevo en la cama, calentito y tapado, podía recordar con placer la aventura nocturna, sobre todo porque había sido una aventura después de todo, y al fin y al cabo se había comportado como un macho, mamá lo había dicho. Se sacó un caramelo Saci del bolsillo y comenzó a deshacerlo con método, frotándolo con la lengua contra el paladar. Fue entonces cuando detectó que el tono de la conversación que sus padres sostenían en el cuarto contiguo se agriaba por momentos, mientras que el incremento del volumen de las voces convertía cada palabra en un grito. Dejó de chupar el caramelo y se quedó inmóvil, intentando escuchar. Su madre pronunciaba constantemente su nombre, su padre les insultaba a los dos al principio, cuando aún no se oían golpes, el sordo acompañamiento habitual de todas las discusiones, luego la pata de algún mueble resbaló sobre el suelo produciendo un desagradable chirrido, y la voz de ella, rota por un temblor perpetuo, continuó sonando en solitario, apagada a ratos, afilada otros, para convencerle a él, que permanecía atento y quieto, la oreja pegada a la pared, de que su reciente tragedia ya había perdido incluso la vana consistencia de un pretexto, porque podía reconocer sin esfuerzo el justo sentido de su entrecortado alegato, el desarrollo de la misteriosa pasión que conocía aunque jamás había comprendido, y escuchaba, cada vez más tranquilo, porque él, sus temores nocturnos, nada tenían que ver con la violenta representación que dos actores expertos celebraban tan cerca y tan ignorantes de su conciencia, entonces un brillante chasquido comenzó a acompañar las palabras, cada vez más turbias, más desagradables, como una música sorda, pero aquel sonido tampoco le inquietó, su padre golpeaba con la mano derecha, el puño cerrado, la palma de su mano izquierda, lo hacía siempre, él lo sabía, y ella también, por eso aceleró el ritmo de su discurso, combinando algunas frases del principio, yo no te pertenezco, con las que desencadenarían inevitablemente el final, qué sabrás tú de mí, si tú no eres nada más que un pobre hombre, y él sintió la tentación de levantarse e ir a mirar, como siempre, pero la descartó enseguida, retornando a la placentera tarea de deshacer metódicamente el caramelo frotándolo con la lengua contra el paladar, porque no estaba ocurriendo nada especial, y él no tenía la culpa, de eso sí estaba seguro. La primera vez, cuando se despertó sobresaltado por el eco de unos golpes que retumbaban en la pared, contra el cabecero de su cama, como si alguien se propusiera derribarla, él había pasado toda la tarde en la fiesta de cumpleaños de un amigo del colegio, había llegado muy cansado a casa, se había dejado bañar sin protestar y se había acostado enseguida, nadie estaba enfadado con él, y sin embargo había ocurrido lo mismo, los mismos insultos, la misma bronca, los mismos gritos, él se había levantado y lo había visto todo, casi todo, por la rendija de la puerta entreabierta, por eso no se levantó aquella noche, porque no había misterio alguno excepto el principal, necesariamente irresoluble, la sonrisa perdida de su madre mientras le miraba sin llegar a verle, la cara enrojecida, la cabeza casi posada en el suelo, el torso a punto de desplomarse, los pechos cayendo absurdamente sobre el escote, a punto de rebasar entera la insólita frontera de los pies de la cama gracias a los impulsos bestiales que de alguna forma desencadenaba sobre ella él, su padre, que la mantenía sujeta con manos crispadas como garras, apretando luego los pulgares contra la dura carne de sus pezones como si pretendiera hundirlos en la oscura profundidad de su cuerpo, destruir para siempre su relieve, mientras la miraba sin llegar a verla, sin llegar a contemplar la baba entremezclada con un hilo de sangre que remontaba despacio el inverso relieve de uno de sus pómulos, los ojos llorosos, el labio herido, la piel incomprensiblemente macilenta, nada especial, nada que mereciera el esfuerzo de levantarse ahora, cuando el sueño llegaba al fin, más potente que el estrépito, envuelto en una duda profunda, tendría su padre o no pelos en la cola, y en el dulce recuerdo del diminuto caramelo Saci que tan plácida muerte había hallado dentro de su boca.

A la mañana siguiente, escuchó a Silvia y a Belén pelearse por el baño cuando aún era de noche, la persiana del balcón sólo una sombra compacta, desnuda todavía de las rayitas de luz que poco tiempo después le indicarían que también había llegado su hora. Sus hermanas, que iban a un colegio religioso con jardín situado en un barrio moderno, en la otra punta de la ciudad, pagaban con sueño el privilegio de la enseñanza privada, que él no compartía, porque su padre solía decir que el ambiente de los colegios públicos no es el apropiado para formar a señoritas, pero que en cambio enseña a los chicos a bregar con la dificultad, a competir y a ganar. El no tenía nada que objetar. El trayecto que separaba su casa de la escuela, un colegio nacional que se caía a cachos en la Plaza de Barceló, consistía en un breve paseo, unos siete minutos andando despacio, tres si corría. Sus hermanas, en cambio, debían levantarse casi dos horas antes del comienzo de la primera clase y caminar hasta Bilbao para coger allí un autobús abarrotado, donde no siempre quedaban asientos vacíos, que invertía más de una hora en realizar un laberíntico recorrido en zigzag. Belén, que era más pequeña que él, vomitaba el desayuno a medio camino casi todas las mañanas, su delicado estómago incapaz de soportar el hacinamiento y el traqueteo constante, y su madre había intercedido por ella apasionadamente, pero su padre había sido inflexible, sus hijas irían a un colegio de monjas y aprenderían a hablar en francés, así que la pobre Belén empezó a ir al colegio en ayunas. Estaba negándose, como todas las mañanas, a comerse una tostada con mantequilla a palo seco, cuando él, que generalmente se quedaba despierto, escuchando el no me pasa mamá, si es que no me pasa, que su hermana pequeña acostumbraba a pronunciar como una letanía con la yema del dedo índice apoyada en la garganta, se durmió otra vez. Estaba muy cansado. No había dormido poco en realidad, pero la noche había resultado demasiado intensa, así que, lejos de la entrecortada duermevela que solía preceder la inmediata irrupción de su madre, ya es la hora Benito, arriba, el sueño le poseyó completamente.

Cuando se despertó de nuevo, las rayitas de luz de la persiana habían engordado de una forma tan aparatosa que dudó acerca del día de la semana en que vivía. Pero escuchó la risa de Carmen, la costurera, que sólo venía a casa las mañanas de los martes y de los jueves, y se convenció de que, pese a la engañosa potencia de la luz, no podía ser domingo. Entonces la puerta de su cuarto se abrió muy despacio. El se revolvió instintivamente entre las sábanas, tapándose la cara con la almohada para contemplar sin ser visto la figura de su madre, que avanzó con aire sigiloso, le miró, y volviendo silenciosamente sobre sus pasos, cerró la puerta sin hacer ruido, dejándole solo otra vez.

No llegaba a entender lo que ocurría, pero el regocijo, una especie de tonta alegría interior, se adueñó de él poco a poco mientras comenzaba a atreverse a suponer que aquella mañana no habría clase, no para quien, alcanzado por la misteriosa gracia de un indulto inesperado, seguía allí, incorporado en la cama, en el claroscuro de una habitación limpia y silenciosa, protegida por la persiana que era ya como la piel de un tigre inmenso y herido por el sol. Trató de aguantar, de saborear cada minuto de aquel tiempo prodigioso, y entonces se dio cuenta por primera vez de que él era uno, uno solo e irrepetible, distinto de cualquier otro niño, de cualquier otro adulto, una persona entera cuya identidad iba mucho más allá de la ropa que vestía, de la comida que comía, de la familia a la que pertenecía, y hasta de la singularidad de sus huellas dactilares, apenas un simple dato, una amenaza técnica y fría, distinta de la realidad, porque él era, y era uno, condición que sentía como propia y extraña a la vez, era uno solo, nunca lo había pensado antes y ahora sin embargo lo sabía, lo comprendía sin dificultad, porque no era el hijo de su padre, ni el hermano de sus hermanas, ni el condíscipulo de sus compañeros, ni el alumno de sus profesores, sino Benito Marín González, distinto de todos los demás seres del planeta, de todos los seres de los otros planetas, uno solo, él, el dominio comprendido entre los exactos límites de sí mismo.

Se palpó los brazos y las piernas, recorrió todo su cuerpo con las manos, mientras pensaba, pensaba deprisa, y se asombraba de la profundidad de su pensamiento, y el regocijo crecía, y crecía la confianza, porque nada era seguro en este mundo excepto él, uno solo, y si andaba era porque decidía que quería andar, y si comía, era porque decidía que quería comer, y sentía esta revelación como una verdad luminosa y magnífica, como si el mundo naciera otra vez sólo para él, que era distinto, porque se le acababan de abrir los ojos de dentro, la misteriosa inteligencia íntima de cuya existencia jamás había llegado a sospechar siquiera.

Se puso de pie y abrió el armario para mirarse en el espejo adosado a la cara interior de la puerta. Era bajito. Pequeño. Se quitó los pantalones y miró su pubis liso, desnudo, con una expresión de fastidio. Entonces recordó que tampoco tenía pelos en el pecho y que todos los hombres mayores lo tenían. Se quitó la chaqueta del pijama un tanto alarmado, pero el vello tampoco había invadido su tórax aquella noche, interconectó entonces sus dos ausencias y se sintió mejor. Era pequeño, pero crecería, y se haría mayor, entonces ganaría dinero, y podría mandar, y casarse con mamá, para que papá pudiera casarse con una chica joven, que eso era lo que quería, siempre lo andaba diciendo, y todo marcharía mejor, sin fantasías, ni descansillos, ni golpes en la pared. Estaba contento. Se puso el pijama otra vez y volvió a la cama, pero no pudo recuperar la soleada paz que le invadiera tan sólo unos minutos antes porque se estaba haciendo pis. A su pesar, se levantó y caminó hacia la puerta, corriendo luego hasta el cuarto de baño, al que llegó siendo otro, uno solo, Benito Marín González.

Luego, los milagros se sucedieron con una armonía inexplicable en la mañana prodigiosa. Cuando salió del baño, su madre, los párpados generosamente cubiertos por una espesa capa de sombra de ojos de tonos azules y morados, en el pómulo izquierdo un diminuto corte surcando el embrión todavía pálido de un hematoma que un par de días después resultaría imposible de maquillar, le abrazó fuerte y le dijo que aquella mañana le había dejado dormir porque debía de estar muy cansado, con todo el ajetreo de la noche anterior. ¿No voy a ir al colegio hoy?, preguntó, no, hoy no vas al colegio, y recibió con esta respuesta la gracia de desayunar un huevo frito. Se lo comió sentado a la mesa de la cocina, rodeado de mujeres amables y solícitas, quienes, conocedoras de su desgracia nocturna, eligieron diversos caminos para demostrarle su solidaridad con contundencia. Plácida le regaló la bola de papel de plata, enorme ya, dura y compacta, que había estado confeccionando durante meses con las envolturas del chocolate, y que antes pensaba vender para invertir el beneficio en los niños de Africa que pasaban tanta hambre. Carmen cortó por los lados una vieja funda de almohada y la recubrió en un instante con un retal de tela de forro de color verde botella, para regalarle un jubón como el de Robin Hood, que se ceñía a la cintura con un cinturón de fieltro negro que ella misma confeccionó y remató con un par de corchetes. Su madre le dejó ponérselo para salir con ella de paseo. En el portal se tropezaron con Adela, fresca y resplandeciente, que soltó las bolsas de la compra en el suelo para cubrirlo de besos como la noche anterior, y quedó con ellos un poco más tarde en una terraza donde no sólo le invitarían a tomar el aperitivo, sino que le permitirían incluso mojar las patatas fritas en la coca-cola sin preocuparse por la indeseable mengua de su apetito, que no se produjo, porque al volver a casa se encontró con su menú favorito, espárragos con mayonesa y chuletas de cordero con más patatas fritas, y con la ausencia de su padre, que no regresó a casa hasta la noche.

A la mañana siguiente, ella tenía ya un cardenal bien visible en la cara cuando entró en su cuarto a la hora habitual, la persiana débilmente iluminada por delgadas rayitas de luz intermitente, para confirmar, ya es la hora Benito, arriba, la previsible restauración de la rutina cotidiana. El retiró lentamente la sábana superior y comenzó a maniobrar su propio cuerpo con dificultad, sentándose un instante en el borde de la cama para levantarse en dos tiempos, pero antes de ponerse de pie quiso recordar una vez más el insólito bienestar del día anterior, la deliciosa sensación que le había invadido al contemplarse a sí mismo por dentro, tranquilo y descansado, uno solo, distinto de todos los demás, mientras permanecía recostado contra el cabecero de su cama, en el claroscuro de una habitación limpia y silenciosa, más allá de la piel de un tigre inmenso y herido por el sol, y fue entonces cuando descubrió, no sin sorpresa, que el tiempo pasado podía saber dulce en la memoria.

Desde entonces se acostumbró a invocar con frecuencia determinados instantes de su vida y a relacionar su recuerdo con el placer que desataban dentro de su boca, la tibia oleada de sabor que invadía su paladar con la nostalgia de una dulzura inmediata, y aunque aquella no era una sensación puramente física, él siempre asoció la potencia de la fugaz felicidad rememorada con el gusto de las cosas dulces, porque nunca halló una imagen más precisa para definir esa proyección concreta del bienestar en el tiempo que seguramente forma parte de los fenómenos inexplicables.

Jamás había podido controlar la explosión de tal sabor en su garganta, predecir la dulzura sucesiva de un instante mientras éste ocurría verdaderamente, porque el descubrimiento de su rara calidad siempre se producía más tarde, como la primera vez, cuando ya se había agotado el tiempo para vivir y restaba solamente un estrecho espacio para recordar, pero en algún momento de aquella noche amarga, tras la celebración de la ridícula liturgia de la sinceridad improvisada, llegó a presentir, a anticipar la calidad de un tiempo todavía desconocido. Fue apenas un segundo, un destello imprevisto en territorio ajeno, un matiz demasiado pálido que no alcanzó a sobrevivir al miedo, el pánico al que se asomaba desde que ella le interpeló con aquella pregunta absurda y él pudo adivinar la mayúscula disfrazada en sus palabras, temblar ante la voz que parecía escribir en el aire Señor con mayúscula para arrebatarle con una sola letra todos sus disfraces y obligarle a permanecer mudo, porque todo lo que había dicho hasta entonces, aquella abrumadora avalancha de juicios objetivos y crueles sobre los que sus labios habían llegado a perder el control, era verdad, y sin embargo nada era cierto, excepto que se había fabricado un nuevo escudo, otro flamante parapeto tras el que recibirla.

Ella no dejó de sonreír, capaz de rastrear su propio triunfo entre los senderos de la desolación, tranquila en el interior de su invisible armadura, inmune tras la piel de una enorme esponja ensangrentada y caliente que se multiplicaba en infinitas bocas iguales. El, indefenso y solo frente a su misterio, sucumbió otra vez, y pasto ya de sus potentes ventosas, llegó a intuir, apenas un instante, una tibia llamarada que moriría deprisa sin dejar rastro alguno tras de sí, que aquel tiempo sería breve, pero siempre sabría dulce en su memoria.

Jamás llegó a cumplir una sola de sus amenazas, ella se comportaba como si hubiera sabido desde el principio que siempre sería así y ninguno de los dos quiso volver sobre ese tema.

Empezaron a verse todos los días, Manuela le dejaba solo por las mañanas y se empeñaba en hacer la cena todas las noches y a pesar de todo, algunas veces se movía por la casa de puntillas, como si le tuviera miedo. El llegó a convencerse de que todo en ella excepto su pureza, esa manera animal de resumirse entera en su propio sexo, se correspondía con exactitud a los transparentes signos externos que había detectado sin dificultad ya en su primera conversación, y de que lo demás, la violenta atracción que ejercía sobre él, su forma de comer helados, su insólita capacidad para olfatear las cucarachas, la eficacia de su canto, el calor de su pelo, el sabor del mismo licor de café que Plácida sabía hacer con aguardiente y café recién hecho, y azúcar, y cáscara de limón, y canela en rama, la receta perdida en el tiempo y reinventada por ella en poco más de un cuarto de hora, no escapaba a la naturaleza de las casualidades.

Pero una tarde, cuando apenas acababa de llegar y tirada en el sofá leía el periódico que, según su propia confesión, nunca compraba, aunque tampoco nunca podía resistir la tentación de ojear cuando se daba de bruces con él, el cielo se cubrió de repente. Las nubes trajeron consigo una noche prematura y el eléctrico estallido que precede las tormentas de verano, aunque ya había vencido la mitad de octubre. Ella se puso de pie de un salto y se acercó al balcón. Las gotas comenzaron a golpear sonoramente el cristal, y él se dio cuenta de la violencia del chaparrón porque desde el sillón donde estaba sentado, lejos del balcón, podía distinguir la lluvia como una cortina espesa, casi opaca, que enturbiaba el paisaje. Ella se volvió hacia él con una sonrisa y le habló con acento excitado, casi gritando.

—¿De quién es el huerto de enfrente?

—De las monjas del convento.

—¿Y dejan entrar a la gente?

—No lo sé, supongo que no.

—¿No lo has intentado nunca?

—No. ¿Por qué? ¿Piensas bajar?

—Sí. ¿Te vienes conmigo?

—¡Pero si está diluviando!

—Pues por eso...

Siguió acribillándola a preguntas, pero ella no contestó a ninguna, sólo le sonrió, murmuró algo parecido a ya verás, ya verás, hablando más para sí misma que para su supuesto interlocutor, se quitó la chaqueta, decisión que éste encontró particularmente estúpida, y abandonó la casa dando un portazo. Estaba ya cruzando la calle cuando él se decidió a salir al balcón para espiarla. La vio llegar hasta el portillo de madera abierto en un muro de ladrillo que siempre había supuesto infranqueable, y empujar con el hombro infructuosamente al principio, luego cada vez más fuerte, hasta que la hoja de madera, hinchada por la humedad y por los años, cedió un poco, dejando libre una abertura rácana pero suficiente. Una pareja de transeúntes se detuvo entonces a contemplar la escena, y Benito, a sus espaldas, imaginó perfectamente la perplejidad dibujada en sus rostros, porque él mismo no se sentía menos perplejo mientras la veía descalzarse y ponerse de perfil para atravesar más fácilmente el estrecho hueco que franqueaba el paso hacia el huerto. Cuando lo consiguió los paseantes siguieron su camino y sólo él la miró ya.

Manuela caminaba, esforzándose por hundir los pies en la tierra de los angostos senderos que delimitaban las parcelas sembradas, sin rozar jamás siquiera el borde de los surcos labrados, caminaba y sonreía, con los zapatos en la mano y toda el agua del mundo cayéndole encima, y no hacía nada más, sólo pasear, avanzando metódicamente un pie sólo después de haber posado el talón del otro sobre el suelo, moviéndose con la enfermiza precisión de una lunática, dejándose empapar por la lluvia, que había calado ya en su blusa, pegando la tela blanca a su cuerpo como una segunda piel que ella rechazaba de vez en cuando, pellizcando un trocito de tela con los dedos y tirando de él enérgicamente hacia fuera para que todo su cuerpo se llenara de fantasmagóricas bolsas de aire bajo el tejido translúcido, y el agua se volvía aceite sobre su pelo, ahora liso y uniforme, negro y brillante, pesado, y un diminuto riachuelo transparente se precipitaba en el vacío desde la punta de su nariz sin que ella hiciera nada por impedirlo, por evitar una sensación seguramente molesta, él contemplaba todo esto y ya no intentaba comprender lo que veía, porque estaba seguro de haber vivido una situación semejante alguna vez, le habían contado algo parecido, ya no se acordaba, pero él sabía de alguien que tenía la misma manía, entonces, absorto en el esfuerzo de recordar, dio un par de pasos hacia delante y se hizo visible para ella, que le saludó agitando el brazo, de su manga se desprendieron centenares de gotas diminutas que regaron el aire como el hisopo de un obispo, y este movimiento debió de llamar al fin la atención del jardinero porque, cuando ella le chillaba algo, gesticulando mucho con las manos, le vio salir del cobertizo, vestido con su viejo mono azul, protegiéndose con un gigantesco paraguas negro, ella movía la muñeca en el aire con los dedos casi cerrados, y él llegó a comprender que le estaba pidiendo que abriera el grifo de la bañera, entonces el viejo la increpó desde lejos, señalando la puerta con el índice, y ella le respondió con un chillido, les dejó discutiendo y se marchó al baño, giró el grifo del agua caliente hasta el tope y lamentó la antigüedad de sus instalaciones sanitarias, porque ella debía de estar a punto de regresar y la bañera tardaría aún cerca de media hora en rebosar de agua humeante, antes de salir cogió instintivamente una toalla para secarle el pelo, pero aunque esperaba encontrarla casi en el descansillo, cuando regresó al balcón ella paseaba todavía por el huerto, ahora en la compañía del viejo jardinero quien, sin renunciar al paraguas, caminaba a su lado, charlando apaciblemente.

La contempló todavía un largo rato, maravillado por su incomprensible éxito, el raro privilegio obtenido en un par de minutos del antipático anciano al que él mismo jamás se hubiera dirigido directamente, la miraba mientras ella hablaba, moviendo mucho las manos, gesticulando con todo el cuerpo como si estuviera contando una vieja historia, fascinado aún por el peso del agua en su pelo, en sus ropas, el signo de la lluvia ahora fina, casi invisible, pero todavía brillante como el aceite, que hacía de ella mucho más que una mujer hermosa. Luego, cuando habían transcurrido cerca de veinticinco minutos, recordó la bañera, el grifo a tope, y salió de nuevo al exterior para llamarla. Ella no se resistió ni un segundo a su llamada. Se despidió del jardinero con un gesto cortés, aun estrechando muy calurosamente su mano, y corrió hacia el portillo. Se escurrió habilidosamente por el estrecho hueco despreciando las recomendaciones del viejo que cojeaba tras ella, rogándole que esperara a que él abriera la puerta del todo, y, embutiendo los pies en sus zapatos empapados, cruzó la calle corriendo en dirección al portal.

El la esperaba en el descansillo, con la toalla en las manos.

—¡Estás como una cabra! —le dijo riendo apenas la tuvo delante, leyendo un entusiasmo feroz en su cara mientras envolvía su melena empapada en la felpa blanca.

—¿Ahora te das cuenta? —contestó ella, devolviéndole la sonrisa, mientras sus brazos empezaban a temblar, presagiando un movimiento que pronto se extendería a todo su cuerpo.

—¡Pero si estás tiritando! Vamos, entra, que te vas a coger lo que no tienes... Lo único que me faltaba ya es tener que cuidarte yo a ti.

—¿Has soltado el agua?

—Sí, la bañera debe estar a punto de desbordarse.

—¿De agua hirviendo?

—Sí.

—Pero... ¿hirviendo, hirviendo de verdad?

—Que sí... Anda, corre, loca, que estás loca...

Ella fue dejando tras de sí un débil reguero húmedo sobre el suelo del pasillo. Una vez en el baño, comenzó a desnudarse con dificultad, librando una larga batalla con la tela mojada de sus pantalones, que se negaba a resbalar a lo largo de sus piernas. El se acercó para ayudarla, ocupándose de desabotonar su blusa, progresivamente alarmado por sus espasmos, cada vez más frecuentes e intensos.

—Pero no te preocupes, hombre... —le increpó ella desde el suelo, donde se había sentado para poder estirar con más fuerza de la punta de sus calcetines de hilo, más reticentes aún que los vaqueros—. Si no me voy a coger una pulmonía, en serio... Lo hago siempre que puedo, desde pequeña, y nunca me pasa nada.

Consiguió liberar por fin todo su cuerpo de la tela y se acercó a la bañera. Metió primero la punta de un dedo y dejó escapar un par de gritos de placer, huy, huy, antes de meter con precaución el resto del pie en el agua y quedarse quieta un momento, con una pierna dentro y otra fuera. Entonces pareció caer en la cuenta de algo, un factor capaz de transformar su sonrisa en un gesto de fastidio.

—¿A qué no tienes sales de baño?

—No.

—¿Y aceite..., o algo así? ¿Tampoco, no?

—Tampoco.

Se introdujo por fin en la bañera y comenzó a descender muy despacio en el agua humeante. El se sentó en una esquina y se atrevió a interpretar los acontecimientos según la única explicación razonable que había sido capaz de encontrar.

—Te parecerá bonito, ir dándotelas de ecologista después de hacer esas crueldades con las pobres cucarachas...

Ella se volvió para mirarle, perpleja.

—¿Y quién te ha dicho a ti que yo voy de ecologista?

Yo, como mucho, voy de rural, y porque no me queda más remedio, que si no...

—Entonces ¿por qué lo has hecho? Yo creía que te habías bajado a la calle para pisar la tierra, para sentir la lluvia, yo que sé, convivir con la Naturaleza, y esas cosas...

—¡Pues claro! Un poco por eso, sí, pero eso no es ser ecologista, eso es ser rural, ya te lo he dicho. En las ciudades la lluvia no es importante, porque no crece nada cuando llueve. Y además es un coñazo, las aceras se ponen resbalosas, la basura se ve más, los coches salpican a la gente y todo eso... Sin embargo, en el pueblo, cuando yo era pequeña, la lluvia era, más que nada, una novedad. La verdad es que nos aburríamos bastante, sobre todo en invierno. No había cine, ni televisiones en la mayoría de las casas, no nos dejaban acercarnos al río porque venía muy crecido y los mayores decían que era peligroso, y hacía frío, siempre, tanto frío que en la escuela había mañanas que ni siquiera salíamos al patio a hacer el recreo, nos llevaban a una clase grande, y luego nos pasábamos toda la tarde encerrados... Lo que más rabia me daba era que se hiciera de noche tan pronto, a veces hasta a la hora de merendar, porque la noche es mucho más oscura en los pueblos ¿sabes?, por lo menos en los pequeños, como el mío, donde el dueño del ultramarinos cerraba cuando ya había vendido todas las barras de pan que tenía encargadas porque sabía que ya no tendría más clientes, y no había farolas en las calles, ahora ya las han puesto, pero antes sólo se veían las luces de la comarcal, que eran amarillas. ¿Te has fijado alguna vez en lo tristes que son las luces amarillas? Era espantoso, ahora, a veces, lo echo de menos, sobre todo cuando estoy deprimida, porque deprimirse aquí es horrible, es que no puedes estar mal a gusto, allí en cambio era muy fácil, te daban ganas de llorar sólo con ver las luces amarillas de la comarcal, y las calles vacías, y el cielo negro, pero negro como la pez, negro negrísimo, y no sé por qué, porque todas las casas tenían timbres, pero la gente estaba acostumbrada a dar unos golpecitos en el cristal de la ventana para anunciarse, y eso también me ha parecido siempre muy triste, ya ves tú qué estupidez, el ruido de los nudillos sobre el cristal sonaba mezquino, como si la persona que llegaba estuviera avergonzada de venir de visita y por eso evitara tocar el timbre, que es todo lo contrario, un sonido agudo, fuerte, alegre... Total, que me aburría mucho, en verano era distinto, estábamos todo el día en la calle, llegaban algunos veraneantes, hacíamos pandilla y nos bañábamos en el río, que venía manso, y a veces hasta me dejaban montarme en el trillo cuando segaban ¿sabes?, íbamos de paseo por los campos con el trillo y la mula, y las espigas nos hacían cosquillas en la planta de los pies, pero el buen tiempo siempre terminaba pronto, y llegaba el invierno y todo se quedaba quieto, como muerto, menos cuando llovía fuerte, una buena tormenta como la de hoy. Entonces hacía lo mismo que he hecho ahora, convencía a mi madre de que me dejara salir a la calle porque la lluvia templa el aire, cuando llueve nunca hace mucho frío, y ella siempre me abrigaba muy bien, me ponía un gorro de plástico, un impermeable y unas katiuskas, para que pudiera pisar los charcos, y se asomaba a la ventana a mirarme, pero cuando se cansaba, yo siempre me desnudaba, como hoy, y dejaba que la lluvia me cayera encima, me gustaba mover la cabeza y ver cómo el agua salía despedida en todas las direcciones, me gustaba estar allí, completamente sola en medio de la calle, imaginando cosas, que era una santa que sufría el martirio, o una princesa a la que su madrastra había echado del palacio, hacía mucho el tonto yo sola, la verdad, y luego salía mi madre, y me daba un par de bofetadas, y me metía en casa a capones, y llenaba la bañera, como tú hoy, y eso era lo que más me gustaba, porque normalmente nos bañaba de dos en dos, y con la bañera medio vacía, para no gastar, pero cuando llovía fuerte y me ponía perdida, me metía yo sola en una bañera llena hasta arriba, y no te puedes imaginar lo maravillosa que es la sensación de estar tiritando de frío y sumergirte luego, de pronto, en el agua caliente, es estupendo, a mí me encanta. Mi padre siempre dice que esta manía mía es como el chiste ése, mira, para que te jodas, me voy a dar un martillazo en los cojones, o sea, que es de gilipollas pasarlo mal primero para pasarlo bien después ¿comprendes?, eso dice él, pero la verdad es que a mí, aunque nadie se lo crea, la lluvia no me molesta, todo lo contrario, disfruto estando sola, clavando los pies en el suelo mojado, empapándome el pelo hasta la raíz, en serio, ahora que si quieres que te diga la verdad, lo que me más me gusta, la explicación auténtica de`esta rareza mía, es lo bien que se está luego en la bañera... Y eso no es ser ecologista ¿o sí?

El negó con la cabeza, riendo.

—No. Eso es solamente estar como un cencerro.

—Pero eso no es necesariamente malo.

—No, desde luego que no. A veces, incluso, es bueno.

—Lo ves...

Se sumergió entera en el agua, sus rodillas gemelas rompiendo la monotonía de la superficie transparente, y se dedicó un buen rato a jugar con la boca abierta, produciendo un chorro regular de pequeñas burbujas que se deshacían suavemente al contacto con el aire. El sintió una envidia inmensa. Metió un dedo en el agua. Todavía estaba caliente. Ella le vio y se incorporó bruscamente, salpicándole.

—¿Te quieres meter conmigo?

—No sé... No creo que quepamos.

—Claro que sí, bobo. Ven, que te dejo sitio, pero desnúdate rápido porque si no me voy a quedar helada.

Se recostó en la pared cerámica apretando las piernas contra el pecho. Benito se reunió con ella muy pronto, y tras algunos ensayos fallidos, consiguieron por fin acoplarse con cierta comodidad, él con las piernas estiradas y apretadas contra sus caderas, ella, las rodillas ligeramente dobladas, conteniendo la cintura masculina entre los pies, y sonriendo.

—¿A ti no te bañaban con tus hermanos cuando eras pequeño?

—Sí, pero no me gustaba.

—¡A mí tampoco! Pero ahora está bien...

—¿Qué te gustaba hacer cuando eras pequeña?

Ella le miró como si no hubiera entendido muy bien la pregunta.

—Pues... ¿qué me iba a gustar? Jugar. ¿A ti no?

—Sí, pero también me gustaba subir con mi madre a la azotea a tender la ropa, sobre todo cuando hacía bueno, y se veían todos los tejados desde allí arriba.

—¡Ah! Te refieres a eso, a juegos que no sean las muñecas y el escondite ¿no? —él asintió moviendo la cabeza. No tenía ganas de hablar, y sí en cambio de seguir escuchándola a ella, que sabía contar historias con una voz tan sedante, sin interrumpirse nunca, ni perder el hilo—. Pues verás, te va a parecer otra tontería, pero mi juego favorito, cuando yo era pequeña, también era de jugar sola, y bastante raro, y también tenía que ver con el agua... Todas las tardes, mi padre solía regar la arena del patio, que no sé por qué le llamaban patio, porque era un jardín, sólo que sin césped, todo de tierra, bueno, pues entonces, como una media hora después, yo cogía un palo muy largo y bastante afilado que tenía guardado en el armario de mi cuarto y lo arrastraba por el suelo para trazar con él tres rayas muy profundas. Las dos más largas terminaban en la tapia del jardín, así que lo que quedaba era un rectángulo muy grande, que era mi casa, porque yo jugaba así a las casitas ¿sabes? Luego, cuando ya tenía lo que se podrían llamar los muros exteriores, me dedicaba a hacer los tabiques, es decir, que pintaba otras rayas más delgadas que delimitaban las habitaciones. Siempre hacía un cuarto de estar, un dormitorio grande para mí, dos más pequeños para mis muñecas, que hacían de hijas, claro, una cocina y un baño. Y no te puedes imaginar lo puñetera que podía llegar a ser, porque luego pintaba las puertas, los muebles, el retrete y todo lo demás, absolutamente todo, hasta un porche y un jardín, y siempre hecho a la medida, o sea, que yo tenía que poder tumbarme verdaderamente en el rectángulo que hacía de cama, y si no, no valía, y así me pasaba horas y horas, haciéndome una casa nueva todas las tardes... Me divertía muchísimo. Mis hermanos decían que estaba loca porque, como era tan perfeccionista, la verdad es que casi no me daba tiempo a jugar, se me iba la tarde entera en ponerle cortinas a las ventanas, y en hacer una placa de cocina con cuatro fuegos y cuatro botones, y en llenar de vestidos los armarios de las niñas. Nadie veía allí nada de eso, claro, porque ya te puedes imaginar, arrastrando un palo por la tierra no se pueden hacer muchas florituras, así que yo pintaba unas rayas, y unos círculos, y las figuras que se me ocurrían, y cuando terminaba, cogía a mi madre de la mano y se lo iba enseñando todo, y ella no entendía nada, pobre mujer, yo le iba diciendo, ésta es la tele ¿ves?, porque en casa de mis padres no había televisión pero en la mía había siempre una enorme, y esto es el sillón, y ella me contestaba, pero si los dos cuadrados son iguales, ¿cómo sabes lo que es cada cosa?, y yo no sabía cómo explicárselo, pero lo sabía, lo sabía siempre y lo veía todo, los platos y los vasos, las flores en el florero y hasta el buzón para las cartas, todo...

—¿Y cómo jugabas luego?

—Ah, pues utilizando las instalaciones —soltó una carcajada y le miró un instante antes de continuar—. Sacaba las muñecas al jardín y las tumbaba cada una en su cama, y yo me tumbaba en la mía, porque el juego siempre empezaba un poco antes de la hora de levantarse. Así que yo cerraba los ojos y me tiraba un par de minutos sin hacer nada, como una muerta, fíjate lo chota que podía estar, y luego yo misma hacía de despertador, y chillaba, rin rin rin. Entonces me estiraba un poco y bostezaba, y decidía donde estaba mi marido, que andaba siempre de viaje, y lo decía en voz alta, Pepe, porque no sé por qué pero siempre se llamaba Pepe, está en Africa, por ejemplo, y entonces me iba a la cocina a preparar el desayuno. Para abrir la puerta borraba la raya con la punta del pie antes de atravesarla, y luego, una vez en el pasillo, volvía a cerrarla con el palo, imagínate...

—Y te ibas a despertar a las niñas.

—Justo. Y no querían levantarse, y yo les chillaba, las trincaba por un brazo y les pegaba en el culo, muy fuerte, siempre me ha encantado pegar a las muñecas, era como una

venganza, una maldad muy agradable, porque no daba remordimientos, pero al final las cogía en brazos y nos íbamos a la cocina, nos sentábamos cada una en una silla, que
era unos semicírculos alrededor de un redondel que hacía
de mesa camilla, y yo pintaba unas tazas y unas tostadas
encima, y hacía como que las cogía y me las comía. Luego
recogía la cocina y me iba con las niñas al baño. Las lava-
ba, las peinaba, las vestía, y las colocaba en una sillita de
juguete que era lo único que existía de verdad, me la trajeron los Reyes cuando tenía cinco o seis años. Generalmente
íbamos a la compra, yo recorría todo el jardín, parándome
de vez en cuando a chillar a las vendedoras, protestando
porque el pescado estaba carísimo y las cebollas venían todas
heladas, y, cuando estaba en plena discusión con el carni-
cero, que era un haya enorme que había en una esquina, mi
madre solía llamarme para la cena. La casa seguía allí hasta
el día siguiente, cuando mi padre regaba el jardín. Luego,
yo me hacía otra, todas las tardes lo mismo...

—O sea, que te has pasado la vida hablando sola.

—Sí. Y hablo mucho sola todavía. ¿Tú no?

—No. Nunca.

—Es extraño. La gente que pasa mucho tiempo sola suele
hacerlo...

Se recostó todo lo que se lo permitía el exiguo espacio
que ocupaba en la bañera compartida para sumergir los
hombros en el agua con un escalofrío. Cerró los ojos y él
movió un pie para posar un instante el pulgar sobre cada
uno de sus párpados, siguiendo luego el perfil de su rostro
con esa piel inexperta y dura, que apenas le consentía conocer lo que tocaba. Manuela gruñó como si tal contacto
no le gustara, pero él mantuvo firme el pie contra su rostro
durante algún tiempo. Apenas había cesado cuando ella aferró los bordes de la bañera con las dos manos para incorporarse y luego, cambiando bruscamente de dirección, desplomarse sobre él, cubriendo completamente su cuerpo. Él
besó sin pensarlo la boca que repentinamente pendía sobre
la suya y alargó los brazos para estrechar la cintura de la

mujer que le apretaba contra el fondo, como si algún terrible peligro la acechara fuera del agua. Cuando se separaron, ella sonreía, algunos días no dejaba nunca de sonreír.

—¿Tú crees que nos lo podríamos hacer aquí, en la bañera?

El, absolutamente desprevenido ante una pregunta semejante, soltó una carcajada antes de contestar.

—No.

—¿Seguro?

—Sí.

—Pues en las películas lo hacen...

—Porque las bañeras que salen en las películas son enormes y están trucadas. Además, los actores van al gimnasio todos los días, no hay más que verles.

—Ya... Es una lástima.

Le besó de nuevo y él llegó a temer que sus palabras no hubieran bastado para hacerla desistir de su descabellado proyecto inicial, pero ella terminó por aceptar su veredicto, e incorporándose siempre con trabajo, salió de la bañera tan lentamente como había entrado.

—¿Tienes un albornoz?

—No.

—¿Y toallas más grandes?

—Tampoco.

Con un gesto de resignación idéntico al provocado por la nostalgia de las sales de baño, se envolvió en una toalla blanca que apenas llegaba a cubrirle las caderas y se enrolló otra alrededor de la cabeza, como un turbante. Luego se sentó en el taburete encendió un cigarro y le miró.

El, la piel casi anestesiada por la tibieza del agua, entornó los ojos para devolverle sólo a medias la mirada, absorto ya en el recuerdo que le había sacudido como un golpe, una imagen nítida y exacta, la silueta de un niño que se balanceaba y gritaba, riendo debajo de la lluvia, la criatura de apariencia imbécil cuyos ojos sin embargo brillaban, como brillaban sus dientes en la boca abierta por el aullido, un ser incomprensible, un misterio, pero un misterio vulgar, como ella, que ahora se había puesto de pie, y con el cepillo en la mano, frente al espejo, descubría su cabeza arrojando a una esquina la toalla blanca, que cayó al suelo produciendo un pesado chapoteo. Después desplazó el taburete hasta que pudo verse a sí misma perfectamente centrada, y a través del espejo le miró de nuevo.

—¿Quieres peinarme tú?

Mientras salía de la bañera y se secaba deprisa para no hacerla esperar, sintió la tentación de preguntar, de intentar averiguar por qué le había hecho semejante ofrecimiento, pero imaginó que ella le contestaría que lo había visto en alguna película, de modo que no dijo nada. Se vistió a toda prisa, tomó el cepillo y comenzó a peinarla muy despacio. Ella, la cabeza erguida, recta, tenía los ojos cerrados y la boca entreabierta, como los niños salvajes cuando están contentos. El se concentró entonces en la frontera de la frente, pasando el cepillo muy suavemente por el nacimiento de sus cabellos, abarcando de una vez la piel y el pelo con las blandas púas redondeadas hasta que consiguió hacerla gruñir. Luego, cuando la saturación de la caricia había anulado ya la sensibilidad de aquella zona, ella abrió los ojos y los labios en una sonrisa por fin consciente.

—Me estoy leyendo el *Quijote*.

—¿Y te gusta?

—Sí, mucho, pero no debo de estar enterándome muy bien, porque no paro de reírme...

Durante unos días se empeñó en llamarla Víctor, pero terminó por renunciar a un juego que ella no quiso entender en ningún momento, ni siquiera llevo bien que me llames Manuela, le dijo, y él no insistió, aunque sabía que había conseguido fascinarla con aquella historia, pero si ya me la sé, protestó al principio, apenas le vio aparecer con el libro en la mano, es lo de Tarzán y todo eso, no, respondió él firmemente, siéntate y escucha, es la historia de un niño de verdad que se crió solo, salvaje, en los bosques de Aveyron, en Francia, allí le encontraron en 1799, nunca supieron quiénes eran sus padres, ni cuántos años tenía, y creyeron que era sordomudo porque, por supuesto, no sabía hablar, en este punto ella le interrumpió por primera vez, pues Tarzán sí que hablaba, claro, contestó él, porque Tarzán no existió nunca, es una película, y antes fue novela, con la historia de este crío también hicieron una película, una película preciosa, pero esto pasó de verdad, ella recibió la noticia con un resoplido de cansancio, bueno, pero ¿éste era sordomudo?, no, ¿entonces por qué no hablaba?, pues porque los niños aprenden a hablar por un mecanismo de repetición, repiten lo que escuchan, y éste se crió completamente solo en un bosque, no había oído hablar a nadie hasta que le capturaron, y entonces tendría ya ocho o nueve años como mínimo, y que además sería un poco tonto, apostilló ella de todas formas, no, no era tonto, insistió él, porque aprendió a leer y a escribir sin saber hablar y se comunicaba así con los demás, este último punto pareció convencerla y se quedó callada, mirándole, y le crecieron los ojos, él sentía que le crecían cuando algo llamaba su atención, y le contó la maravillosa historia del niño salvaje como si fuera un cuento de hadas, racionándole la emoción, haciéndola subir y bajar en su garganta al compás de la violencia de las exclamaciones que sus palabras provocaban, permitiendo que ella puntuara su relato con insultos y alabanzas, suspiros y admiraciones siempre rabiosos, extremos, sinceros, envidiando su pasión, y su capacidad para resumir el mundo en dos, tres ideas simples e inagotables que a pesar de su pobre número podían combinarse infinitamente entre sí para explicarlo todo, ella no necesitaba más y él envidiaba esto también, pero no podía seguirla, adoptar su imagen de la realidad, que era pura y tal vez verdadera, pero inasequible para él de todas formas, y la escuchaba mientras recapitulaba en voz alta, contándose a sí misma la historia que había escuchado de él, casi la misma historia, interrogándole con los ojos para confirmar o desmentir su interpretación, como si se esforzara por grabar ésta para siempre en su memoria, entonces él la interrumpió de repente en medio de un largo razonamiento y le preguntó si creía en Dios, ella no contestó y siguió enumerando las posibles causas de la abnegación del doctor Itard, que era joven, capaz y brillante pero que sin embargo se había pasado casi toda la vida encerrado en una casa de campo para no lograr que Víctor aprendiera a pronunciar claramente siquiera su propio nombre, él no quiso escucharla y preguntó de nuevo, ¿crees en Dios?, obtuvo al fin una negativa tajante, arrogante, seca, y se compadeció de ella, de su vergüenza, porque no aguantaba el tirón y probablemente ya le amaba demasiado, más de lo que se amaba a sí misma, porque se esforzaba en mirarse a través de sus ojos desgastados y no le gustaba su reflejo, y por eso a él, que se amaba tan profundamente, tampoco le gustó en aquel instante lo que de sí mismo había en la mirada desafiante de aquella mujer, y se lo preguntó otra vez, con voz serena, dime la verdad, ¿crees en Dios?, estaba dispuesto a repetir la pregunta durante horas, días, semanas enteras, pero no fue preciso, porque ella bajó la vista y le dijo que bueno, que de alguna manera sí, que no sabía, pero que sí, que suponía que sí, y volvió a mirarle sólo después de un buen rato, y lo estaba pasando mal, él se dio cuenta, y por eso le desveló al fin el sentido de toda aquella historia y de su afán por llamarla Víctor, ¿a que no adivinas lo que le gustaba, las tres únicas cosas que eran capaces de ponerle de buen humor?, ella negó con la cabeza, él posó un instante la yema de su dedo índice derecho sobre la punta de su meñique izquierdo para tocar luego el anular y el corazón al tiempo que enumeraba lentamente, beber leche, pasear por el campo cuando estallaba una buena tormenta, y bañarse en agua caliente, tal revelación consiguió hacerla sonreír de nuevo, y él se alegró por ello, aunque el último matiz de su recuperación consistiera en aquella pregunta intolerable, pero bueno, ¿en qué quedamos, soy una esclava o un niño salvaje...?, él tampoco lo sabía ni quería averiguarlo, por eso evitó reconocerse en un simple veredicto, de acuerdo, dijo, te llamaré Viernes, que es un poco como las dos cosas a la vez...

Al principio creyó que el bote de lata con la etiqueta azul y blanca era solamente un motivo de distracción, una treta para alejar su atención del auténtico contenido de la bolsa de papel con la que ella había aparecido aquella tarde, despertándole de la siesta un par de horas antes de lo previsto.

—¿Qué es eso? —preguntó entre bostezos nada más verla, sin llegar siquiera a saludarla, limitándose a dejarse besar en las mejillas.

—Dos albornoces... y un bote de leche condensada.

Necesitó un par de segundos para entender cabalmente aquel breve mensaje. Luego se dio la vuelta y se alejó sin decir nada, aparentando una furia que no llegaba a sentir, tal vez porque aún estaba demasiado dormido. Ella correteó tras él, y colgándose de uno de sus brazos, le obligó a volverse.

—Pero ¿qué pasa?

—¿Para qué has comprado dos albornoces?

—Pues para que estén aquí la próxima vez que llueva.

—¿Y qué te hace suponer que tú vas a estar aquí la próxima vez que llueva?

Ella le miró con extrañeza.

—Pues... que estamos en octubre. En esta época del año llueve bastante.

Sonrió contra su voluntad, imprevistamente derrotado. A veces llegaba a pensar que jamás podría con ella.

—Y ¿para qué es la leche condensada?

—Bueno, ya sabes, se supone que la gente se la come.

—¿Vas a hacer una tarta?

—No. Y lo que se hace con leche condensada son flanes, no tartas.

—Ya... No lo sabía.

Ella se desplazó hacia delante, los codos sobre las rodillas, la cara entre las manos.

—La verdad es que pensaba comérmela.

—¿Cómo?

—Tal cual. A cucharadas.

—¿A cucharadas? ¿Un bote entero?

—Sí, lo hago de vez en cuando, es una de las cosas que más me gustan en este mundo, pero casi nunca me atrevo, por lo de engordar, y eso. Lo que pasa es que hoy estaba contenta, no sé por qué, muy contenta, y he pasado por una tienda y, bueno, me lo he comprado. El caso es que ahora no sé si atreverme, porque te va a parecer muy ridículo ¿no?, quiero decir, comerse un bote entero a cucharadas, no es muy normal ¿verdad?

En la mirada de un condenado a muerte no se podría hallar una petición de clemencia más pura que la que asomaba a sus ojos. El se sintió generoso y, levantándose, se plantó delante de la silla y le tendió una mano. Ella la miró un instante como si le costara decidirse, pero acabó aceptando la muda invitación de aquel gesto, y asió la mano con la suya, y se levantó, y se dejó llevar, mordiéndose el labio inferior sin llegar a reprimir del todo una risita nerviosa. El la guió en silencio por el pasillo y, al llegar a la cocina, apartó una silla para indicarle que se sentara, abrió un cajón para extraer un abrelatas que colocó sobre la tapa, e impulsó después el recipiente circular a través de la mesa como se empuja una caña de cerveza sobre la barra de un bar.

—El explorador español... Ya casi no se ven, pero siempre han sido los mejores.

El, sentado justo enfrente de ella, asintió, y sonrió de nuevo al registrar su entusiasmo por el simple mecanismo de una débil chapa metálica, mientras pensaba que era él quien debería estar abriendo el bote, él quien debería levantar la tapa, y coger una cuchara, y mal alimentarla con ese placer superfluo, para representar en todos los matices el papel que había escogido. Pensó que debería darle de comer y alargó un brazo, pero lo retiró enseguida, porque le daba mucha vergüenza, y en definitiva no era necesario, ella ya había hundido la cuchara en el interior del recipiente de lata y la extraía ahora muy despacio, mirando fijamente la espesa crema blanca que la embadurnaba por los dos lados hasta la mitad del mango, sacando la lengua para recibir las gotas que se desprendían de los bordes, lamiendo luego, siempre ávida pero lentamente, las dos caras de metal, primero la cóncava, después la convexa, hasta dejarlas relucientes de saliva.

Repitió el proceso varias veces, complaciéndose en detenerse en cada etapa, mirándole de tanto en tanto y riéndose luego con los labios brillantes, barnizados de azúcar. El la miraba sin saber qué decir, aunque de alguna manera, como siempre que era testigo de los arrebatos de obediencia que parecían exigirle sus extraños códigos, se sentía casi capaz de disfrutar de su placer a través de ella.

—¿Quieres un poco?

—¿Yo? No, gracias.

—Pero ¿por qué? Si está buenísima...

—Porque es una guarrería.

—Será una guarrería —admitió ella entre carcajadas—, pero está de puta madre, toma, prueba...

—¡Que no! No quiero, y tú no deberías seguir, se te va a llenar el culo de lombrices.

—Sí, sí, de lombrices... De lo que se me va a llenar es de enormes bolsas de grasa blanda y repugnante, pero en fin, un día es un día ¿no?

—Desde luego.

—Gracias.

—De nada —y fijó en ella los ojos con detenimiento para llamar su atención, antes de proseguir en un tono más grave—. ¿Te puedo pedir un favor?

—Sí, claro...

—¿Te importaría comer con los dedos?

—¿Con los dedos?

El asintió varias veces para convencerla de que estaba hablando en serio. Ella dejó caer la cuchara dentro del bote, levantó sus dos manos colocando las palmas delante de su cara, y observó sus dedos un momento como si no los conociera, antes de mirarle a él, con una perplejidad que no dejó de sorprenderle en alguien que la provocaba con tanta frecuencia.

—Pero ¿para qué quieres que coma con los dedos?

—Para nada en especial. Simplemente me gustaría verlo.

—Pero ¿por qué?

—¡Y yo qué sé! Me gustaría...

—Es que, precisamente, la leche condensada no se puede comer muy bien con los dedos.

—Eso es lo que tiene gracia.

—Bueno —dijo por fin, tras una larga pausa indecisa—. Si te apetece, la verdad es que no me cuesta mucho trabajo...

Sacó la cuchara del bote y, en lugar de dejarla sobre la mesa, se tomó el trabajo de levantarse, acercarse al fregadero, lavarla y meterla en el escurridor. Luego, se volvió bruscamente y le señaló con el dedo, exhibiendo una sonrisa triunfante.

—¡Ya sé! Tú lo que quieres es verme comer con los dedos para echarme un polvo después.

—¿Yo? —apoyó el dedo índice sobre su pecho como si no se creyera lo que acababa de oír, antes de estallar en carcajadas lo suficientemente ruidosas y profundas como para enmascarar su sorpresa—. Muy bien. ¿Me quieres explicar qué relación hay entre verte comer con los dedos y echarte un polvo después?

—Pues no sé, no lo puedo explicar, pero seguro que es eso, te pega mucho a ti, que te gusten esas cosas...

—¡Ah! ¿Sí?

—Sí.

—Entonces, nunca podremos ir a comer cordero asado, por ejemplo...

—Es que si fuera cordero, no sería lo mismo.

—¿No?

—No.

—Y ¿por qué?

—Pues porque no, está clarísimo que no.

El sonrió, indiferente ya a lo que ella pudiera pensar, preguntándose a sí mismo por qué se le habría ocurrido que le encantaría verla comer con los dedos, tontamente halagado al mismo tiempo por su barroca interpretación.

—Vale. Supongamos que tienes razón. ¿Puedo preguntarte qué piensas hacer?

—Comer con los dedos.

Recuperó su puesto en la mesa, atrajo el bote hacia sí hasta situarlo justo debajo de su barbilla e introdujo dos dedos en el interior. Antes de sacarlos, mientras batía la leche condensada con ellos, le miró con expresión divertida y preguntó bajito:

—¿Me vas a echar un polvo luego o no?

El estuvo a punto de contestar que haría lo que ella quisiera, pero se acordó a tiempo de que precisamente eso era lo que jamás debería decir si quería mantener siquiera la ilusión de su autoritaria distancia, así que se preguntó a sí mismo brevemente y luego afirmó con la cabeza. Solamente entonces ella le mostró su mano sucia con la actitud de quien concede un premio, y la limpió despacio con la lengua, lamiéndose a sí misma desde la punta de las uñas hasta la muñeca, antes de ensayar una variada gama de piruetas manuales encaminadas a intentar devorar, porque ya no comía, la espesa crema blanca como si fuera un alimento sólido, atrapándola a puñados para hacerla desaparecer a toda prisa dentro de su boca abierta, inclinada sobre el bote, sus labios casi rozando los afilados bordes de la tapa de hojalata, todo su cuerpo tenso, pendiente de los precisos movimientos de sus dedos, que fallaron alguna vez el golpe, dejando escapar algunas gotas, origen de los delgados ríos dulces que rebasarían pronto la aguda frontera de su barbilla para precipitarse sobre la línea del cuello y secarse allí, dejando extrañas huellas. El la miraba, consciente de que su boca también estaba abierta, sin esforzarse en nada por cerrarla, la miraba y comprendía la elemental asociación de ideas y colores a la que ella había sucumbido antes, una imagen que carecía en absoluto de poder sobre él, porque entonces, concentrado en Manuela, aun sabiéndolo todo, valorándolo todo, decidió que simplemente le encantaba mirarla.

Terminó por probar él también el sabor de aquel bote de leche condensada porque, después de cumplir su palabra sobre el inestable tablero de formica, complaciéndola al menos en su afán por sentirse violada encima de una mesa de cocina, la modesta escenografía que ejercía una irresible atracción sobre ella desde que pudo apreciar sus remotas posibilidades en una película, tomó sus manos y chupó sus dedos uno por uno, lamiendo después su cara y su cuello hasta borrar cualquier rastro de una dulzura ya estéril. Ella sonreía, y él supuso que estaba satisfecha del dudoso resultado de aquella acrobacia, y se sintió mejor, aunque las pequeñas plantas de los dedos de sus pies, que durante largos minutos habían soportado todo su peso, le dolían terriblemente. Entonces un inequívoco crujido les advirtió de la desgracia inminente cuando ya no disponían de tiempo para reaccionar. Una de las delgadas patas metálicas que sostenían la mesa, incapaz de aguantar por más tiempo sus cuerpos, se quebró de repente, y Manuela cayó al suelo arrastrándole a él entre sus brazos.

Quiso separarse de ella tan pronto como pudo, para no acentuar con su peso el dolor del golpe que no por inesperado había sido menos brusco, pero ella le retuvo contra sí, mientras comenzaba a reír a carcajadas. El intentó seguirla, pero no fue capaz de hallar suficientes motivos para hacerlo y se cansó enseguida, le dolía demasiado una pierna. Cuando por fin pareció calmarse, la ayudó a levantarse del suelo y le preguntó si se había hecho daño.

—Sí, la verdad es que bastante.

—Y entonces ¿por qué te ríes tanto?

—Ah, bueno, yo, cuando me pasan estas cosas, siempre me río, y no porque me haga gracia, no creas, sino porque, no sé, me da la sensación de que quedo como más airosa, ¿no? O sea, que para que se rían los demás, ya me río yo primero.

—¿Aunque los demás sea yo solo?

—Sí, porque una vez que se coge práctica, ya te sale hasta sin querer ¿comprendes?

El no comprendía muy bien, pero asintió de todas formas. Luego, rescatando de debajo de las ruinas de la mesa el bote medio vacío, que sorprendentemente había caído de pie, le pasó un brazo por los hombros y echó a andar en dirección al pasillo.

—Vamos —dijo—. Ha llegado la hora de que empecemos a tener vida social.

La miró para hallar en su rostro la radiante expresión que ya esperaba, porque si dormir con él significaba más que follar, tener vida social significaría sin duda más que dormir.

—¡Qué bien! ¿Vamos a una fiesta?

—No, vamos a un bar de aquí al lado. El dueño es amigo mío.

—¡Ah! Bueno...

—Es mi mejor amigo —añadió, para contrarrestar la decepción que había teñido su exclamación de nostalgia—. Nunca voy a fiestas, no me gustan.

—Ya. A mí sí, pero da lo mismo.

—Se llama Polibio, te hablé de él el día que te conocí...

—¿El que era griego?

—Sí, justo. Tienes una memoria alucinante, tía, no se te olvida nada... Te gustará, ya verás. Tenéis muchas cosas en común.

—¿Ulises?

—Ulises, y las ganas de cocinar, y la leche condensada. Le podemos regalar la que ha quedado, si no te importa...

Ella negó con la cabeza, no le importaba. El trató de calibrar si en realidad resultaría conveniente presentársela a Polibio, pero, tras un instante, la duda se deshizo en la certeza de que la sensibilidad de su amigo era lo bastante aguda como para rastrear en la dirección correcta más allá de la monótona vulgaridad de Manuela, quien, sin mostrar grandes signos de alborozo, se colgó sin embargo de su brazo para caminar a su lado por la calle.

Cuando entraron en el bar, Paquita estaba sola, encaramada en el taburete más alto, bebiendo con un gesto lánguido, la mano en la cadera, los hombros vueltos en dirección contraria a la que el giro de su cuello imprimía a su cabeza, obedeciendo siempre el viejo consejo de un fotógrafo que le había confesado una vez que todas las modelos posaban así, retorcidas y tiesas, antes de clavarla inmisericordemente por tres o cuatro pedazos de papel satinado que la reproducían medio desnuda, en otras tantas significativas actitudes que sin embargo no llegarían nunca a franquearle la entrada a las páginas del álbum al que aspiraba tan vehementemente, el tácito ascenso profesional que añoraba todavía a pesar de los inflamados discursos que Polibio repetía de vez en cuando para convencerla de que su sitio estaba en la calle, donde prestaba un servicio noble y digno al conjunto de la sociedad, y no en uno de esos repugnantes guetos cerrados, frecuentados solamente por un puñado de oligarcas coqueros y medio impotentes que la humillarían en un grado mucho más profundo que las previsibles miradas de los transeúntes de siempre. Benito había asistido a alguna de aquellas discusiones y aunque en el fondo pensaba que Polibio tenía razón, había salido casi siempre en defensa de ella, movido por su antigua solidaridad de cliente fallido y por la convicción de que, en última instancia, era Paquita quien llevaba la peor parte y quien, en consecuencia, debería opinar, ya que su escasa belleza no le había permitido decidir sobre su irreversible futuro de trotona. Ella siempre le había agradecido sus intervenciones y, al verle aparecer aquella tarde, le agradeció también el codazo que propinó en las costillas de la chica gorda que, colgada de su brazo, le susurraba algo al oído, mirándola con los ojos como platos.

—¡Hola, cariño! Cuánto tiempo...

—Hola Sami. ¿Cómo estás?

Benito se inclinó para besarla y pudo contemplar con el rabillo del ojo la llegada de Polibio, que apareció con los brazos cargados de botes de aceitunas por la puerta que se abría detrás de la barra.

—¡Hombre! El niño perdido y hallado en el templo... —y mirando descaradamente a Manuela prosiguió en tono lastimero—, me gustaría saber dónde te metes, tío, es que ya no te acuerdas de los amigos, desde luego no se te ve el pelo...

El captó inmediatamente la exigencia maquillada tras estas palabras y volviéndose ligeramente hacia atrás, tomó uno de los brazos de su acompañante para conducirla a un lugar más visible, y señalándola con la otra mano, les presentó.

—Esta es Manuela. El es Polibio, ella Sami...

—Samanza —corrigió Paquita tendiendo graciosamente una mano inútil, porque la recién llegada se había abalanzado sobre ella sin más para plantarle dos besos en las mejillas.

—Paca —corrigió Polibio a su vez, cuando le llegó el turno—. Se llama Paca. Encantado.

—Me llamo Samanza.

—Te llamas Paca, Paquita, Francisca todo lo más. Y en cualquier caso, Samanta, con t.

—¿Sabes lo que te digo, imbécil? ¡Que estoy hasta las mismísimas narices de aguantarte! Me llamo Samanza, con z, como las inglesas...

—Las inglesas que se llaman Samanza lo escriben con th y por lo demás, tú te llamas Paca te pongas como te pongas...

Benito estaba a punto de intervenir en la discusión clásica ya de puro repetida que hacía tiempo había intentado solventar de una vez por todas con la introducción de un diminutivo destinado a no prosperar, cuando Manuela la cortó de forma inesperada.

—Yo tampoco me llamo Manuela —dijo bajito, evitando mirarle—. En realidad me llamo Iris...

El pudo contemplar entonces un destello de inteligencia en los ojos de Polibio, que se volvió para mirarle mientras Paquita destinaba a la recién llegada una mirada insólitamente cálida.

—¡Ah! —murmuró, poniéndole una mano en el hombro—, así que tú también tienes nombre artístico...

—Bueno, si quieres... Sí, supongo que sí. En realidad, soy artista.

—¡Toma! Como todas...

Benito, acodado en la barra, sonreía sin ninguna intención de deshacer el equívoco.

—Y ¿a qué te dedicas tú? —amparada por la presencia de una presunta colega, Paquita se movía ya con una desenvoltura radicalmente incompatible con las directrices recibidas del fotógrafo.

—Soy actriz.

—Ya, yo bailo.

—¿En qué compañía?

Paquita le dedicó una mirada perpleja y buscó después una explicación en la sonrisa de Benito, deliberadamente vacía. Tras una pausa, decidió fiarse de su olfato y contestar.

—En..., en compañía de una chica que se llama Ursula, que hace de jeque.

—¡Ah! ¿Sois sólo dos?

—Sí.

—¡Qué interesante!

—Sí, supongo que sí. Y tú ¿qué haces? ¿Cabaret?

—No, no lo he hecho nunca, aunque nos gustaría montar algo de eso el año que viene. De momento nos conformamos con montajes sencillos, de tres o cuatro personas, textos breves, Lorca, Williams, Brecht, cosas así...

—Muy modernos —susurró Polibio, pero tuvo que reírse

él solo, porque Manuela parecía absorta en la cara de Paquita, donde se mezclaban deprisa la ironía y la desconfianza.

—Así que eres actriz... Pero actriz de verdad.

—Claro, ya te lo he dicho antes.

—Pues hija, no me suenas nada.

—Es que hago teatro experimental. Sólo actuamos en salas alternativas, por los barrios y eso ¿comprendes?

—Sí, sí, comprendo... Lo que pasa es que yo creía..., creía... que tú eras como yo, que bailo pero no soy bailarina. ¿Me entiendes, verdad?

—No.

—Bueno, da igual.

Fue Polibio quien se decidió entonces a intervenir.

—Es que Paquita es puta.

—Claro —murmuró Manuela para sí—, por eso tiene esa pinta...

Durante un instante, todos permanecieron en silencio, ella rumiando la novedad, los demás esperando una reacción que tardó en llegar pero no defraudó el tiempo invertido en la espera, porque Manuela se acercó a la barra con paso decidido, alargó la mano derecha y pegó a Polibio con todas sus fuerzas, que no parecían muchas aunque la bofetada resonó como un latigazo en la sala desierta.

—¿Y qué? —comenzó a chillar inmediatamente después, indiferente a la profunda perplejidad que alcanzaba incluso al golpeado, que la miraba con la mano en la mejilla y los ojos fuera de las órbitas—. Es puta ¿y qué? ¿Quién eres tú para ir diciéndolo por ahí? Es que es la leche, joder, que la pobre, con lo que tiene encima, venga a tomarse una copa y además tenga que aguantar esto. Pues ¿sabes lo que te digo? Que esto se va a acabar —y volviéndose hacia Paquita la señaló con el índice—. Tú te vienes a trabajar conmigo, en casa hay sitio, así que se acabó...

Interrumpió su discurso tan bruscamente como lo había empezado al registrar las carcajadas de Benito, que no podía soportar por más tiempo la comicidad de aquella idea, Paquita con una falda de algodón estampado, vendiendo pendientes en la calle Fuencarral, a la salida de los cines.

—Y a ti ¿qué te pasa? —le increpó tras un rato, cansada de esperar que su risa se agotara.

El la abrazó por detrás, inmovilizó sus brazos aferrando sus muñecas con las manos y le habló al oído, pero en un tono lo suficientemente alto como para estar seguro de que los otros dos le escuchaban bien.

—Estás equivocada, Víctor.

—No me llames Víctor.

—Muy bien. Estás equivocada de todas formas. A Sami no le importa que Polibio diga eso, y él no ha querido molestarla, sólo pretendía que te enteraras de lo que hay. Los tres somos amigos desde hace muchos años, y ellos además son novios. No deberías haberte puesto así, no hay ningún motivo para enfadarse.

Entonces él sintió que Manuela se le aflojaba entre los brazos, como si se le fuera a escurrir hacia el suelo de un momento a otro. Paquita debió de temer algo parecido, porque sostuvo con un dedo la base de su barbilla y la obligó a levantar la cara.

—Pero no te preocupes, boba, si has estado de puta madre, en serio... Di que lo nuestro es muy raro, porque éste, como va así por la vida, como de intelectual antiguo, pues le encanta decir que hago la calle, y que a él no le importa porque nosotras somos lo único puro que queda en esta sociedad de mierda, y todo eso... El es así, y a mí me da lo mismo, hasta me gusta, fíjate que al principio me llamaba Ceja...

—Sien —corrigió Polibio.

—Eso, Sien, si ya sabía yo que era algo de la cara, siempre se me olvida, pues eso, que me llamaba Sien, que era como Picasso...

—Van Gogh.

—Vale, pues Van Gogh, qué más dará, deja de interrumpirme ya de una vez, coño... ¿Por dónde iba? Ah, sí, que ése, cómo se llame, tenía una mujer puta que se llamaba así ¿comprendes?, tan famoso que se ha vuelto luego y ya ves, llevaba unos cuernos que no entraba por las puertas... Por eso Poli le dice a todo el mundo que soy puta, porque no hay nada malo en ello, es un oficio como otro cualquiera, según él, claro, por eso te digo que lo nuestro es muy rarito, tú no podías saberlo, pero otra cualquiera te lo habría agradecido en el alma, seguro...

—Lo siento —Manuela se dirigió a Polibio con un hilo de voz digno de una moribunda. El contestó alargando una mano hacia su rostro y acariciando brevemente una de sus mejillas, un gesto que Benito jamás había contemplado hasta entonces.

—No pasa nada —dijo luego, completando la ternura esbozada por sus dedos con el tono de quien tranquiliza a un niño pequeño—. ¿Qué quieres tomar?

—Huy, cualquier cosa... Lo que tú quieras.

—Pero ¿cómo que cualquier cosa? —Paquita tomó otra vez la iniciativa—. ¿Quién se lo va a beber, tú o Poli? ¡Ay, por Dios, pero qué chica más corta! Pide lo que quieras y ya está, total, invito yo tanto como él...

Manuela pidió un cubalibre sin atreverse a mirar a su interlocutora, mientras ésta aclaraba el sentido de su última frase.

—No te vayas a pensar que éste me chulea ¿eh? —aclaró con energía—. Es sólo que, contando con lo que da la caja, habría tenido que cerrar el local a los diez días de abrirlo, y ¿qué haría entonces, dónde nos meteríamos todas las noches? Nos costaría una fortuna en copas y él encima se pondría insoportable, así que cuando necesita dinero, me lo pide y yo se lo doy, pero porque me da la gana, que quede claro ¿eh? Somos socios, si algún día se quemaran todos los demás bares del barrio a la vez y éste por casualidad diera dos duros, yo me llevaría uno ¿comprendes? En fin, que es como un marido, qué le vamos a hacer... Oye, por cierto ¿y cuál era el trabajo del que me has hablado antes?

—Bueno, es que yo, además del teatro, hago bisutería

artesanal —la voz de Manuela indicó que se había recupera-
do completamente, Benito decidió soltarla.

—¿Joyas?

—Mujer, tanto como joyas... Pendientes de metal, cobre
sobre todo, y también collares, broches a veces...

—¡Ah! De ésos baratos que se venden por la calle...

—Justo.

—¡Qué horror, hija mía!

—Pues como trabajo no está mal.

—No, no, qué va... Lo que pasa es que yo tengo muchos gastos... Me tienes que llamar un día que estrenes,
eso sí, aunque os vayáis más allá de Las Musas, tú llámame
y yo me voy a verte adonde sea, y con tres o cuatro chicas, para hacer bulto y que se oigan más los aplausos, en
serio...

—Eso, y yo le puedo decir a Benito que me lleve a verte
bailar.

—No, mira, eso mejor no, no te iba a gustar...

En aquel instante, restablecida ya la monótona normalidad, Polibio sacó el tablero de ajedrez y colocó sobre él
todas las piezas, adobándolas con la enfermiza precisión de
un maniático. Benito hizo un gesto negativo con el dedo.

—Pero ¿por qué no quieres jugar? Dentro de un momento se van a poner a hablar de trapos, ya verás.

—Lo que sí estoy segura de que en cambio te encanta-
rían son los trajes que saco —afirmó Paquita en ese instante, como si hubiera escuchado el susurro emitido más allá
de la barra—, con toda la tripa al aire, y muchas faldas de
tul, y el cuerpo bordado con lentejuelas de colores, son pre-
ciosos, eso sí...

Benito se volvió y avanzó el peón de rey. Polibio contestó adelantando un caballo.

—No, no y no —el jugador de blancas manifestó su
desagrado golpeando la encimera de mármol con el puño—.
Una Alekhine no, que me zurras enseguida.

—¡Pues si que estamos bien! —el jugador de negras retiró el caballo y adelantó su propio peón de rey. Su contrin-

cante contestó mecánicamente, protegiendo el suyo con un caballo.

Mentras se mantuvieron en los límites teóricos de la apertura, que Benito se había tomado el trabajo de estudiar de memoria, todo fue bien, pero después la desgana del jugador de blancas llegó a hacer imposible la partida. Polibio estaba ya harto de corregir las posiciones de su compañero, evitándole un desarrollo de mate detrás de otro, cuando una inesperada proposición femenina distrajo la atención de ambos.

—Si queréis juego yo.

Ambos se volvieron para encontrar a Manuela muy cerca, con la copa vacía en la mano y una expresión de seriedad absoluta.

—Pero ¿tú sabes jugar? —la incredulidad que resonaba tras estas palabras tranquilizó a Benito, que ya empezaba a recriminarse su propio desconcierto como un sentimiento mezquino.

—Hombre, claro. Si no supiera, no me ofrecería.

Polibio miró a Benito, pero éste se retiró pronto de la barra e impulsó suavemente la espalda de Manuela hacia el lugar que acababa de abandonar, ocupando a su vez el taburete que ella había dejado libre junto a Paquita.

—Si voy a jugar, me gustaría tomarme otra copa y si no te importa, como no te conozco todavía, preferiría jugar con blancas.

Polibio se la quedó mirando con una sonrisa indescifrable, mientras asentía lentamente con la cabeza.

—Muy bien, pero te cedo las blancas con una condición.

—¿Cuál?

—Que abras adelantando el peón de rey solamente una casilla.

—Pero ¿por qué? Si no te tengo miedo, no creas...

—No es por eso, es que quiero probar un par de cosas si no te importa. Paquita se ha negado a aprender siquiera como se mueven las fichas, se atasca siempre en el caballo, y Benito juega fatal, por eso te lo digo...

Manuela movió el peón de rey mientras su adversario le preparaba una copa.

—¡No es posible! —exclamó al contemplar la primera jugada de las negras, y clavó los ojos en Polibio, que la miraba y se reía. Benito, auténticamente interesado en la partida, apartó un momento los ojos del tablero, y se decidió por fin a prestar atención a Paquita, que le tiraba frenéticamente de la manga.

—¿De dónde has sacado a esta tía tan rara? —le preguntó en un susurro apenas le tuvo enfrente.

—La recogí por la calle.

—¡Venga ya!

—La encontré en la calle, en serio... No conseguía verle la cara y me dio por seguirla hasta el Jardín Botánico. Me pidió diez duros para entrar y se los dejé, así nos conocimos.

—Está muy bien —murmuró Paquita, aprobando con la cabeza—. Me gusta, es... muy rara, pero me cae bien.

Manuela, que afrontaba ahora el segundo movimiento de su contrincante, miraba las piezas como si lo que veía aún no fuera posible.

—Pero tú ¿qué te has creído, tío? ¿Que soy gilipollas?

Polibio, riéndose ya a carcajada limpia, movió de nuevo, ella le respondió muy rápido, él volvió a mover.

—Muy bien, tú lo has querido. ¡Jaque mate! Y no hay revancha, no te la mereces si has llegado a pensar que podías reírte de mí de esa manera.

Benito, absolutamente perplejo, se acercó a la barra para contemplar al rey negro encerrado por sus propias piezas y a la dama blanca, apoyada por uno de sus alfiles, imposibilitándole cualquier salida. Intentó buscar una solución, pero el mate era irreversible. Manuela había ganado en cuatro o cinco jugadas. Polibio se retorcía de risa, ella acabó riéndose también, sólo de verle.

—¿Qué ha pasado?

—Nada —contestó su amigo—. Que soy imbécil...

Manuela dedicó a su contrincante una mirada socarrona.

—¿Se lo cuentas tú o se lo cuento yo? —la respuesta del

vencido fue una nueva carcajada que ella interpretó como una invitación—. Vale. Pues esto se llama el mate del pastor, y es el primero que se enseña a los niños pequeños, yo no debía de tener más de siete u ocho años cuando me lo explicaron. Se llama así por una historia muy antigua..., te la puedo contar, a ti te gustan mucho esas historias. Bueno, pues érase una vez, hace muchos años, un pastor que estaba con el ganado en el campo, y en esto apareció un coche lleno de pijos de la ciudad que venían de excursión. Sacaron un mantel y una cesta con la merienda, y se instalaron en medio de un prado. El pastor, que se aburría, se acercó un poco para mirarles y descubrió que llevaban también un tablero de ajedrez. Entonces decidió presentarse, les saludó, dijo cómo se llamaba y señalando el tablero, comentó que él también sabía jugar. Al escucharle, el más gilipollas de todos los gilipollas que estaban allí pensó que podrían reírse un buen rato a costa de aquel paleto y, colocando las fichas, le preguntó si le apetecía una partida. El pastor dijo que sí, se sentó y abrió con peón de rey, porque le habían dejado las blancas. El otro, en vez de tomarle en serio, comenzó a hacer tonterías y a mover sin ton ni son, convencido de que ganaría de todas formas, hasta que dejó sin darse cuenta un hueco exactamente aquí —señaló su propia dama sobre el tablero—, y perdió, claro. No tenía nada que hacer. Este es el mate más rápido de todos. Tu amigo se creía que yo no me lo sabía...

—Porque no te conoce —explicó él, y volviéndose hacia Polibio añadió—, ella se sabe todas las historias.

—Ya lo veo, y lo siento. Espero que no estés enfadada, sólo quería tomarte el pelo un rato. No tienes aspecto de buena jugadora ¿sabes?

—Me lo imagino, pero no pasa nada —Manuela sonreía, satisfecha del tácito reconocimiento de su calidad de ajedrecista—. Podemos jugar otra, incluso una Alekhine si quieres, la conozco bien.

—Sí —dijo Polibio, haciendo ademán de devolver las pocas figuras que se habían movido a su posición inicial.

—No —intervino Benito, sujetándole por el brazo—. Ni hablar. Ahora nos vamos a cenar, estoy muerto de hambre, luego jugáis todo lo que os dé la gana.

—Pero si yo no puedo irme. No puedo cerrar el bar a estas horas...

—¡No vas a poder, si lo tienes siempre vacío! —Paquita se había levantado y se estiraba la minifalda con la mano, prueba inequívoca de que había decidido salir a la calle.

—Bueno, si os vais a poner así... —recogió los vasos que quedaban sobre la barra, se quitó el delantal y levantó el extremo plegable del mostrador para reunirse con los demás al otro lado, pero antes de salir, se quedó mirando a Manuela mientras se frotaba el entrecejo con un dedo—. ¿Te importa que te pregunte un par de cosas?

—¿A mí? No...

—¿Cómo se te daba de pequeña el cálculo mental?

—Pues... regular, no sé, como a todo el mundo.

—Ya. Es decir, que, por ejemplo, nunca has sido capaz de hacer cincuenta operaciones aritméticas seguidas sin apuntar antes las cifras ¿no?

—No, claro que no. Pero... es que no te entiendo. ¿Por qué me preguntas eso?

—Cosas mías... Y ¿te ha dado alguna vez por pintar cuadros grandes y complicados sin saber muy bien por qué lo hacías, ni qué significaban?

—No.

—Muy bien, pues vámonos a cenar.

—¡Alabado sea Dios!

La exclamación de Paquita, que tomó a Manuela del brazo para conducirla hacia la puerta, impidió que ésta comenzara a su vez el turno de preguntas. Benito, en cambio, no se resistió a hacerlo. Recordando el bote de leche condensada que había dejado al entrar sobre una mesa, indicó a las mujeres que se adelantaran y se acercó a su amigo, que estaba apagando las luces.

—Toma. Hemos traído esto para ti. Es un regalo.

Polibio cogió el bote, lo agitó un par de veces y le devolvió una mirada perpleja.

—¿Qué pasa, que no me merezco una lata entera?

—El resto se lo ha comido ella.

—¿Cómo?

—A cucharadas.

—¿Qué?

—Es una manía como otra cualquiera.

—Si tú lo dices.

—Bueno, ella no es muy corriente.

—De eso ya me he dado cuenta.

—Pero ¿por qué le has preguntado esas cosas?

—Pues..., no sé, porque soy imbécil, ya te lo he dicho. Me ha sorprendido mucho que supiera jugar, y en realidad es una tontería, porque ella tiene razón, el mate del pastor es lo primero que se aprende, lo sabe todo el mundo, es cierto. Y sin embargo, no sé, hay algo que me ha parecido raro en ella, es una estupidez, pero de repente me ha dado por pensar que podía tratarse de un caso de inteligencia automática.

—¿Qué?

—Inteligencia automática. ¿No has oído hablar nunca de los calculadores prodigiosos?

—No.

—Son personas, a veces incluso niños, que careciendo parcial o totalmente de instrucción y arrojando unos coeficientes de inteligencia mediocres, poseen una misteriosa capacidad para el cálculo mental que les permite realizar larguísimas secuencias de operaciones aritméticas de forma instantánea. No fallan jamás, y nadie es capaz de seguirlos. No se sabe por qué son así, pero se ha especulado con la hipótesis de que estén poseídos por seres superiores, tal vez incluso habitantes de otro planeta, relacionando su caso con el de otros individuos que de repente, a los cincuenta años por ejemplo, y sin haber sabido dibujar jamás, comienzan a pintar o a esculpir obras enormes, a menudo abstractas, muy complicadas y técnicamente perfectas, que no saben explicar, ni entienden. Ellos dicen que pintan por una necesidad imperiosa, como si una voz interior les ordenara hacerlo, pero, en algunos casos, de repente lo abandonan todo y vuelven a ser incapaces de ponerle cuatro patas a una vaca.

—Y aunque ese mate lo conozca todo el mundo, excepto yo, por cierto, has pensado que la capacidad de Manuela para jugar al ajedrez podría entenderse de esta manera...

—Sí.

—Pero hay mucha gente que sabe jugar bien al ajedrez y no son necesariamente personas geniales.

—Claro. Ha sido un espejismo, ya te lo he dicho. No he andado muy rápido, la verdad.

Paquita se asomó por la puerta del bar para meterles prisa moviendo enérgicamente una mano. Ellos obedecieron sin llegar a darse cuenta, emprendiendo lentamente el camino.

—Y ¿qué piensas ahora?

Polibio se volvió para mirarle y sin dejar de andar le puso una mano en el hombro y sonrió.

—Es una princesa —Benito denegó con la cabeza, él insistió—. Por supuesto que sí, no te fíes de las apariencias. Es una princesa, estoy seguro. A veces son feas, maleducadas, o hasta un poco salvajes, como ésta, pero siempre acaban descubriendo el guisante debajo del colchón, no lo dudes...

Su madre, acuclillada delante del armario, movía las manos muy deprisa, girando bruscamente la cabeza de vez en cuando para echar nerviosas ojeadas en su dirección. El, apoyado en el quicio de la puerta, no conseguía apartar la vista de ella, aunque sabía de sobra que su misión consistía en vigilar el pasillo. No había recibido más explicaciones y le hacían falta, porque no le gustaba nada lo que veía, la mísera aventura en la que se había embarcado sin preguntar, simplemente porque ella se lo había pedido, como otras veces. Ahora el tiempo pasaba demasiado despacio, y la sencilla tarea de registrar un espacio tan pequeño parecía convertirse poco a poco en una proeza sobrehumana, irrealizable en el breve trayecto de los recados falsamente imprescindibles, una pistola más, otra madeja de cordel para atar el pollo y un litro de vino blanco para guisar, que su madre había encomendado a Merche con el neutro acento de mujer simpática al que recurría siempre que necesitaba mentir. Luego, por fin sincera, le había reclamado para encerrarse en el cuarto de la ausente, donde llevaba un buen rato agitando los brazos a un ritmo progresivamente frenético, los pies cubiertos de ropa, faldas, camisas y jerseys que volaban de los cajones al suelo, sin encontrar aún lo que buscaba, y él vigilaba el pasillo y se sentía cada vez peor, porque Merche era una buena chica, divertida y cariñosa, hasta un poco loca, y le caía muy bien, tanto que ya casi no llegaba a echar de menos a Plácida, aunque su madre siempre anduviera protestando por la cantidad de tiempo que pasaba colgada del teléfono. Además, no se registran los armarios ajenos, él lo sabía, y ella también, ella tenía que saberlo a pesar del aplomo con el que actuaba, sin dar explicaciones, sin dudar un momento, sin detener nunca la búsqueda.

El cerrojo de la puerta de la calle chirrió pesadamente cuando apenas se habían extinguido los agudos ecos de un alarido triunfal. El escuchó a su izquierda el repiqueteo de unos tacones que se alejaban, y dedujo que Merche pasaría por la cocina para dejar las cosas antes de ir a su encuentro, pero la pausa ya no tenía ningún valor, porque su madre había descubierto el tesoro escondido y sonreía a medias, los brazos cruzados, la puntera del pie derecho marcando tenazmente un ritmo mecánico, en los dedos un formulario blanco con varias columnas de cifras y una firma, cuyo encabezamiento, análisis clínico, escrito en letras versales, él podía leer aunque no lo comprendiera.

Merche tardaba en llegar, seguramente se estaría tomando una coca-cola fría, de ésas cuya repentina desaparición irritaban tan profundamente a la mujer que ahora, tranquila y terrible, estaba a punto de abrir la boca para chillar, para llamarla, cuando unos pasos preludiaron su inminente aparición tras la esquina del pasillo. El volvió la cabeza y la encontró allí, acercándose con una sonrisa confiada, sin presentir nada extraño al verle apoyado en el quicio de su puerta. Dudó un instante entre devolverle la sonrisa o imprimir a su expresión una severidad más acorde con la inminente escena que presentía, pero al final optó por agachar la cabeza y clavar los ojos en el suelo. Notó que pasaba a su lado porque el vuelo de su falda movió el aire, pero no contestó a su saludo. Escuchó la exclamación de sorpresa, de susto casi, que provocó en ella la visión de su madre, el ritmo crecientemente histérico del repiqueteo de su zapato contra el suelo, y luego un sollozo. Entonces, sin saber muy bien por qué, se 'acercó para cerrar la puerta y se fue de allí.

Sin embargo, un par de horas después ya se había enterado de todo. Merche estaba embarazada y su madre la había despedido. La escuchó mientras se lo contaba a su padre con el acento indignado y dolido a un tiempo con el que se recapitulan los testimonios de la propia mala suerte, como si el acontecimiento no tuviera otra dimensión que el de una deslealtad hacia sí misma, y encima a un par de meses de las vacaciones de verano, repetía, eso era lo peor. El, agazapado en el pasillo, no reaccionó al principio, estremecido por la revelación de que una chica sin marido pudiera tener un hijo, pero luego recordó a Adela, y la fiesta de la que Carlitos y ella regresaban aquella noche cuando le encontraron en el descansillo, doña Elisa les había invitado porque había tenido una niña. Entonces decidió que a pesar del disgusto que la noticia parecía haber provocado en todos los habitantes de la casa, al menos él debería hacer algo, así que volvió sobre sus pasos y se apoyó de nuevo en el quicio de la puerta. Merche hacía la maleta y lloraba sin parar, comportándose como si no se hubiera dado cuenta de su llegada. Esperó en vano a que le devolviera la mirada, y al final tosió un poco antes de decir que se alegraba mucho de que estuviera embarazada. Ella le echó a gritos de su cuarto sin levantar los ojos de la ropa, él se quedó parado en medio de la puerta, como si no hubiera entendido bien, hasta que un portazo furioso terminó de desconcertarle por completo, ahora que ya sabía que su madre podía portarse mal.

Aquella noche, Merche solamente se despidió de él antes de marcharse de casa. Sin embargo, sus besos ya no le afectaron. Tras considerar en conjunto y por separado los factores a favor y los factores en contra, había decidido seguir amando sin condiciones a la husmeadora de armarios.

Si al entrar en casa hubiera detectado algún indicio de su presencia, tal vez todo habría sido menos violento, pero nada le sirvió de aviso en el vestíbulo, y recorrió el pasillo, entró en el baño y pasó por la cocina sin que una bolsa de plástico vacía, o un pañuelo de papel arrugado, o un vaso sucio en el fregadero, cualquier cosa nueva o fuera de lugar le permitieran suponer que estaba allí, esperándole.

Ella no tenía una llave, al menos él, fiel siquiera en eso a su palabra, nunca le había dado una, y sin embargo había entrado en su casa, y estaba sentada en el suelo del salón, hecha un ovillo sobre sí misma, la barbilla apretada contra el pecho, el torso pegado a las piernas dobladas, los brazos rodeándolas, y el pelo negro cubriéndolo todo, excepto el brillo de alguna lentejuela y los rígidos pliegues finales de su falda de tul amarillo. Se asustó mucho al verla, porque en un primer momento fue incapaz de identificarla entre aquel montón de pelo, tela y carne tan confusamente repartidos, pero había ya establecido su identidad cuando ella levantó la cabeza y le miró como pudo, con aquellos grandes discos de plástico dorado que caían sobre sus párpados desde la ridícula cadenita que surcaba su frente de un lado a otro.

—Siéntate.

No se movió, absorto en la tarea de averiguar el sentido de aquel disfraz.

—Siéntate, por favor, anda...

Cuando finalmente quiso complacerla, ella alargó un brazo hacia atrás y él pudo escuchar, tras un clic, una música absurda que oyera una vez y nunca después había podido olvidar, la extravagante mezcla del bolero de Ravel con ritmo funky que utilizaba Paquita como fondo para desnudarse en el mísero número que representaba cada noche. Mientras la reconocía, trataba de mantener los ojos apartados de Manuela, que le tendía los brazos desde lejos e intentaba en vano levantarse sin apoyar las palmas en el suelo. Hubiera preferido no tener que mirarla nunca, porque ya en los primeros compases de su estridente preludio musical se había sentido capaz de anticipar la secuencia completa de los acontecimientos futuros, pero la figura semidesnuda que avanzaba hacia él envuelta en una falsa nube de tules amarillos parecía ocupar íntegramente el espacio disponible, invadiendo todo su campo visual. Cargando su peso sobre la pierna derecha, rígida, hacía oscilar violentamente las caderas y sonreía, incapaz de absorberle en su propio entusiasmo, porque él la veía aún, y veía los gruesos tramos de elástico negro que alguien, seguramente Paquita, había insertado en la franja superior de la falda, justo encima de cada uno de sus muslos, para que diera de sí lo suficiente aun al precio de clavarse inmisericordemente en una carne que parecía querer huir despavorida, acumulándose en temblorosos montones por encima y por debajo de la frontera de goma oscura, como escapaban sus pechos del ridículo armazón metálico y recubierto de pedrería barata al que se reducía la parte superior del traje, aplastándose sobre sí mismos, trepando hacia arriba en una carrera inverosímil hasta anular la sombra de la clavícula, llevaba anillos en los dedos de los pies y tenía los tobillos hinchados, la fragilidad de la cadena que rodeaba su cintura acentuaba la pesadez de un vientre lleno y rugoso, presidido por el gran ombligo reluciente de sudor, y bailaba, se movía poco pero bailaba al ritmo de la melodía incomprensible, los brazos rígidos, las piernas torpes, el resto temblando angustiosamente como un castillo de gelatina.

Fue entonces cuando invocó la ceguera voluntaria que le había salvado tantas veces, cuando era un niño aún, y después, la ilusión de inconsciencia que latía tras su constante amor por Teresa, la convicción del pasatiempo inocente que había salvaguardado de sí mismo, de su propia lucidez, la descabellada correspondencia sostenida en otros tiempos, la falsa impasibilidad maquillada de mezquina solidaridad de clase que le había permitido seguir queriendo a su madre cuando despidió a Merche porque se había quedado embarazada a sólo dos meses de las vacaciones de verano. Entonces, mientras la miraba bailar y se obligaba a no perder los nervios, intentó salvarla, quedarse con ella, pero se estaba haciendo viejo, y el frío que le impulsara a recuperarla era cada vez más intenso, y ya no había margen para una rendición razonable.

Sus ojos no se cerraron, sus párpados no arrastraron consigo a su conciencia. Disponía de diversas opciones, y eligió la peor, porque era la mejor para ella. Cuando la derribó encima de la alfombra no estaba muy seguro de contar con garantías suficientes para desempeñar airosamente su papel, pero, a medida que fue liberando su cuerpo de gomas y tirantes, desvelando las profundas marcas rojizas que lo surcaban, se encontró mejor y pudo dejar de pensar en ella. Consiguió apagar la grabadora con la punta de un dedo y la penetró, y todo fue bien por última vez.

Manuela roncaba ruidosamente. El no la había escuchado roncar hasta entonces, pero le pareció natural que lo hiciera aquella noche. No podía dormir, tampoco lo pretendía. La punta de un pequeño cuchillo curvo, con el filo dentado y el mango de madera, que no recordaba haber comprado nunca, dibujaba diminutos puntos oscuros sobre la piel de su antebrazo. Supuso que lo habría conseguido gracias a alguna promoción publicitaria, que vendría pegado en un paquete de leche, o en una botella de aceite, bajo algún rótulo de letras chillonas, regalo útil, premiamos tu confianza, mejoramos tu cocina o algo así. Lo deslizó con cuidado sobre su brazo, desde el hombro hasta la muñeca, para provocarse un escalofrío de placer. Estaba amaneciendo y se preguntó qué haría con ella. La contempló mientras dormía con la boca abierta, los brazos plácidamente extendidos a ambos lados de su cuerpo, las piernas ligeramente separadas, como si estuviera concentrada en absorber todo el sol del primer día de un verano. Recorrió despacio su cuerpo con los ojos, valorando la profundidad de un perfil que jamás podría ser íntegramente perforado por el filo de un cuchillo tan pequeño como el que ahora bailaba sobre su mano, y le asaltó la idea de que nunca en su vida hallaría un momento mejor que aquel para probar qué ocurre cuando un puñal se hunde lentamente en la piel de un ser vivo. La familia de ella no le conocía, y en el bar de debajo de su casa tampoco sabían quién era, porque siempre dejaba sus mensajes como Aristarco. De Polibio podía fiarse, no pertenecía a ese tipo de gente que es capaz de vender a un amigo, sea inocente o no, a la policía. Seguramente lo descubriría todo apenas leyera la noticia en los periódicos, pero, aunque le despreciara y le condenara en su interior, aunque jamás volviera a dirigirle la palabra, aunque le escupiera su crimen a la cara cada mañana, Polibio le protegería, seguro. Lo de Paquita estaba menos claro excepto en el caso de que lograra que no se enterara de nada hasta que hubieran pasado un par de días, porque entonces entregarle a él implicaría entregar también a su propio novio como encubridor, y ella no cometería nunca una traición tan clásica de las mujeres decentes. Además, con un poco de suerte, nadie hallaría nunca el cadáver. Si comprara una sierra mecánica robada en cualquier puesto del Campillo, y la descuartizara con cuidado en la bañera, podría meter los trozos fácilmente en seis o siete bolsas de basura de plástico negro, y en una sola noche, antes de llegar a la plaza, ir soltando cada una de ellas en un contenedor de basuras diferente. Podría revender la sierra al día siguiente en el mismo Rastro, o dejarla simplemente en el suelo, como por descuido, al lado de un puesto de destornilladores o de autorradios también robados. El chorizo de turno no resistiría la tentación de quedársela gratis. La sangre no sería un problema, porque si trabajaba con el tapón puesto y luego soltaba el grifo del agua fría hasta que la bañera amenazara con rebosar, lo que escaparía por el desagüe sería un líquido rosa claro nada comprometedor y muy fácil de limpiar. Lo malo sería que el triturador municipal no pudiera con el cráneo, y el mecanismo se atascara cuando la cara de la muerta fuera todavía identificable. Resultaría más seguro romperle la cabeza con una maza, y quebrar después quizás los brazos y las piernas, que tienen huesos tan largos. No sería desde luego una tarea agradable, pero tampoco le llevaría mucho tiempo.

Manuela se movió hasta quedar tumbada de perfil, con la cara vuelta hacia el sillón donde él estaba sentado, junto a la ventana. Sonrió. Estaba mucho más guapa cuando dormía. Sintió una estúpida necesidad de ir hacia ella, para oler su pelo o besarla en la frente sin que se diera cuenta, y se levantó, pero entonces notó el contacto desconocido de algo húmedo y tibio que se deslizaba despacio a lo largo de su brazo. Intrigado, salió de la habitación y encendió la luz del pasillo. La naúsea, inmediata, impidió que dejara escapar un grito al contemplar su propia sangre, dos o tres delgados hilos rojos que brotaban simultáneamente de una herida intermitente, alargada y de apariencia superficial, situada muy cerca de la muñeca, el resultado de su ensimismamiento previo en la mecánica de un crimen que no podría cometer jamás, ni siquiera si pretendiera hacerlo. Corrió hacia el cuarto de baño para vomitar y sintió que se vaciaba por dentro, pero para entonces pudo escuchar el chapoteo de la sangre que goteaba ya sobre el suelo, salpicando sus zapatillas de pequeñas manchas rojas y redondas. Sinceramente alarmado, se propuso vencer su repugnancia y lavó la herida con cuidado, antes de esconderla bajo un algodón empapado de mercromina que fijó a su piel con dos tiras de esparadrapo excesivamente largas.

Volvió a su cuarto y se vistió sin saber muy bien por qué lo hacía. Ya era de día. Cuando encendió la luz de la cocina para hacerse el desayuno, se dio cuenta de que una pequeña mancha granate había aflorado a la superficie de tela adhesiva, y valoró la posibilidad de acudir inmediatamente al servicio de urgencias de un gran hospital, antes de comprender que tal vez se tratara solamente de un exceso de mercromina. En cualquier caso, no parecía crecer, así que se tomó un café muy despacio, y luego otro, con un par de galletas que devolvieron finalmente su aparato digestivo a la normalidad. Calculó la fecha, era sábado, el martes volvería a trabajar, y decidió marcharse. Rescató del fondo del armario una chaqueta de lana y escribió cuatro o cinco líneas escogidas casi al azar en un folio de papel blanco que pegó con papel celo sobre el espejo del cuarto de baño, lo de anoche fue demasiado, no nos entendemos y no es culpa de nadie, no nos veremos más, lo siento. No firmó porque no lo juzgó necesario, las chicas de pueblo no creen en los fantasmas.

La ilusoria sierra mecánica que tendría que comprar para descuartizar el cuerpo de Manuela tras haberla acuchillado hasta matarla, le dio la única pista que era posible seguir en la ciudad dormida, casi muerta. Los quioscos de periódicos aún permanecían cerrados, pero el Metro funcionaba ya, aunque las ristras de vagones vacíos que pasaron ante sus ojos le parecieron un pobre esqueleto de los trenes abarrotados de siempre. Cuando regresó a la superficie en Tirso de Molina, escuchó las campanadas que señalaban las ocho de la mañana, y echó a andar hacia la plaza confiando en la eficacia del espectáculo gratuito que nunca había llegado a aburrirle, incluso cuando por fin consiguió superar aquella absurda manía de coleccionar juguetes en la que había invertido casi todo su sueldo durante una larga época, desde que se fue de casa de su padre hasta que cumplió los treinta años y empezó a sentirse viejo, y comprendió en consecuencia que el trabajoso proceso de recuperación en el que estaba embarcado carecía absolutamente de todo sentido.

Una mañana desapacible y plomiza, sus ojos tropezaron con un álbum de cromos completo de la temporada de Liga 1961-62, una réplica exacta del cuaderno de cartón que él mismo había rellenado y luego perdido, cuando el nombre de cada uno de los jugadores que encontraba retratados dentro de las bolsitas de papel que compraba en el quiosco de los periódicos, a la salida del colegio, todavía tenía un significado preciso para él. Lo levantó del suelo procurando esconder tras la aparente impasibilidad de su rostro el intenso hormigueo que se había desatado en el interior de todas sus vísceras apenas acechara la pieza tanto tiempo cercada, y lo hojeó nerviosamente, para comprobar que ya no reconocía a casi ninguno de aquellos hombres jóvenes de rostro amarillento, camisetas de colores desvaídos por el tiempo, que le miraban a su vez con una sonrisa congelada y vacía. Siguiendo un impulso mecánico, preguntó el precio y volvió a pasar las hojas una por una, buscando cualquier desperfecto, un cromo roto, mal impreso o duplicado, en el que apoyarse para obtener una rebaja, aunque desde luego la cantidad exigida le parecía muy razonable. Y sin embargo no compró el álbum. Antes de que terminara aquella mañana había decidido ya abandonar para siempre la búsqueda de objetos idénticos a aquellos cuya posesión había jalonado su infancia, porque no le devolvían a ninguna parte y ni siquiera eran los originales. La recogida de juguetes usados pero en buen estado, esta última condición generosamente subrayada en los folletos y carteles, constituía la única actividad parroquial en la que su madre participaba activamente. Todos los años, a mediados de diciembre, solía entrar en su cuarto cuando él no estaba para requisar sin muchas contemplaciones los regalos del año anterior, permitiéndole conservar solamente los que ella juzgaba mejores según su propio criterio, a menudo muy diferente del que él mismo expresaba entre berridos al regresar a casa y contemplar la indiscriminada rapiña de sus cajones y estanterías. Cuando ella se marchó, su suegra adoptó la misma costumbre, guiándose en su selección por criterios parecidos, todos los juegos con fichas pequeñas o con muchas piezas que era preciso rescatar del polvo barrido eran especialmente aptos para los niños pobres, los juguetes compactos, en cambio, podían quedarse en su sitio, así que, cuando se marchó de casa e hizo el inventario de sus pertenencias, se encontró con que los únicos vestigios materiales de su infancia que conservaba eran algunos coches, un par de balones y una raqueta de tenis que nunca había llegado a estrenar. En aquel momento, demasiado excitado por su partida y por la recién vivida aventura de haber alquilado un piso a ciegas, hablando por teléfono, no le dio demasiada importancia a las ausencias acumuladas durante años, y ni siquiera quiso llevarse consigo lo poco que pudo reunir, pero un par de semanas después, cuando recorría las carpinterías más baratas de Cascorro en busca de una mesa y algunas sillas de madera de pino con las que empezar a amueblar una casa vacía, reconoció inmediatamente un dibujo de colores chillones sobre la tapa de una caja de cartón reforzada en las cuatro esquinas con tiras de cinta adhesiva, y no resistió la tentación de acercarse al puesto, una manta con cuatro o cinco objetos de lo más variado, desde una maquinita de plástico para eliminar las migas de pan de los manteles hasta algunos chupones de cristal procedentes de alguna araña desguazada tiempo atrás, para reencontrarse con la Vuelta Ciclista a España que él mismo había poseído una vez. El juego estaba completo, cada ciclista en su compartimento y los coches de los entrenadores en el centro, y las pancartas, y las señales de tráfico, y las bicis de repuesto. Se asustó un poco al escuchar el precio, pero lo compró de todas formas, y su casa siguió estando vacía por algún tiempo, mientras localizaba un mecano, y un juego de química, y un futbolín idéntico al que le habían traído los Reyes cuando tenía ocho años.

Ahora todos aquellos juguetes estaban guardados y ya no eran nada más que otro agujero blanco, limpio y vacío, en una invisible pared amarillenta, pero mientras recorría lentamente la acera buscando un bar abierto donde desayunar por segunda vez, se dio cuenta de que todo aquello no había cambiado mucho. Pudo reconocer a dos o tres coleccionistas de juguetes con los que había competido alguna vez, y saludó a algunos de sus antiguos proveedores, que le tributaron la entusiasta acogida digna de una oveja gorda que vuelve al redil, asombrados y felices de verle por allí otra vez a la hora buena, fiel a la vieja cita que durante años le había arrancado de la cama cada sábado y cada domingo antes aún del momento en que la abandonaba para ir a trabajar el resto de los días de la semana. Pero aquella mañana no compraría ningún juguete. Se los quitó de encima como pudo y encontró por fin una mesa vacía junto al escaparate de un bar bien situado. La ocupó y permaneció allí durante más de una hora, contemplando la prolongada génesis del mercado semanal hasta que el sol se hizo notar, y las calles comenzaron a llenarse de gente. Cuando calculó que Manuela estaría ya despierta, salió del bar y echó a andar él también calle abajo.

Llegó a sorprenderse de la enorme variedad de cosas que veía sobre las aceras y cuya existencia, cegado por la pasión exclusiva del coleccionista, había ignorado durante años. Robó una espumadera de aluminio que reposaba junto a otras iguales en una tina de barro, a la entrada de una tienda que parecía desierta, por el mero impulso de robarla, y compró muchas otras cosas innecesarias, un viejo sacapuntas de manivela íntegramente oxidado, un picaporte en forma de sirena, un bolígrafo con una chica vestida que se desnudaba lentamente al invertirlo, una bola de algo que parecía marfil y nadie sabía de dónde había salido, y una gran chapa de hojalata donde la figura de una tenue adolescente, tan pálida y delicada como pudiera serlo una doncella prerrafaelista calzada con patines de hielo y tocada con una boina caída sobre la frente, su imposible pelo amarillo limón el único detalle de color sobre el blanco rabioso de su ropa y de su piel, anunciaba una marca de chocolates de Valladolid sosteniendo graciosamente una taza humeante con la mano izquierda. Absorto en su extraña belleza, que era fría y caliente y neutra al mismo tiempo, había decidido ya volver a casa cuando escuchó los gritos airados de un grupo de mujeres. Le costó trabajo localizar la procedencia de las voces, pero el progresivo volumen de lo que pronto degeneró en una violenta discusión y el creciente flujo de los curiosos, le condujeron finalmente a un puesto instalado en una pequeña calle lateral. Un hombre vendía media docena de cachorros de perro que permanecían ajenos a todo, adormilados dentro de una gran caja de cartón, y tres mujeres de mediana edad, con uniforme de ciudadanas progresistas, le recriminaban ácidamente su actitud, exigiéndole licencias, certificados de vacunación y otros papeles de los que evidentemente el vendedor carecía, sinceramente conmovidas por los perritos que, apenas nacidos, habían sido arrancados de su madre. Poco a poco se fue formando un pequeño tumulto, y otras voces se sumaron a las primeras para derramar un torrente de insultos ante la absoluta indiferencia de aquel individuo, que rompió su mutismo sólo al final para ofrecerse a regalar los cachorros. Entonces se hizo el silencio de golpe, porque nadie quiso llevarse ninguno. El advirtió que no podía quedárselos, y que si no se deshacía de ellos vivos, tendría que matarlos, pero cuando terminó de hablar, la multitud ya se había desvanecido por completo.

El, que había contemplado toda la escena desde la acera opuesta, se adelantó unos pasos y preguntó si alguno de los animales estaba enfermo, el vendedor le respondió que no, que simplemente estaban flacos, entonces anunció que estaba dispuesto a llevarse el más grande, aquel hombre levantó los ojos para mirarle y colocó al animal en una caja de cartón que perforó por los lados con la punta de un bolígrafo para dejar pasar el aire, él le pidió que cerrara la caja por arriba con un cordel porque no quería mirarlo, y anduvo deprisa, corriendo casi, hasta la primera calle abierta al tráfico y tuvo suerte, el taxi detenido en el semáforo estaba libre, y a su conductor no le importaba para nada lo que su cliente llevara entre sus brazos siempre que no expusiera a ningún peligro la tapicería del asiento trasero, el perro se portó bien de todas formas, no se movió apenas, y no tardaron mucho en llegar a casa, él se detuvo a respirar un instante la fría humedad del portal como si fuera una especie de serenidad, y subió las escaleras despacio, al acecho de las cucarachas ausentes, dormidas quizás, o muertas, temiendo encontrar a Manuela arriba, dormida también, o despierta, consciente, llorando o sonriendo todavía, estaba casi seguro de hallarla al hacer girar la llave en la cerradura y empujar la puerta, pero la casa estaba vacía, lo comprobó exhaustivamente, habitación por habitación, hueco por hueco, tras posar con cuidado la caja de cartón sobre el suelo del vestíbulo, en el colgador clavado tras la puerta del baño no había más que un albornoz, lo descolgó con un suspiro de alivio, profundo y artificiosamente provocado por sí mismo, mientras sentía decrecer la opresión sobre su diafragma y le asaltaba la tentación de liberar al cachorro, colocarlo en el vestíbulo y cerrar la puerta, simplemente, tal vez bajarlo a la calle, o dejarlo en la plaza, solo, vivo, entonces miró un instante hacia el espejo y no vio más que un trocito de papel celo donde antes había dejado la nota, pero el perro iba a morir de todas formas, estaba condenado, sus hermanos seguramente habrían expirado ya, asfixiados en el breve recinto de una bolsa de plástico, los bordes firmemente soldados por los dedos del dueño de su madre, porque su madre era una perra y no había sitio para ellos en ninguna parte, y nada más, con el albornoz colgado de un brazo regresó al dormitorio y recogió del asiento de la silla situada junto a la ventana el pequeño cuchillo de perfil curvo y filo dentado que no recordaba haber comprado nunca, se preguntó si ella se habría fijado en él al despertarse pero no llegó a responderse, porque su mano temblaba, y el arma entre sus dedos, lo mejor sería acabar cuanto antes, regresó deprisa al vestíbulo y volvió la cabeza un par de veces, porque el pasillo vacío estaba lleno de gente normal, tranquila, sana, que le miraba, levantó la caja bruscamente y se precipitó con ella hacia los balcones del cuarto de estar, persiguiendo la luz brutal y tranquilizadora de los mediodías, se arrodilló en el suelo y no se decidía, también matan a los pollos que se comen los niños, y a las vacas en los mataderos, y sacrifican a los peces en las redes, y arrancan las lechugas del suelo de los huertos blandos y húmedos, antes de levantar la oscura solapa de cartón microondulado cerró los ojos y la primera lágrima resbaló a ciegas sobre su mejilla izquierda, apenas llegó a tantear en el vacío, su mano tropezó enseguida con el pelo tibio, corto, un pequeño cuerpo caliente, el corazón latiendo fuerte contra la suave piel del vientre, se dijo que no sería capaz, y abrió los ojos para mirar al techo, lloraba, los girasoles le daban naúseas, el cachorro estaba condenado a muerte, moriría de cualquier manera porque su madre no era más que una perra, y no había sitio para él en ninguna parte, cerró de nuevo los ojos y lo envolvió tan fuerte como pudo en la felpa del albornoz, confiando quizás en que muriera asfixiado, igual que sus hermanos, antes de que transcurriera el tiempo preciso para ejecutarlo, pero el animal comenzó a chillar y a revolverse, podía sentir sus sacudidas desesperadas, sus patas arañaban la tela y su aliento quemaba su piel de hombre, le sujetó fuerte contra su propio vientre con el brazo izquierdo, y aferró el cuchillo con la mano derecha, vaciló por última vez, todo su cuerpo temblaba, y levantó su brazo en el aire y se vio sin mirarse, repugnante como un sacerdote sanguinolento y estúpido, y asestó la primera cuchillada y no sintió nada, el animal chillaba y se revolvía, pero su mano ya no se detuvo, le apuñaló otra vez, y otra, y otra, sin sentir nada, hasta que cesó cualquier resistencia, y sólo se escuchó la sangre, el rumor de un cuerpo muerto que se vaciaba, y hundió por última vez el cuchillo en el cadáver de un cachorro de perro callejero, y valoró la resistencia de la piel, el viaje del filo que penetra en la carne blanda y todavía templada, el ritmo de la muerte, lo bajo de su precio, y no sintió nada, lloraba como un niño perdido y no podía sentir nada en absoluto.

Luego actuó precipitadamente, sin detenerse a pensar en lo que hacía. Depositó en el fondo de la caja el cádaver de su víctima, envuelto todavía en el albornoz, el cuchillo, y toda su ropa. Completamente desnudo, corrió hacia la cocina, llenó el cubo de la fregona en el lavadero, cogió un par de trapos y regresó al cuarto de estar. Frotó a conciencia el suelo de madera sobre el que apenas había sido capaz de detectar un par de gotas oscuras porque él mismo, su camisa y sus vaqueros, habían absorbido casi toda la sangre, y desguazó un periódico atrasado para construir un colchón de papel sobre el que colocó con cuidado la caja, temeroso de que el líquido rojo que aún pudiera quedar en las venas del cachorro sacrificado pudiera traspasar el cartón y llegar al suelo. No quería tropezarse después con ninguna huella de la vida o la muerte de aquel perro. Cuando estuvo seguro de que esto no sucedería, se metió por fin en la bañera y abrió el grifo de la ducha, y permaneció debajo del agua hasta que sintió que su piel se arrugaba. Luego se vistió deprisa y salió directamente a la calle, sin mirar ni una sola vez a través de las puertas del cuarto de estar. En el descansillo del primer piso consiguió dejar de llorar.

Desperdició lo que quedaba de mañana vagando por las calles, y parándose ante todos los puestos que encontraba para comprar algo de comer, hasta que se hartó sin lograr que desapareciera de su estómago la sensación de vacío que hasta entonces se había propuesto identificar al menos en parte con el hambre. A las cuatro y media se metió en un cine de la Gran Vía sin mirar siquiera el título de la película, y se encontró con una comedia americana. A las siete intentó entrar en el cine de al lado, pero era sábado y había mucha cola, así que tuvo que andar un buen trecho hasta que encontró una taquilla semidesierta, y se metió en otro cine para contemplar otra comedia americana casi peor que la anterior. Cuando salió de allí, entró en un bar y bebió cerveza mientras las aceras se vaciaban y se llenaban de nuevo. A las diez ya no tenía ganas de seguir su plan inicial y ver una tercera película, pero cruzó la avenida y se perdió por una calle lateral hasta que encontró un multicine X. Esta vez sí contempló las fotos con detenimiento, antes de convencerse de que ninguna de las mujeres que aparecían en ellas le gustaba. Eligió una sala al azar, pero agotado por la repetición incesante de la misma situación en el mismo coche descapotable blanco, fue incapaz de soportar la película más de media hora. Regresó a casa andando, y empezó a sentirse mejor cuando comprobó que las obras del edificio que estaban rehabilitando en la esquina de Palma con San Bernardo no habían terminado, y el pesado contenedor de hierro pintado de gris, sólo lleno a medias de cascotes y de arena, seguía en la acera, no demasiado lejos, no demasiado cerca de su casa.

Y, sin embargo, le costó trabajo alcanzarlo porque, aunque la caja de cartón no pesaba mucho, era demasiado voluminosa como para manejarla cómodamente, y dio un par de traspiés en la escalera. Recorrió el breve tramo andando despacio y mirando en todas las direcciones, pero no vio a ningún guardia municipal durante el trayecto, y se deshizo del paquete sin complicaciones. Cuando volvió a casa, llamó por teléfono a su padre para que le invitara a comer al día siguiente, y se esforzó en contestar con normalidad a las angustiadas preguntas del anciano que apenas le veía un par de veces al año, incluido Navidad, y que parecía sinceramente alarmado por su llamada, tan distinto ese hijo que había salido raro de las niñas, que cada domingo iban a comer con él, llevando consigo a sus dos yernos y sus cinco nietos, por eso se lo advirtió claramente, que no tenía dinero, para sus hijas quizás, pero no para él, que le tenía abandonado en aquel piso oscuro, y vivía a su aire, despreocupado del asma y del aburrimiento, invencible ya, de su padre viejo. El escuchó con paciencia el desgastado alegato que apenas había variado en una sílaba durante años, y repitió varias veces que no había perdido el empleo, que no había dejado embarazada a ninguna chica y que no le perseguía ninguna mafia, no necesitaba dinero y tampoco quería hablar de mamá, quería comer con él y ver a sus sobrinos, simplemente, y se mantuvo firme en esta versión hasta que su padre, levemente decepcionado por la vulgaridad de su mensaje, se tranquilizó y le advirtió que, si no estaba sentado a la mesa a las dos en punto, empezarían sin él, amenaza equivalente a una despedida convencional.

Cuando colgó, le apetecía tan poco la comida familiar como cuando había marcado el número, pero ni siquiera entonces encontró una fórmula más cómoda y segura de echar a perder el día siguiente, porque él llegaría a las dos menos cuarto, pero no empezarían a comer hasta las tres y media, y en el postre Belén se cabrearía con su marido porque éste le preguntaría de qué le servía estar toda la semana a régimen si los domingos se atiborraba de pasteles, y algún niño vomitaría, y Gonzalo, el hijo mayor de Silvia, que era muy listo y el único que parecía apreciarle en algo, pondría la televisión y le llamaría, y verían juntos el baloncesto, o el fútbol, o lo que fuera, y cuando se quisiera dar cuenta, ya serían las nueve o las diez de la noche.

Las páginas sueltas del periódico deshecho seguían apiladas en el suelo. Al agacharse para recogerlas, sus ojos tropezaron con dos o tres titulares de una página de sucesos, pero aunque una frase, «cocía cartas de amor y se bebía el caldo», le llamó poderosamente la atención, no quiso detenerse a leer las columnas que encabezaba, y tiró todos los papeles a la basura sin enterarse de que el cadáver de una mujer esquizofrénica de cincuenta y siete años había sido hallado en su casa varios días después de su muerte, provocada por un paro cardíaco. Los vecinos del inmueble, situado en el barrio de Campamento, avisaron a la policía al detectar el mal olor que despedía el piso. Cuando forzaron la puerta, los agentes hallaron a María G.R. tirada en el suelo, en medio de un desorden indescriptible. La difunta, que había recibido tratamiento psiquiátrico en varias ocasiones, se ganaba ocasionalmente la vida revendiendo en la calle las flores que compraba a otra florista callejera. Algún vecino declaró haberla visto los viernes y los sábados a media tarde, con un par de cubos de plástico medio vacíos, en las inmediaciones de la Plaza de España. En la casa se encontraron centenares de revistas y de novelas rosas apiladas contra la pared y, en los cajones de un mueble cerrado con llave, numerosas cartas de amor cuya lectura ha permitido suponer a la policía que María G.R. mantenía correspondencia con distintos hombres de todas las edades y clases sociales, a los que contactaba en la sección de comunicados y mensajes de algunas revistas de anuncios de inserción gratuita. Los restos de tinta hallados en su lengua y las páginas que flotaban en una cacerola situada sobre el fogón conducen a pensar que la difunta hervía libros y cartas de amor en agua para beberse posteriormente ésta, como si pretendiera así absorber la esencia de tales textos. Algunos servicios psiquiátricos consultados por esta redacción no se han mostrado excesivamente sorprendidos por esta práctica.

El conserje de la puerta principal le saludó efusivamente y perdió con él todo el tiempo posible, interesándose por el balance de sus vacaciones sin reparar en que éstas aún no habían terminado, pero sus compañeros de departamento acogieron con la previsible extrañeza su presencia, un día antes de lo debido. Les explicó vagamente que la idea de estar metido en casa, desgranando minuto a minuto el final del tiempo libre, le angustiaba tanto que se había decidido a ir a trabajar el mismo lunes, y parecieron creerle, al fin y al cabo todos eran subordinados suyos, y él se había ganado una cierta fama de excéntrico en los años que llevaba trabajando en esa sección.

Al entrar en su despacho se fijó en que la mesa de Marisa estaba ocupada por otra chica, y entonces recordó que su secretaria, embarazada por tercera y, según juraba besándose la uña del pulgar, definitiva vez, había pedido la excedencia meses atrás, aunque la última vez que habló con ella ya no confiaba en que se la concedieran. Los golpecitos que resonaron contra la puerta cuando apenas había tenido el tiempo preciso para sentarse en su silla le llevaron a suponer sin embargo que Marisa ya estaba en casa.

—Buenos días. Quería presentarme, soy su nueva secretaria...

Tiene pinta de llamarse Sonsoles, pensó, mientras se levantaba y estrechaba su mano. De edad incierta, en torno a los treinta años, llevaba el pelo frito y teñido con mechas rubias, la cara discretamente pintada, varias cadenitas de oro alrededor del cuello y zapatos de medio tacón supuestamente elegantes, de un tono tostado exactamente idéntico al del cuero de su cinturón y al de la piel del bolso que, por alguna extraña razón, llevaba consigo.

—Encantado. Me llamo Benito Marín, como ya sabrá... Supongo que en estos días le habrán contado suficientes cosas de mí, la verdad es que no soy muy exigente. ¿Habló con Marisa antes de incorporarse?

—Sí, estuve con ella un par de días, me lo ha explicado todo.

—Muy bien. ¿Cómo se llama?

—¿Quién?

—Usted. No me lo ha dicho.

Ella sofocó una risita nerviosa ocultando sus labios con los dedos, y no con la palma de la mano.

—Es verdad, qué despiste... Me llamo Aurea.

—Como la mediocridad... —susurró él instintivamente, sonrojándose sin remedio un instante después, mientras buscaba en el rostro de su interlocutora alguna huella de la indignación que sin duda experimentaría después de semejante metedura de pata .

—Sí... —afirmó ella en cambio, sin renunciar a esa risa pequeña que expresaba más embarazo que regocijo—, pero prefiero que me llamen Auri.

—De acuerdo, Auri.

—...Y me gustaría que me tuteara, me sentiría más cómoda.

—No sé, es que yo trato de usted a todo el mundo.

—A Marisa no.

—Marisa y yo llevábamos casi diez años trabajando juntos.

—Bueno, pues llámeme de usted, pero por favor, tenga un poco de paciencia conmigo estos primeros días, me siento un poco desorientada...

—No se preocupe. Todo irá bien, seguro.

—Muchas gracias. Y si necesita algo, ya sabe donde estoy...

Le dedicó una última sonrisa, esta vez perfectamente controlada, y se marchó. Mientras la veía caminar hacia la puerta, pensó que ya disponía de suficiente información para clasificarla. No entendía sus juegos de palabras y tenía el tipo del tordo, la pata fina y el culo gordo.

La monótona rutina del horario laboral actuó como una dulce anestesia sobre su conciencia, relegando las sombras más oscuras de los estúpidos acontecimientos extraordinarios transcurridos en los últimos tiempos a una zona intermedia de su memoria que le resultaba fácil eludir cuando estaba despierto. Durante algún tiempo, poco más de un mes, esperó tercamente, como una promesa o una maldición, el regreso de Manuela, sin lograr todavía precisar siquiera para sí mismo una actitud exacta, echándola a ratos terriblemente de menos, temiéndola siempre, antes de empuñar los imaginarios escalpelos de taxidermista que le permitirían ir desprendiendo poco a poco la piel del cuerpo recordado, arrancando la carne de sus huesos y las uñas de sus dedos, blanqueando sus dientes, recreándola para sí, mejor e inofensiva, hasta que ya no fue una mujer viva, sino la vaga silueta de un fantasma sutil, delicado y terso, dulce y dócil, útil y duradero. Entonces volvió a aburrirse.

Lamentaba profundamente haberle perdido la pista a la hija de la portera del número 9, cuya fugaz visión antes justificaba al menos dos citas obligadas cada día, y se sentía aún más arrepentido de haber permitido que Polibio conociera a Manuela, y de haberla llevado otras veces a Lo Inexorable tras la primera noche para que su amigo proclamara que por fin había hallado un rival digno de él ante el tablero y se encariñara tan profundamente con ella en el curso de tres o cuatro largas partidas. Ahora le costaba trabajo hablar con Polibio, y Paquita no parecía dispuesta a perdonarle el tajante fracaso de aquella función extra en la que seguramente había actuado como autora y directora de escena a distancia, así que espació sus visitas al bar durante una larga temporada, aunque presentía que aquella situación terminaría por disolverse apaciblemente porque ellos tampoco podrían renunciar a él, eran todos demasiado viejos como para proponerse hacer nuevos amigos y demasiado sensatos como para conservar a toda costa los que ya tenían.

Los días pasaban muy despacio, pero morían finalmente cada noche, y llegó Navidad sin que sucediera nada en absoluto. Entonces, una tarde, para escapar a la asfixia insoportable de la ecuménica felicidad ambiental que, aun sin manifestarse en lugar alguno, él creía poder detectar en el aire, repentinamente espeso y repugnante de cantos y sonrisas, decidió cambiar los muebles de sitio. Trabajó duro durante horas, vaciando completamente el cuarto de estar, limpiando la habitación a fondo, rincones y cristales, y disponiendo de nuevo las cosas en un orden sistemáticamente opuesto al establecido hasta entonces. Cuando quedó satisfecho, miró a su alrededor y comprobó que sólo la mujer impresa permanecía en el mismo lugar, con los pendientes dorados en las orejas y el gesto cansado de los últimos tiempos. Se dirigió hacia ella y la liberó del peso del metal barato. Luego, sin mirarla, desprendió una a una las cuatro chinchetas que la sujetaban y la enrolló con cuidado, depositándola junto con sus joyas en un cajón, estaba un poco harto de verla. No había pensado en sustituirla pero cuando se detuvo a valorar nuevamente su obra se encontró con que en el fragmento de pared donde ella había vivido tantos años, se apreciaba ahora otra mancha blanca, limpia, su color muy diferente de la masa amarillenta del resto. Dos ventanas falsas en el mismo muro parecían demasiadas. Meditó unos instantes antes de ir a buscar al trastero la chapa de hojalata de la patinadora rubia y el chocolate de Valladolid, la imagen que le había fascinado apenas la vio sobre la acera pero que nunca había vuelto a contemplar, quizás porque había llegado hasta allí en compañía de aquel perro cuya muerte aún le pesaba tanto. Sin embargo, colgada en la pared estaba perfecta, era del mismo tamaño que su antecesora, y muy hermosa. La estudió con detenimiento. Pese a su aspecto descaradamente trivial, de su rostro emanaba sin embargo la seguridad de quienes saben vivir astutamente, sin complicarse jamás la vida. Tenía una cara completamente redonda, cara de torta, y también un cierto aire de llamarse Sonsoles.

Tardó casi media hora en encontrar la agenda, que se había perdido en el revuelo de estantes y cajones. Cuando ya escuchaba el tono, se dio cuenta de que no sabía si estaba soltera o casada, nunca se lo había preguntado, y temió escuchar una voz masculina. Quien cogió el teléfono poseía sin embargo una casi inequívoca voz de madre madura.

—¿Auri?

—Sí.

—Hola, soy Benito.

—Ya, ya le había conocido.

—Es que... había pensado que quizás te apeteciera cenar conmigo una noche de éstas.

—Pues... ¿y por qué me tutea ahora?

—No lo sé, no me he dado cuenta, perdona.

—No, si es mucho mejor así. Yo también te tuteo ¿vale?

—Vale.

—Bueno, pues sí, quiero decir, que sí me gustaría ir a cenar una noche... ¿Cuándo te parece?

—Hoy, por ejemplo.

—¿Hoy? —la voz de su secretaría le pareció teñida del asombro más profundo.

—Sí —insistió él—. ¿Por qué no?

—Es que hoy es fin de año.

—¡Ah, claro! —comprobó con una inmensa satisfacción que ni siquiera entonces se había puesto nervioso—. Ya..., ahora lo comprendo. Lo siento, es que como este año la Nochevieja ha caído en sábado, pues... no me había dado ni cuenta. En fin, lo podemos dejar para otro día, esta noche tendrás ya muchos compromisos...

—¿Y tú?

—Yo ¿qué?

—¿Qué vas a hacer tú?

—¡Ah! Nada en especial, nunca celebro estas cosas...

—¿Vas a cenar solo?

—Pues mira, si no te hubiera llamado a lo mejor sí, porque me estarían esperando en casa de mi hermana y no me habría enterado, pero ya que me has informado de la fecha, seguramente iré. Con un poco de suerte, habrá angulas de primero.

—Yo cenaré aquí, con mis padres. Ven a buscarme después de las uvas.

—No, no quiero fastidiarte la noche, en serio, podemos vernos otro día, yo resulto siempre muy aburrido en las fiestas...

—No tenemos por qué ir a ninguna fiesta. Ven a buscarme. Me apetece mucho empezar el año contigo.

Su voz aguda, ligeramente chillona, llegaba nítidamente hasta sus oídos a través de la endeble puerta de madera que separaba el cuarto de baño del dormitorio.

—Siempre quise casarme en primavera ¿sabes?

El se había tirado encima de la cama y seguía allí, completamente vestido, extenuado por la suma de la ceremonia, el banquete, las familias, y el abrumador desprecio hacia sí mismo que combatía tenazmente en su interior con la más íntima satisfacción desde que se había levantado aquella mañana.

—¿Y sabes por qué?

—No.

—Pues para poder ponerme algo como esto.

—¿Como qué?

—Como lo que llevo puesto. Ahora lo verás, pero prométeme que no te reirás.

—No me reiré.

La puerta del baño se abrió y Auri se hizo visible en el umbral.

—¿A que es como de puta?

El asintió con la cabeza muy despacio mientras miraba

a su mujer, escasamente favorecida por un camisón ultra-corto de gasa morada, con un profundo escote y unas minúsculas bragas a juego que le estaban pequeñas, todo profusamente adornado con encajes del mismo tono.

—Supongo que sí, no soy muy experto.

—Me encanta...

Auri se acercó a él andando despacio, sin atreverse del todo a hacer oscilar sus caderas para imprimir a su paso el aire lascivo al que seguramente no habría renunciado si su flamante marido hubiera mostrado más entusiasmo en la respuesta previa, pero él no se sentía dispuesto a acoger estas exhibiciones de buen grado. No se habían acostado juntos más de una docena de veces en casi seis meses, y aquel ritmo parecía más que suficiente para ambos. Ella se detuvo al borde de la cama, permaneció inmóvil un instante, como si estuviera esperando instrucciones, y luego se tendió blandamente a su lado. El sólo quiso evitar sus previsibles ternezas.

—Cuéntame un cuento.

—¿Qué?

Ya había adivinado que ella sería capaz de dormir una noche entera a pierna suelta sobre un colchón instalado en el lecho de un río seco, y no buscaba otra cosa, pero pese a la desagradable ironía de su acento, se acurrucó contra su escote, la abrazó fuerte y repitió su demanda.

—Cuéntame un cuento, un cuento de hadas...

—¿Ahora?

—Sí.

—Pero ¿para qué quieres que te cuente un cuento?

—Para nada. Me gustan mucho.

—¡Hijo, qué cosas más raras se te ocurren...!

—Es posible, pero lo único que quiero es que me cuentes un cuento, uno cualquiera, no me importa, el que más te gustara más cuando eras pequeña...

—Me daban todos lo mismo.

—Bueno, pues el que mejor te sepas, el primero que te venga a la cabeza, un cuento, te han debido de contar centenares, igual que a todo el mundo.

Auri permaneció en silencio, como si fuera incapaz de encontrar la excusa definitiva. El se apartó de ella y se estiró boca arriba, mirando al techo. Unos segundos después, escuchó una aparatosa carcajada y se volvió para encontrar una sonrisa de satisfacción que no fue capaz de interpretar.

—Ya te entiendo, por fin te entiendo, un cuento... ¿Vale Caperucita?

—Por ejemplo.

—Bueno, pues verás... Erase una vez una casita en el borde del bosque donde vivía una niña a la que todos llamaban Caperucita Roja porque llevaba siempre una capa con una caperuza de ese color. Lo que nadie sabía es que esta niña, que tenía ya dieciocho años, estaba muy salida, y no llevaba ropa debajo de la capa porque le encantaba perderse por el bosque para encontrarse con el lobo, que tenía una polla enorme y siempre la pillaba tomando el sol en bolas encima de una peña. Cuando se la encontraba, el lobo le decía, hola Caperucita, ¿qué haces tú aquí tan solita?, y ella contestaba, pues tomar el sol, imbécil. Al rato le miraba bien y le preguntaba, oye, ¿y qué tienes tú ahí escondido en el pantalón?, y el lobo se desnudaba y ella le miraba y decía, ¡hala, qué polla más grande tienes!, y él contestaba, ¡es para follarte mejor!, y entonces... Pero, ¿qué te pasa, Benito? ¿He hecho algo mal? La verdad es que no te entiendo, tío, eres más raro que un perro verde... ¿No querías que te contara un cuento? Contéstame, que te estoy hablando. Benito, por favor, ¿qué te pasa? ¡Deja de llorar de una vez, por el amor de Dios, que me estás poniendo nerviosa...!

III
Manuela

—No, si la que metió ahí la pata fui yo, la verdad es que él no tuvo culpa de nada, yo lo estropeé todo, yo solita, porque nunca debí haberle hecho caso a Samanta, nunca, si ya lo sabía yo, si no había más que verme con el traje aquel, que me quedaba tan pequeño, horrible, espantoso, por mucho que ella dijera que se me veía potente y que a los hombres en el fondo les vuelven locos estas cosas. La verdad es que me comporté como una estúpida, y siempre me pasa igual, que soy incapaz de resistir las opiniones de los demás, que nunca hago lo que yo creo que debo hacer cuando alguien está a mi lado diciéndome lo contrario, y esta vez era yo quien tenía razón, y no Sami, lo que pasa... Pues no sé, como él andaba siempre con la berza ésa de la esclava, y de la autoridad y todas aquellas pamplinas, pues pensé que, bien mirado, lo de Samanta tenía bastante que ver con lo nuestro ¿no?, porque, al fin y al cabo, en las películas americanas, hasta en las de romanos, aparecen siempre un montón de esclavas vestidas así, pero no, no salió bien, y a él no puedo reprocharle nada, todo es culpa mía, él era un tío especial, y no quiero decir con esto que fuera maravilloso, sino que se comportaba de una forma muy extraña, necesitaba que le cuidaran, que no le agobiaran, que le dieran las cosas masticadas, me di cuenta desde el primer día y sin embargo no paré de hacer el bestia todo el tiempo. La verdad es que nunca entendí muy bien las cosas que le pasaban por la cabeza. A veces tenía la sensación de que no paraba de fingir, de que simulaba siempre lo que hacía, lo que decía, cada palabra que pronunciaba, y no puede ser verdad, porque nadie sería capaz de algo semejante, es demasiado cansado, agotador, controlar hasta los gestos de las manos, todo el tiempo, pero, si no era así, entonces no soy capaz de entender sus cambios de humor, tan bruscos... Me hizo bien, de todas formas, eso es lo más divertido, bueno, divertido no, digamos curioso, que me hizo sentirme bien muchas veces, porque yo soy muy bruta, la verdad, pero él solía seguirme con atención, casi con admiración, y eso que era muy listo, mucho más inteligente que yo, o por lo menos, a mí me lo parecía, aunque él se rió con ganas una vez que se lo dije. Le conté cosas que nunca le había contado a nadie, tal vez solamente porque le gustaba escucharme, y porque yo me oía de otra manera cuando hablaba para él, no me sentía estúpida, ni vulgar, ni me daba la sensación de que estoy loca, o por lo menos un poco pirada, que me pasa mucho, ahora mismo me está pasando, por ejemplo, pero entonces no, porque entonces le contaba que las luces amarillas son muy tristes, y le explicaba que de pequeña jugaba a construirme una casa nueva cada tarde, y le confesaba que hablo mucho sola todavía, y él sonreía y todo sonaba bien, aunque a veces tenía la sensación de que era él quien pensaba que yo era rara, y no al revés, en fin, eso ya da igual, todo da lo mismo ya... Una vez vi una película en televisión que no le gustó a nadie, pero a mí me encantó. El protagonista era un tío como de cuarenta años, un dibujante de cómics francés, o italiano, eso no estaba muy claro, que vivía en una isla muy pequeñita, en el Mediterráneo. No tenía casa, sino que había ocupado una especie de iglú de cemento, sin ventanas, con una sola puerta muy bajita, que algún ejército había construido en la segunda guerra mundial como refugio para los bombardeos y todo eso. Bueno, pues él estaba allí solo con un perro que se llamaba Melampo, y entonces un yate de lujo se detuvo un día en la playa y desembarcó a una chica rubia, muy guapa, que, por lo que decían, era la amante del dueño del barco, que debía de ser un millonario o algo por el estilo. Ella estaba harta de su vida, no quedaba claro si se había marchado por su cuenta o si la habían echado,

342

pero yo creo que antes ya de encontrarse con el dibujante estaba harta, y que por eso se le ocurrió que le vendría bien quedarse, aunque él dijo que no, que de ningún modo, que había escapado de todo para trabajar allí, completamente solo, y que no quería a nadie a su lado, ni siquiera de vecino. Quedaron en que la alojaría por una vez, ya que era el único habitante de la isla, pero él insistió en que al día siguiente la llevaría en motora a tierra firme y no se volverían a ver. Y sin embargo, aquella noche, ella se arregló como para ir a una fiesta, y se puso un vestido largo, blanco creo que era, y el tío..., bueno, claro, él llevaba tanto tiempo solo en aquella isla tan pequeña, total, que no pudo resistir y se acostó con ella. Y a la mañana siguiente no la llevó a tierra, por supuesto, aunque le advirtió que aquél sería el último día. Y a la mañana siguiente, lo mismo, y así fue pasando el tiempo, ella le dejaba solo cuando trabajaba, y a veces iban a bañarse, a jugar en la playa con Melampo. El le tiraba palos todo el tiempo y el animal iba a buscarlos y se los devolvía. Un día fue ella quien empezó a enredar así con el perro, y se lo llevó muy lejos, muy dentro en el mar, y él, que estaba sentado en la arena, se asustó porque se les veía forcejear como si lucharan, como si estuviesen en peligro. Luego dejaron de moverse, y ella volvió sola a la playa. Estaba muy agitada y llevaba al cuello el collar de Melampo, que no venía con ella. Lo había ahogado, lo había matado para ocupar su puesto y, cuando se acercó a él, ladró. Entonces todos se rieron, pero yo empecé a llorar, yo..., bueno, yo siempre lloro cuando no hay que hacerlo, por lo visto, pero aquella vez, aquélla era una imagen tan terrible... No por la muerte del perro, a mí el perro me daba igual, fue ella quien me impresionó, ella saliendo del agua, tocándose el collar con los dedos, la cara seria, no tranquila, sino quieta y encendida al mismo tiempo, y los ojos fijos en la cara del hombre, que le devolvía la mirada sin hablar, porque tenía miedo, ella daba miedo y provocaba sin embargo una compasión infinita, porque estaba asustada como una niña pequeña y no podía volver atrás, el rechazo del dibujante era la muerte, la muerte de una mujer condenada a seguir estando viva hasta embarcar al menos en la motora, y llegar a tierra firme, y ser abandonada en un puerto repleto de imbéciles bronceados que la mirarían y se reirían de su collar de perro como se rieron mis amigos de su ladrido, aquella vez no me importó quedarme sola, no me preocupó ser distinta a los demás, ver cosas distintas a las que los otros veían, aquella vez no, en otras ocasiones conseguí dominarme, reír con ellos aguantándome las lágrimas, y llorar sin ganas, obedecer a los críticos de los periódicos, que habían calificado aquella misma mañana con una estrella solitaria, miserable, lo que alguno de ellos llamó delirio calenturiento, yo entendí otra cosa y por una vez creo que entendí bien, él también la comprendió, mírame, le decía sin llegar a hablarle, he sacrificado a un ser vivo para ti, yo soy Melampo y soy este collar, no mi cuerpo, ni mi rostro, ni mi condición humana, mi nombre es lo único que importa, me llamo Melampo y ladro, ladro porque quiero ladrar, y ahora tú eres Dios, el único dios de este mundo pequeño, el dueño de mi destino, de mi vida y de mi muerte, porque yo te he arrebatado la vida y te he elevado hasta las nubes, yo te he hecho dios porque he querido, y he querido hacerlo para tumbarme a tus pies en las noches de invierno, para que me rasques en la espalda y me des un golpecito en la cabeza cuando me porte bien... No sé, es que yo esto lo explico muy bien porque aquella noche me dio por pelearme con todo el mundo, cuando terminó la película empecé a hablar en voz alta sin que nadie me preguntara, y una amiga de Nico que había aparecido por allí a cenar, se rió de mí y me dijo que follaba poco, que eso era todo lo que pasaba, que estaba muy salida y por eso veía humo donde no había fuego, creo que fue eso lo que dijo, una frase bastante absurda por cierto, y siguió diciendo que lo que habíamos visto era una mala alegoría sobre el poder, y a mí me dio mucha rabia, y discutí con ella, y luego con los demás, durante horas, pero yo sé que no había más que una mezcla incomprensible de compasión y terror en aquel hombre que se agachó para recoger un palo de la arena y tirarlo lejos, y sé que la mujer que empezó a correr a gatas para morderlo con los dientes nunca había sido tan dueña de sí misma como entonces, y no existe paradoja alguna en todo esto, porque los hombres pueden vivir sin Dios, pero Dios jamás habría nacido si no existieran los hombres. Aquella película me impresionó mucho, durante meses la tuve dentro, en algún lugar de la cabeza, como si me hubieran tatuado en el cerebro algunas imágenes, él la hacía correr durante horas sobre la arena de la playa, la miraba sin inmutarse mientras ella se deshacía las manos y los pies contra los guijarros, y luego curaba sus heridas con un algodón empapado en yodo, dejando manchitas amarillas sobre sus brazos, sobre sus rodillas, sobre su espalda. Vivían. Tal vez eran felices, tal vez no, pero vivían, estaban vivos, y se querían, se querían porque no tenían otra salida, porque sin amor habrían muerto sin remedio en aquella isla tan pequeña, que se podía recorrer de punta a punta dando un paseo. La isla era la clave. El la abandonó una vez, cuando terminó el libro que estaba haciendo, fue a París por unos días y regresó a su casa, con su mujer y sus hijos. El piso era muy oscuro, como si nunca abrieran las ventanas. Allí, él ocupó su puesto, presidía la mesa, jugaba con los niños, llevaba corbata, paseaba con su editor. Ella le siguió el rastro. Vestida con su ropa vieja, el collar de Melampo en el cuello, fue tras él a París y terminó dando con su casa. No me acuerdo muy bien de cómo entró, quién le abrió la puerta, todo eso, pero la familia estaba cenando, la mujer del dibujante la llamaba señorita, los niños reconocieron el collar, ella no quiso sentarse, no hablaba, olisqueaba el aire, sorbió un plato de sopa con la lengua fuera de la boca y, cuando terminó, se acercó a él y le chupó la mano. Luego, la segunda imagen terrible, el segundo llanto. La mujer del dibujante se apartó con él y le preguntó quién era aquella chica-perro, de dónde salía, cómo la había conocido, por qué jamás la había mencionado antes, quién era ella, quién era, quién era, preguntaba sin pausa y él no contestaba, no podía contestar. Entonces, aquella mujer cuarentona, gorda, repentinamente desesperada, trepó encima de una cama y se puso a gatas y se levantó la falda y le preguntó si era eso lo que le gustaba, porque ella también podía ladrar, y su imagen era tan terrible como la de la rubia sacerdotisa agotada que salía del agua con la mirada perdida, era igual de terrible aunque no hermosa como aquélla, él la miró y lloró, bueno, quizás no llorara, pero debería haberlo hecho, yo lo hice, me daba tanta pena, porque esa mujer era mucho más pobre que quien había elegido ser un perro, porque carecía de fe y su desesperación era demasiado liviana como para parir un dios. Hay momentos en la vida de la gente en los que lo único que importa es la luz, seguir la luz, conquistarla, robar un poco de luz para vivir en ella. El resto del tiempo puedes hacerte preguntas, creer en la belleza, en el amor, en el éxito, en la paz, en una misión mundana o en la satisfacción de ti mismo, y puedes esperar tu salvación o renegar de ella, trabajar o dormir, da lo mismo, pero cuando todo se cierra, cuando las ventanas se entornan para que veas el polvo amontonado encima de los muebles, lo único que importa es la luz, que esconde la realidad al iluminarla, y es gratuita, e inaccesible a la vez. El había encontrado un trozo de luz y había acogido a una mujer en él, por eso no podía contestar a su otra mujer de aquel París tan oscuro, era inútil, penoso, así que recogió sus cosas, y a Melampo, y regresó a la isla. El resto de la película era muy triste, porque habían roto el sortilegio, y les esperaba una muerte cruel y absurda. Murieron de hambre y de sed, dentro de un viejo avión que estaba en la isla desde los tiempos de la guerra, y que no lograron hacer despegar. No intentaron llegar de otro modo a la costa, no se sabe qué pasó con la motora, podrían haber hecho señales, dibujar un SOS en el suelo, en fin, todas esas cosas que habrían pasado si la película fuera americana, pero no lo hicieron, se dejaron morir y eso tampoco lo entendió nadie, pero yo sí, porque habían roto el sortilegio y debían pagar por ello, los paraísos no son eternos, las islas son crueles, la luz es frágil, delgada, se agota pronto, los juegos más divertidos son siempre los más arriesgados, eso lo sabe cualquier niño pequeño, y que los hombres nacen, y luego se mueren, siempre es lo mismo... Nunca le conté a Benito esta historia, y sin embargo pensé en ella sin cesar mientras estuvimos juntos. Nos faltó la isla, a lo mejor lo único que pasó fue eso, que no vivíamos en una isla, y que yo soy imbécil y lo estropeé todo, todo... A veces sentía el collar de Melampo alrededor del cuello y otras veces me veía como una pobre mujer gorda a gatas encima de una cama. El sentía terror cuando estaba a mi lado, yo le daba miedo, y seguramente también me compadecía a su manera, pero su compasión no era bastante, o su miedo era excesivo, o yo no supe comprender la proporción exacta entre ambas sensaciones, o a lo mejor ni siquiera él sabía lo que le pasaba, qué sé yo, quizás simplemente yo no le servía, no era lo bastante lista, o lo bastante guapa, o lo bastante útil para él, no lo sé, y no es que fuera ninguna maravilla, pero yo le quería de todas formas. Tengo treinta y cuatro años y no he hecho nada en mi vida, ni siquiera un hijo, que es lo que se dice siempre y parece tan fácil, sólo teatro malo y sin futuro, teatro de vanguardia que nadie va a ver jamás, obras pasadas de moda desde mucho antes de ser escritas, eso es todo. Soy una mala actriz, y mis muebles tienen una capa de polvo de cuatro dedos, y sin embargo digo que le quería, y es verdad, nunca podría elegir a alguien tan complicado como una simple solución, no sería rentable. Tal vez no le quise bastante, él no me dejaba y, sin embargo, pasaron cosas tan extrañas... Yo lo presentí, en el museo, el primer día, sentía que se estaba alterando por momentos, parecía que respirara a rachas, porque estaba nervioso, lo leía en sus ojos, en sus gestos cada vez más bruscos, me agarró del pelo y estaba haciendo mucho más que eso, y yo lo sentía, me daba cuenta de todo, y me gustaba aquello, cuando me cogió en brazos me encontré bien, estaba a gusto allí, con él, algo me hormigueaba por dentro pero no era una sensación desagradable, sino el reflejo de su propia inquietud, un temblor que podía presentir aunque no lo comprendiera, y notaba su respiración sobre mi nuca, el aire cada vez más caliente, y su corazón retumbaba sobre mi espalda, el eco de unos golpes cada vez más fuertes, y noté cómo se empalmaba, lo noté perfectamente, poco a poco, y no me moví, no quise moverme, y unos segundos después, sin embargo, me obligué a pensar y ahí metí la pata por primera vez, porque todavía no entiendo por qué me levanté y me puse a chillar como una imbécil, si a mí no me molestaba aquello, si yo estaba bien así, no sé, debí de pensar que quedaría muy mal si no reaccionaba, todo era tan raro, el sitio, la hora, la forma en que nos conocimos, mi confusión... Total, que lo de siempre, que no se fuera él a pensar que yo era un putón, que de eso nada, siempre lo mismo, qué horror, qué cansada estoy de casi todas las cosas que he aprendido. Y sin embargo llegué a casa como unas castañuelas, eso tampoco se lo conté nunca, pero es la verdad, que me puse a buscar un piso para mí sola inmediatamente porque de repente me sobraba todo, la casa, la gente, mis amigos, todo, porque la sospecha de que me había seguido hasta el Botánico, el brillo de sus ojos al escucharme, su pasión por Ulises, y hasta aquella absurda manera de empalmarse, habían conseguido que me quisiera a mí misma en una mañana más de lo que me había querido en toda mi vida, incluso después de haber hecho el ridículo tan terriblemente confundiendo el Casón del Buen Retiro con El Prado, que por fin me enteré, tarde, como de costumbre, pero me enteré. Creí que nunca más volvería a verle, todavía hoy no me lo explico, en una ciudad tan grande, que nos encontráramos tan poco tiempo después, qué casualidad, y las flores, esas flores que tiró a la papelera, y aquella vieja que sonreía a sus espaldas, que se despedía de él agitando en el aire un brazo que nunca podría ver, tenía pinta de loca, aquella vieja, no sé para quién serían las flores, nunca se lo pregunté, me sorprendió tanto encontrarle que desde entonces me dediqué exclusivamente a interpretar lo que veía como una colección de presagios buenos o malos, lo hago siempre, me fijo en los nombres de las calles, en los títulos de los libros que están en los escaparates, en el número de los autobuses, sumo las cifras de las matrículas de los coches buscando treses, que dan buena suerte, luego voy diciendo por ahí que no soy nada supersticiosa, pero me empeño en mimar al destino, que es casi peor que andar sorteando escaleras y gatos negros por todas partes, pero habíamos tenido tanta suerte... Lástima que en Madrid no haya cornejas, porque aquí en el pueblo es más fácil, la corneja a la izquierda, malo, la corneja a la derecha, bueno, me lo enseñó mi abuelo y no falla nunca, es un truco estupendo. El caso es que aquella tarde todo me salió bien, le tenía un poco de miedo a la calle Desengaño, que estaba muy cerca, pero ni la pisamos, bajamos por San Bernardo, que es nombre de santo sabio, y al pasar por la puerta de una cervecería escuché mi canción favorita, en el número de su casa había un tres, el nombre de su calle tenía doce letras, todo iba bien, por eso me decidí a pegarle un empujoncito a la suerte y me desnudé cuando él se fue a buscar una cerveza, que me gustaría saber por qué se me ocurre a mí hacer estas cosas, de verdad que me encantaría saberlo, si sé de sobra que no debo, que mi cuerpo no da de sí para tanto, que luego me siento como la mujer del dibujante, gorda y asquerosa, impotente, ridícula, pero debo de ser lenta, tan lenta de entendederas que necesito horas, días a veces, para analizar correctamente una situación cualquiera. Cuando me dijo que no, sentí que me moría, en serio, pocas veces en mi vida me he sentido tan pequeña porque pocas veces antes había creído tenerlo tan claro, por eso empecé a cantar, siempre canto cuando tengo miedo, cuando me duele algo, cuando me cuesta dormirme por las noches, canto bajito, para mí sola, las canciones que canta mi madre, que son las únicas que me sé, porque el inglés no lo entiendo y las letras de las canciones modernas no son bonitas, muy graciosas sí, y muy ingeniosas, y todo lo que se quiera, pero bastante feas, o por lo menos a mí no me gustan, no tanto desde luego como *Tatuaje y* todas ésas, historias de ojos profundos y rostros color de aceituna, y puñales, y ojeras, y dolor, y muerte, y arrepentimiento, canciones de mujeres-diosas y mujeres-perros, mujeres con piel de rosa, y hombres miserables y magníficos, amores grandes y mezquinos, fortuna y desgracia, la primera rácana, la segunda inmensa... El malo siempre es marqués, no conde, ni duque, ni príncipe, sino marqués, que debe rimar más fácil, y el bueno siempre es guapísimo y pobre, muy pobre, porque la vida es así en el fondo y, si no, da lo mismo, estas son las canciones más bonitas y, si mienten, mejor, que buena falta nos hace, sobre todo a mí, sobre todo ahora. Ya no me acuerdo con cuál empecé, pero recuerdo perfectamente lo que estaba cantando cuando él se me echó encima, estaba a punto de llegar al estribillo, serrana, para un vestido yo te quiero regalar, yo te dije estás cumplido, no me tienes que dar ná, subiste al caballo, te fuiste de mí, y nunca una noche más bella de mayo he vuelto a vivir, cantaba aquello, *Ojos verdes,* que es buenísima para llorar, que hace siempre que se me salten las lágrimas, y pensaba cómo iba a salir de allí, de dónde sacaría las fuerzas precisas para levantarme, y vestirme, y llegar hasta la puerta, y entonces él se me echó encima, apenas tuve tiempo para reaccionar, apenas pude ver un destello en sus ojos, y los labios crispados, torcidos, oscuros, me daba miedo, porque a veces yo también sentía miedo de él, cuando no mentía, cuando sus hombros se relajaban y caían, cuando sus manos permanecían quietas, y su cara se ablandaba, y desaparecía el doble filo de su barbilla, entonces me daba miedo porque había dejado de temerme y yo ya no sabía qué papel representar, aquella vez fue la primera, a pesar de la violencia de su abrazo y de la brutalidad de su embestida, estaba desnudo y confuso, parecía querer destruir en mí algo que no era yo, algo que estaba más lejos, y luego, de repente, se abandonó por completo, encogido y sereno, como resignado a amarme. Nunca he disfrutado tanto estando en la cama con un tío, pero nunca tampoco he sufrido tanto, y no me refiero a esas absurdas amenazas de perverso malvado sádico que me largaba de vez en cuando, que no sé de dónde las sacaría, aunque le sentaban bien, estaba casi guapo con las piernas estiradas, los pies cruzados, sus brazos rígidos sobre los del sillón, y soltando sin parar todas aquellas chulerías, me gustaba oírle, eso es cierto, aunque no me creyera una palabra, él tampoco era capaz de creerse a sí mismo, representábamos una farsa templada, inocente, un juego infantil que se agotaba en sí mismo, supongo que a él le gustaba escucharse, convencerse de que controlaba absolutamente la situación, en realidad no era más que otra forma de defenderse de mí, y ambos lo sabíamos, estoy segura. No, yo no sufría entonces, sino después, cuando le notaba perderse sin querer, convertirse en un niño pequeño, una criatura satisfecha de la que abominaba cuando estaba despierto, sucumbir a un poder que yo no había creído poseer jamás, pero que lejos de liberarle le ataba más aún a sí mismo, al inmediato proceso de recuperación que con tanto trabajo emprendía apenas su cuerpo dejaba de temblar. Una vez me dijo que detestaba la espontaneidad porque era peligrosa, y es cierto, la detestaba, cuando podía jamás daba un paso sin calcularlo antes, pero a veces no podía, entonces me daba miedo y entonces, a pesar de todo, le quería más, y llegaba a tener alguna esperanza en aquella historia, la más inútil, la más vendida de todas, por eso me daba por pensar en voz alta, y decía cosas que no le gustaban, eso de que habíamos hecho el amor en lugar de follar, y frases por el estilo, que serán una cursilada, pero yo qué sé, a mí me parecía que tenía que decirlas, y después siempre era peor, para mí casi siempre es mejor quedarme callada, aunque luego, en cambio, le encantaban mis chifladuras, y la verdad es que no le entiendo, ni siquiera ahora, que tengo tanto tiempo para pensar, entiendo qué le pasaba a ese tío. Claro que ya da lo mismo, ya no hay nada que hacer, así que... El último día, cuando me desperté y le vi desnudo, sentado al lado de la ventana, haciéndose heriditas en el brazo con un cuchillo de la cocina, supe que todo se había terminado, no sé por qué, pero lo supe,

351

mucho antes de ver la nota pegada en el espejo del baño. En aquel momento sí que me asusté, me dio terror verle allí, con los ojos clavados en mi estómago, por eso fingí que seguía durmiendo, hice como que me movía y me quedé quieta, boca arriba, procurando que mi respiración sonara honda, como en el sueño. Desde que me contó cómo se había tropezado con su madre en la Casa de Campo, tenía la sensación de que desconfiaba por sistema de todas las mujeres, pero entonces, medio dormida, llegué más lejos, entonces me dio por temer que a lo peor, incluso le daba por vengarse de vez en cuando, y aquel día yo era la tía que tenía más a mano, desde luego. Lo pasé muy mal durante un rato, recordando todas sus rarezas, esforzándome por convencerme a mí misma de que podía tratarse de un psicópata, qué horror, qué miedo, pero luego él se levantó, y salió de la habitación, escuché correr el agua en el cuarto de baño y luego el pitido de una cafetera, y me tranquilicé por fin, tan profundamente que volví a dormirme. Sabía que lo nuestro se había terminado, por eso me lo llevé todo, otras veces había dejado allí, como sin querer, un par de pendientes, o un pañuelo, él debía de darse cuenta aunque nunca me dijo nada, parecían simples descuidos pero eran olvidos deliberados, relacionados con mi manía de cuidar al destino, tengo la sensación de que dejar algo en alguna parte es como sembrar una semilla que antes o después hay que volver a recoger, y sin embargo aquella mañana ya no tenía sentido hacer algo así, de modo que recopilé todas mis pertenencias y me fuí, le dejé su albornoz solamente, de recuerdo, no sé qué habrá hecho con él... Cuando salí a la calle me sentí mejor, ya se me había pasado el susto, pero hasta entonces me notaba un poco inquieta todavía, y es una estupidez, porque él jamás habría podido matarme, ni aunque quisiera, no valía para eso, para fingir durante cuatro días una bronquitis imaginaria sí, y para amenazar con palabras terribles también, pero no para matar, ni a mí ni a nadie, ni siquiera a él mismo, era demasiado cobarde, y yo no digo que eso sea malo, pero tampoco me parece bueno.

A veces pienso que no era más que un pobre hombre, aunque a lo mejor, simplemente, nos faltó la isla, una isla pequeña que se pudiera recorrer dando un paseo, un trozo de luz donde yo quizás habría podido llamarme Viernes...

El suelo de tarima crujió, cediendo al peso de un cuerpo que se movía lentamente, pasos sigilosos que fracasaron en su ambición de pasar inadvertidos. Ella volvió la cabeza hacia la puerta, sobre la que resonaba el eco nervioso de unos nudillos. La voz llegó nítidamente desde el otro lado de la frágil frontera de madera.

—Manoli, hija... ¿Estás bien?

—Sí, mamá. No te preocupes.

—¿Está papá ahí, contigo?

—No, no está aquí.

—Entonces... ¿con quién hablas, hija?

—Con nadie, mamá. Estoy hablando sola.

IV
Faltan tres días para terminar esta obra

Se alejó del balcón, apartando los ojos de la seca sentencia que opacaba las vallas de metal pintado, amarillo brillante que cada mañana se tornaba un poco más gris, y la descabellada idea surgida de la confusión del hombre medio dormido, anonadado en su despertar por la inconcebible novedad de sus brazos divergentes, se negaba a abandonar la conciencia del hombre despierto, sembrando en su memoria nombres y direcciones, mercedes y favores, deudas antiguas y nuevas, trampas, soluciones.

Sacudió la cabeza un par de veces, como si por este torpe procedimiento pudiera alejar la tentación de sí mismo. Miró el reloj. Si no corría, llegaría tarde a trabajar, pero aún debía cumplir con un rito tan ineludible como su metódica sonrisa matutina. Descolgó el teléfono y marcó un número de memoria, tapando la mitad del altavoz con la mano antes de comenzar a hablar.

—¿Auri? Sí soy yo. Te oigo fatal. No, todo va muy bien, estaré de vuelta en dos o tres días... Sí, ya sé, pero no puedo llegar mañana, esto se ha complicado bastante, ya te explicaré. Siento haberte despertado... No, en serio, pero es que igual no tenía otra hora en toda la mañana para llamar. Sigue durmiendo, un beso.

Recogió sus cosas y se dirigió hacia la puerta, deteniéndose un momento ante la mujer impresa, como hacía siempre desde que ambos reconquistaran su antiguo territorio, ella un trozo de pared, él la vieja casa desde la que ahora se contemplaba un edificio flamante, casi concluido, cristales en las ventanas y un hueco para albergar el portero automático en el dintel de piedra. Acarició un instante los pendientes, el metal oscurecido, los ganchos ya rojizos de óxido tiñendo el papel, y volvió a recordar que ella nunca le había devuelto la llave. Una vez le contó que le gustaba creer en el poder de las cosas, dejar cualquier objeto pequeño en un lugar para asegurarse de que alguna vez volvería, como si así pudiera sembrar y mantener su presencia al margen de cualquier distancia. Los pendientes ya no le pertenecían, ella se los había regalado, pero antes habían sido suyos una vez, y sin embargo quedaban sólo cuatro días, un plazo miserable.

Cuando se sentó delante de su mesa se sentía absolutamente decidido a comportarse con sensatez, pero pidió el expediente de todas formas, y lo estudió con cuidado, comprobando que la firma del consejero delegado de la sociedad no era la misma en dos de los formularios presentados. Se fue a tomar un café renegando de aquel plan absurdo, pero apenas quince minutos después convocó en su despacho a un licenciado en derecho a quien él mismo había recomendado a instancias de su cuñado, el marido de Silvia, y que por tanto le debía su empleo en los Servicios Jurídicos municipales. Le pasó el expediente y le pidió que lo estudiara con cuidado en busca de cualquier irregularidad, devolviéndole un informe completo antes de mediodía. Mientras tanto quedó para comer con un aparejador inscrito en la rama más dura de un sindicato de izquierdas, que también estaba en deuda con él por haber obtenido gracias a su mediación, apenas unos meses antes, las becas escolares de sus hijos fuera del plazo legal. A las dos, el abogado le contó que en la documentación adjuntada por aquella inmobiliaria existían algunos defectos de forma, no muy graves pero suficientes en cualquier caso para hacer algo, siempre que la actuación se considerase oportuna. A las dos y media salió de su despacho llevando en la cartera el expediente y lo que era ya un informe de los Servicios Jurídicos en toda regla, y antes de las tres colocó ambas carpetas sobre el mantel de cuadros, entre la sopa de cocido y los garbanzos. Le explicó al aparejador que, además de los indicios de ilegalidad que habían descubierto los abogados en aquella investigación cuya fuente él desconocía por completo, se sentiría especialmente feliz de joder a aquellos tipos, que empleaban a trabajadores marroquíes a los que obligaban a trabajar mucho más de ocho horas diarias. Al menos lo han estado haciendo hasta ahora, matizó. Los he visto salir algunas noches a las diez y hasta a las once, afirmó luego, tengo un amigo que vive exactamente enfrente, seguro que no les han dado de alta en la Seguridad Social, y deben de pagarles una miseria, qué te voy a contar, ya sabes tú de sobra como son estas cosas... Su interlocutor, que hasta entonces se había limitado a asentir en silencio, pegó un puñetazo en la mesa, arrambló con todos los papeles y le rogó que no se preocupara. Un par de horas más tarde, al filo de la salida, le llamó por teléfono para informarle de que estaba a punto de mandar un coche de la policía municipal con la orden de paralización de las obras. Le dio las gracias efusivamente y salió de su despacho sin recoger la mesa siquiera. Quería llegar al barrio antes que ellos.

Aparcó a la primera y se fue directamente al bar. Polibio se alegró mucho de verle, pero él no quiso perder siquiera un minuto en darle novedades de su nueva vida como concejal técnico en una ciudad-dormitorio de la periferia, la trayectoria del irresistible ascenso que había provocado antaño su mudanza, la larga y compleja historia inventada expresamente para él, a quien nunca se había atrevido a contar la verdad.

Le arrastró contra su voluntad, y contra ella le obligó a recorrer un breve tramo de acera prometiéndole un espectáculo digno de verse, porque no quería que ningún guardia le reconociera, y pensó que siendo dos llamarían menos la atención entre la pequeña multitud de curiosos que ya se agolpaban frente a la valla.

Los obreros se preparaban para marcharse a casa. En la puerta, el capataz discutía acaloradamente con dos policías, mientras un tercero clavaba un papel en la pared. Arriba, en la valla, un chaval cambiaba el cartel, desprendiendo de la placa metálica un cartón con el número cuatro para sustituirlo por el correspondiente al número tres. Cuando se agotó el tumulto y el coche arrancó de nuevo frente a la puerta asegurada con un grueso candado, él dejó escapar una carcajada que exigiría una nueva nerviosa explicación por parte de su amigo. Sujetándole por el hombro, se alejó con él, improvisando cualquier tontería para afrontar después con acento despreocupado una conversación necesaria e intranscendente a la vez, igual que antes.

—¿Sabes cómo me siento hoy? —le confesó en algún momento—. Me podría beber el mundo.

La respuesta consistió en un agudo acceso de risa que pronto halló un ruidoso eco al otro lado de la barra. Pero Polibio reía porque ambos estaban ya completamente borrachos, y él sin embargo apuraba su regocijo, su victoria sobre las horas exactas, la ruptura del maleficio, porque el último plazo había sucumbido, y aún disponía de tres días eternos, semanas, meses, quizás un año, el tiempo de que ella volviera.

Entonces olvidó por un instante que sus brazos ya no eran paralelos.

Ultimos títulos